革新的中小企業のグローバル経営

Global Business Management

「差別化」と「標準化」の成長戦略

土屋勉男・金山 権・原田節雄・高橋義郎

【著】

同文舘出版

はじめに

　リーマン危機以降，日米欧の先進国は潜在成長力が低下し，世界同時不況の様相が見られた。日米欧の金融当局は，デフレ経済を短期に収束させるため，大規模な金融緩和策をとるが，その各国間の金融緩和の相対的な格差が円高，ドル安のオーバーシュートを生み，日本の輸出型製造業は海外生産の動きが加速し，国内は産業空洞化の危機を迎えている。

　リーマン危機後，日本では自民党内閣が誕生し，「アベノミクス」のもとで大胆な金融緩和策がとられ，円安，株高経済が進み，日本経済，産業の再生の動きが進んでいる。一方で日本の製造業は，原発の停止や発電用エネルギーの輸入拡大も加わり，円安傾向に転換しても輸入の拡大や輸出の伸び悩みが続き，貿易収支の赤字傾向は続いている。日本の産業界は，自動車やエレクトロニクスなどの輸出型製造業，大企業が中心となり貿易収支の黒字を支えてきたが，大きな転換局面を迎えている。

　本書は，今後の担い手として「革新的中小企業」に注目し，グローバル経営の特質や成功要因を分析しようとしている。革新的中小企業は，特定の市場，ニッチ領域ではあるが，国内はもちろんのこと，世界市場のシェアも高く，「デファクト標準」を握り，長期間にわたり「オンリー1」型の安定収益モデルを開発している。経済産業省は，2014年3月17日に「グローバルニッチトップ（GNT）100選」の企業を選定したが，それらの企業はニッチ分野でグローバルトップを走り，貿易収支の黒字にも貢献する企業である。われわれが研究対象とする「革新的中小企業」と重なり合う部分が大きく，本書の事例研究11社のうち4社がGNT100選に選ばれた企業である。それらの企業は，長い目で見れば地産地消により世界経済の発展に寄与している「輸出型大企業」の国内産業の空洞化の穴を埋めて，日本の貿易収支の黒字回復への貢献が期待されている。

　本書は，4部10章から構成されている。革新的中小企業に着目して，11社の詳細な事例研究をもとに，主力事業開発の動向，グローバル化の特徴，グ

i

ローバル経営の成功要因等を多角的に分析している。第1部は，革新的中小企業を取り巻く環境脅威を分析するとともに，革新的中小企業の定義とプロファイルを紹介する。また本研究で使われる主要なキーワードやグローバル経営に関連した理論を紹介する。

第2部は，中小企業の主力事業の開発やグローバル化の動向を中心に「革新的中小企業」の事例研究を紹介している。対象企業としては，夜光塗料（N夜光）で世界1のシェアをもつ根本特殊化学，半導体製造装置用バルブ装置で世界1であり，GNTにも選ばれたフジキン，簡易水質検査（パックテスト®）でデファクト標準を確立した共立理化学研究所，金型用中子抜きシリンダや製鉄用ロータリーシリンダで世界1のシェアをもち，GNTに選ばれた南武，飲料缶のプルトップ用ツールや自動車用精密金型で高い技術力をもつ昭和精工を対象に主力製品技術の開発動向やグローバル化の動向を概観し，グローバル経営の特性と成功要因を分析している。

第3部は，第2部の応用編にあたり，中小企業と中堅企業の差異や中堅企業に飛躍するための条件を分析している。まず革新的中小企業（栄通信工業）と中堅企業（IDEC）の事例研究を通じて，グローバル化により中小企業の枠を超えて事業規模を拡大するには，「国際標準化」を組み込んだ「開発・知財戦略・国際標準」の三位一体型の戦略が重要であることを示唆する。また革新的中小企業は，海外企業との取引にあたりISOに準拠した経営を導入しているのが一般的であるが，さらにISOを積極的に活用し効率を上げている経営として冨士製作所と西精工の2社を紹介している。また日本型ものづくりの強みを活かし，中国，ASEANなどアジアに受け入れられる経営の必要性をコスモテック，コジマ技研工業をもとに分析している。

第4部では，事例研究から浮かび上がってきた中小企業のグローバル経営の成功条件を，販売，生産，開発の3つの機能に即して解説する。革新的中小企業は，「世界オンリー1」型のビジネスを展開することが多く，国内にものづくりの強みを集中し，輸出戦略により安定収益を追及するケースが多い。一方で顧客のグローバル化により，顧客ニーズから開発への情報の循環が機能障害を起こしている例もあり，現地でのサービス拠点の確保は必要で

ある。また生産機能の現地化においては，日本を基点とする「アジア大の国際分業」が，新たな競争優位を生み出す条件である。そして中小企業から中堅企業に飛躍するための条件として，国際標準化やISO経営の導入が，中堅志向の企業には必要であることを明らかにしている。

　一般に革新的中小企業は，大企業のグローバル化と異なり，時間軸を圧縮したような多様な形態がとられる。また規模の成長に応じて，δ型（輸出中心型），γ型（デファクト標準型），β型（アジア大分業型），α型（国際標準型）へと段階的に成長，発展する傾向がみられる。革新的中小企業の「オンリー1」型の経営（$\beta \cdot \gamma \cdot \delta$型）から中堅規模の企業（$\alpha$型）に成長するには，戦略上の飛躍が必要である点が明らかにされる。

　本書は，大学院および大学（3・4年生）における日本の「中小企業のグローバル経営」の教科書を目標としているが，革新的中小企業は大企業とはまったく異なる「多様なグローバル化」にその特徴があり，事業でみればその成功要因は多くの企業に共通するものであり，多くのビジネスマンにも一読してほしいと考えている。

　2013年度に桜美林大学大学院経営学研究科に「国際標準化研究領域」が新設され，経営学の最新の実践的研究を教育に取り込む動きが出ている。新領域の設立だけでなく広報のための連続セミナーに，当大学副学長の小池一夫先生から多くのご支援とご協力をいただいた。またビジネス戦略セミナーの開催にあたっては，共同開催者である相模原市産業振興財団に，参加者の募集や会場など多くの便宜をお図りいただいたことに御礼を申上げたい。

　執筆者は，研究科長と3人の国際標準化研究領域の教員が担当しており，本書は新領域の研究の第1弾と考えている。当研究科では，公益財団法人相模原市産業振興財団と連携して，今まで4回の「ビジネス戦略セミナー」を開催して来たが，そこでは本書の内容の一部を先行的に報告している。今後も国際標準化研究領域に関連した研究を進め，さらに多くの研究書，報告書，論文などを提案していく予定である。

　事例研究に出ている革新的中小・中堅企業のトップ・マネジメントの方々

にはお忙しい中，直接インタビューにお答えいただき，各社の経営の特徴や国内外の工場，研究所の活動などを懇切丁寧に解説していただいた。また会社の写真や関連資料のご提供をいただいたケースもあり，本書を書く際に問題意識や内容などの面で多くのヒントとなっている。ここに記して改めて感謝の意を表明したい。本書の内容は，あくまで執筆者が自分たちで理解し，また各種の資料をもとに独自に検証，分析した結果をまとめたものである。したがって仮に間違いがあるとしても，それらはすべて執筆者の責任に帰するものであることも明記しておきたい。

本書を出版するにあたり，同文舘出版(株)専門書編集部青柳裕之氏は，出版企画，構成，写真の活用・配置などに関し多くのアイディアを提供してくださった。また原稿の作成，提出，校正，出版に至る各プロセスできめ細かなご配慮，ご指導をいただいたことを深く感謝している。

本書は，4部10章立てで構成されているが，以下の4名が分担して各章の執筆を担当した。

第1部第1章，第2章，第3章　　　：土屋勉男
第2部第4章　　　　　　　　　　：土屋勉男
第3部第5章　　　　　　　　　　：原田節雄
第3部第6章　　　　　　　　　　：高橋義郎
第3部第7章　　　　　　　　　　：金山　権
第4部第8章，第9章，第10章　　　：土屋勉男
おわりに　　　　　　　　　　　　：土屋勉男

2014年12月18日
執筆者一同

革新的中小企業のグローバル経営◆もくじ

はじめに　i

第1部　中小企業を取り巻く環境変動

第1章　激変する中小企業を取り巻く環境動向

1 日本のものづくり産業の比較優位構造の変動 …………………………… 3
　(1) リーマン・ショック後の環境の激動―先進国不況と円高オーバーシュート　3
　(2) 日本の産業界への波及―ものづくり産業の比較優位構造の変動　4
　(3) アベノミクスの登場―ものづくり企業にとって救世主となるか　5

2 ものづくり製造業を取り巻く環境変動の兆候 …………………………… 6
　(1) 国内産業の空洞化の動き―円安でも戻らない貿易収支の赤字　6
　(2) 輸出型製造業に構造変動　6

3 中小ものづくり企業を取り巻く環境脅威と課題 ………………………… 8
　(1) 激変する中小ものづくり企業の取引環境―輸出型製造業の国内生産の空洞化　8
　(2) 中小企業の事業構造の転換―国内集中とグローバル化の2正面展開　9

第2章　本研究の狙いと分析の方法

1 本研究の狙い ……………………………………………………………… 11

2 「革新的中小企業」の定義と経営の諸特性 ……………………………… 12
　(1) 革新的中小企業のプロフィール　12
　(2) 革新的中小企業の経営特性　13

3 革新的中小企業のグローバル化の特質 ………………………………… 16
　(1) 大企業と異なる中小企業のグローバル化　16
　(2) 革新的中小企業のグローバル化の特性は何か　17

第3章　本研究で使われる理論の紹介
―企業成長とグローバル化の理論

1 企業の成長と経営者の役割 ……………………………………………………… 19
 (1) 企業の成長と経営者　19
 (2) 企業の成長と持続可能性　21
 (3) 革新的中小企業の経営者の役割　22

2 グローバル化の理論 ……………………………………………………………… 24
 (1) グローバル化の目的とプロセス　24
 (2) 内部化のメリットと評価　27
 (3) グローバル戦略と経営理論　30

第2部　中小企業のグローバル化と経営革新
―革新的中小企業編―

第4章　革新的中小企業のグローバル化の実証研究

1 事例研究の方法と対象企業の選定 ……………………………………………… 37
 (1) 事例研究の目的　37
 (2) 対象企業の選定　37

2 事例研究 …………………………………………………………………………… 40

事例研究①　根本特殊化学株式会社　41
事例研究②　株式会社フジキン　52
事例研究③　株式会社共立理化学研究所　64
事例研究④　株式会社南武　74
事例研究⑤　昭和精工株式会社　86

第3部　中小企業のグローバル化と成功要因
―中小・中堅企業編―

第5章　国際標準化と知財戦略

1 標準化と知財権の関係 ……………………………………………………… 102
　(1) デファクト標準とデジュール標準　102
　(2) デファクト知財とデジュール知財　104
　(3) ビジネスとしての標準化の分類　106
　(4) 技術のオープンとクローズド　107
　(5) 車の両輪としての標準と知財　109

| 事例研究⑥ | 栄通信工業株式会社　112
| 事例研究⑦ | IDEC株式会社　115

2 中小企業と中堅企業の戦略モデルの違い ………………………………… 118
　(1) 企業規模の特徴　118
　(2) 標準化と知財権の戦略の基本　119
　(3) 企業の業種と規模に応じた標準と知財の戦略モデル　121
　(4) 身の丈経営　127
　(5) 企業の生命を決めるG（技術）H（品質）K（価格）経営　129

第6章　ISO経営の意義と新潮流への対応

**1 国際標準規格としてのISOマネジメントシステムの現状と
　課題をめぐる論点** …………………………………………………………… 135
　(1) ISOマネジメントシステムと経営品質やバランススコアカードとの
　　　融合での関わり　135
　(2) ISOマネジメントシステムとの関わりで知った経営者の想い　137
　(3) なぜ静的な組織と動的な組織ができてしまうのか　138
　(4) なぜ経営に役立つISOマネジメントシステムになっていないのか　139
　(5) なぜ経営者と管理責任者の意識に差が生まれてしまうのか　141

（6）経営者とミドルマネージャーとの関係に似ているトップと
　　　　管理責任者との関係　144
　　（7）管理責任者に求められるISOマネジメントシステム運用における
　　　　経営者の視点　146

2　ISOマネジメントシステムの活性化と事業競争力強化のスタンス …… 147
　　（1）「事業競争力強化モデル事業」プロジェクトの検討　147
　　（2）ビジネスエクセレンスモデル（経営品質賞）の中で明確になっている
　　　　ISOマネジメントシステムの位置づけと役割　149
　　（3）経営品質向上に取り組む企業や組織でのISOマネジメントシステムの活用　151

3　ISOマネジメントシステムを巡る企業の動きと
　　規格改定に見る新潮流 ……………………………………………………… 152
　　（1）事例研究にみる新潮流　152

事例研究⑧　株式会社冨士製作所　153

事例研究⑨　西精工株式会社　158

　　（2）ISOマネジメントシステムの改定（共通テキスト）に見る
　　　　ISOマネジメントシステムをめぐる新潮流　164
　　（3）ISOマネジメントシステムの改定はこれまでの課題を解決できるのか　165
　　（4）経営に資するISOマネジメントシステム活用への1つの提言　168
　　（5）なぜISOマネジメントシステムの認証取得企業は「経営戦略展開表」に
　　　　高い関心を示したのか　169
　　（6）リスクマネジメント規格ISO31000：2009の登場　172
　　（7）リスク考慮型経営目標策定手法による「経営戦略展開表」活用の提言　174

第7章　アジアでの成功条件

1　事例研究 ……………………………………………………………………… 179

事例研究⑩　株式会社コスモテック　180

事例研究⑪　コジマ技研工業有限会社　190

2　中国ビジネス成功の要因 …………………………………………………… 200
　　（1）コスモテック蘇州工場の概況　200
　　（2）経営現地化　202

（3）従業員尊重の経営　203
 3　今後の展望 ……………………………………………………………………… 205

第4部　中小企業のグローバル経営
―成功条件と今後の戦略―

第8章　中小企業のグローバル化の動向と経営特性

 1　中小企業の環境脅威とグローバル化の動向 ……………………………… 211
　（1）成長ベクトルの転換―エレクトロニクス不況　211
　（2）中小企業のグローバル化の狙い　212
 2　日独中小企業のグローバル経営特性 ……………………………………… 215
　（1）日本のグローバルニッチトップ（GNT）の選定　215
　（2）事例研究対象のGNTのグローバル経営特性　216
　（3）ドイツの中堅企業の経営特性　218

第9章　中小企業のグローバル経営の狙いと戦略

 1　中小企業のグローバル化と輸出拡大戦略 ………………………………… 221
　（1）大企業で進む「多極分散型」のグローバル化　221
　（2）中小企業のグローバル化の特徴―販売面のグローバル化が基本　222
 2　アジア大の生産分業戦略 …………………………………………………… 224
　（1）ものづくりの海外移転の必要性　224
　（2）組立メーカーのアジア進出の加速―アジア市場の開拓・生産　225
　（3）部品メーカーのアジア分業戦略の2つの意義―アジアものづくり連携　226
 3　中小企業の開発戦略 ………………………………………………………… 228
　（1）日本が技術開発を先導する　228
　（2）革新的中小企業のグローバル展開―販売後の部品補給・
　　　メンテナンスの重要性　229

4 中小企業のグローバル成長戦略 231
　（1）中小企業から中堅企業への成長―経営の持続か成長か　231

第10章　グローバル経営の成功要因

1 国際標準化戦略―中堅企業への成長を目指して 235
　（1）革新的中小企業の「オンリー1」ビジネス　235
　（2）「画期的」製品技術と国際標準化の可能性　238
　（3）中堅企業に向けての成長戦略―「国際標準化」戦略の仕掛け　240
2 グローバル経営の成功要因 243
　（1）ISO経営を活用する　243
　（2）新興国から日本への製品・技術のフィードバック―リバース・イノベーションの可能性　244

おわりに　249

索　　引　254

事例研究目次

事例研究①　根本特殊化学株式会社　　41

1　会社の概要　　41
　(1) 夜光塗料で世界シェア80％の「世界オンリー１」企業　　41
　(2) 人のやらないものをやる　　43
2　オンリー１製品開発の道のり　　44
　(1) 自社製品メーカーへの基盤形成　　44
　(2) 未曽有の危機をＮ夜光の開発で突破　　44
3　特殊化・多角化・国際化の追求　　46
　(1) 特殊化による差別化戦略　　46
　(2) 「特殊化」から「多角化」「国際化」へ　　47
4　同社の経営特性とグローバル化の成功要因　　48
　(1) グループ経営に強み―海外は「資本出資・配当」が基本　　48
　(2) 特殊化の先導と国際化の相乗効果　　49
　(3) 国際化の推進とグループ本社の役割　　50

事例研究②　株式会社フジキン　　52

1　会社の概要　　52
　(1) 10年連続の「超モノづくり部品大賞」に輝く　　52
　(2) 東大阪に「ものづくり」企業の誕生　　53
2　精密ながれ（流体）制御機器の開発の軌跡　　55
　(1) 特殊精密バルブ開発への挑戦　　55
　(2) 半導体製造装置用バルブの開発　　56
3　グローバル展開の動向　　57
　(1) 欧米拠点の開拓　　57
　(2) アジアものづくり共有体の構築　　58
4　グローバル経営の構想と成功要因　　59
　(1) グローバル経営の構想―多極分散型ものづくり構想　　59
　(2) アジア「ものづくり共有体」の意義　　60
　(3) グローバル経営の成功要因　　62

事例研究③　株式会社共立理化学研究所　64

1　会社の概況　64
(1) 簡易分析ニーズに着目　64
(2) 同社の経営の特徴　66

2　同社の製品の強みと開発動向　67
(1) 同社製品の強み―デファクト・スタンダードの構築　67
(2) ニーズ主導型の開発動向―顧客との共同開発　68
(3) 同社のコア技術と新事業開発への挑戦　69

3　グローバル経営の特徴　70
(1) 同社の海外展開の動向―代理店との連携　70
(2) 海外展開の特徴―代理店方式のメリット・デメリット　71
(3) 同社の知財戦略―特許，商標の考え方　72

事例研究④　株式会社南武　74

1　会社の概要　74
(1) 京浜蒲田地域を代表するものづくり優良企業　74

2　同社の特徴と強み―取引先との共同開発　76
(1) 自動車用と製鉄用の特殊油圧シリンダでは圧倒的な強み　76
(2) 製品技術開発に強み　77

3　ものづくり組織能力のグローバル展開　78
(1) 技術，技能継承の仕組み―開発の原点は工場にあり　78
(2) グローバル生産拠点の確保―ものづくりの国際分業戦略　80

4　グローバル経営の成功要因　82
(1) 南武の経営特性　82
(2) ものづくり組織力の国際分業戦略　82
(3) グローバル経営の3つの成功条件　83

事例研究⑤　昭和精工株式会社　86

1　会社の概況　86
(1) 進化する金型メーカー　86
(2) 創業者の思い―下請けにならない　87

2　技術の高度化により段階的に発展　89
(1) 創業当時1954年～：加工技術の発展　89
(2) 1970年代～：加工技術と金型技術の融合　89

(3) 2000年～：新技術・新製品の開発　90
　3　環境脅威とグローバル化への挑戦 ･･ 91
　　(1) 金型メーカーを取り巻く環境脅威と課題　91
　　(2) 同社のグローバル化の現状と特徴　92
　4　グローバル経営の成功要因 ･･･ 94
　　(1) 戦略的提携が基本戦略　94
　　(2) 「オンリー１型」のグローバル化―日本発「ものづくり」の条件　94
　　(3) 新製品，新事業の開発　96

事例研究⑥　栄通信工業株式会社　　　　　　　　　　　　　　　　　　112
　1　会社の概要 ･･･ 112
　2　会社の特徴 ･･･ 113
　3　標準化と知財権への対応 ･･･ 113
　4　成功要因 ･･･ 113

事例研究⑦　IDEC株式会社　　　　　　　　　　　　　　　　　　　　115
　1　会社の概要 ･･･ 115
　2　会社の特徴 ･･･ 116
　3　標準化と知財権への対応 ･･･ 116
　4　成功要因 ･･･ 117

事例研究⑧　株式会社冨士製作所　　　　　　　　　　　　　　　　　　153
　1　会社の概要 ･･･ 153
　2　同社の経営の特徴 ･･･ 154
　3　同社の製品の強み ･･･ 155
　4　積極的な海外展開による事実上の世界標準化 ･･･････････････････････････････････ 156
　5　ISOマネジメントシステムが品質経営を支える ･･････････････････････････････････ 157

事例研究⑨　西精工株式会社　　　　　　　　　　　　　　　　　　　　158
　1　会社の概況 ･･･ 158
　2　経営革新の動向 ･･･ 159
　3　ISO経営の追求 ･･ 160

事例研究⑩　株式会社コスモテック　　　　　　　　　　　　　　　　180

1　会社の概況 ……………………………………………………………… 180
2　事業の特徴 ……………………………………………………………… 183
3　経営構造改革とグローバル展開 ……………………………………… 186
4　グローバル経営の成功要因 …………………………………………… 188

事例研究⑪　コジマ技研工業有限会社　　　　　　　　　　　　　　　　190

1　会社の概況 ……………………………………………………………… 190
　（1）コジマ技研の創業と発展　191
　（2）持続的な新製品の開発　192
2　事業特徴 ………………………………………………………………… 195
　（1）オンリー1企業へ成長　195
　（2）世界に通じるモノ作り―万能型自動串刺機　197
　（3）グローバル経営の成功要因　198

革新的中小企業のグローバル経営
―「差別化」と「標準化」の成長戦略―

第1部

中小企業を取り巻く環境変動

第1章 激変する中小企業を取り巻く環境動向

1　日本のものづくり産業の比較優位構造の変動

(1) リーマン・ショック後の環境の激動
　　―先進国不況と円高オーバーシュート

　中小企業を取り巻く経営環境は，リーマン・ショックを境に激変する。リーマン・ショックは，2008年9月15日に米国の投資銀行であるリーマン・ブラザーズが経営破綻した出来事であるが，これが世界的な金融危機を生み，間接的に国際間の産業競争力を大きく変えることになった。

　リーマン・ショックは，米国の住宅バブルの崩壊とともに起こった大手銀行の倒産である。個人の住宅金融の一種である「サブプライム・ローン」が，米国バブルの崩壊をきっかけに返済不能となり，不良債権化したことが直接の原因であった。高金利のサブプライム・ローンは，米国，欧州など先進国の金融機関が収益性の高い優良債権として大量に保有していたが，リーマン・ブラザーズの破綻を契機に債券価格が暴落し，不良債権化した。それとともに米欧の銀行は，連鎖倒産の危機を迎えることになる。当時金融機関が抱える不良資産は，約6,000億ドル（64兆円）ともいわれ，米欧の金融機関だけでなく先進国経済の縮小が及ぼす負の連鎖は，計り知れないものがあった。

　日本の金融機関は，サブプライム・ローンを保有しているところは比較的少なく，影響が小さいとみられていたが，先進国経済が縮小した影響は輸出市場の減少となって現れる。また米国，欧州はリーマン・ショック後のデフレ不況を乗り切るため，大規模な金融緩和を実施し，大量のドルやユーロを

発行する。一方で金融危機の影響の小さい日本銀行は金融緩和スタンスに違いがでて，貨幣の供給量の差が急激な円高，ドル安，ユーロ安を生み，時間とともに円高のオーバーシュートが進んでいく。

(2) 日本の産業界への波及—ものづくり産業の比較優位構造の変動

　リーマン・ショック後の2009年から11年にかけて，日本ものづくり産業を取り巻く環境は，先進国不況と円高のオーバーシュートにより大きく変動する。産業環境の変動として，2つの問題に注目すべきであろう。

　第1にものづくり産業の比較優位の構造が，短期間の中で大きく変わったことである。日本のものづくり産業においては，財の貿易収支は一貫して黒字基調で推移しており，2007年（暦年）には14兆1,873億円の黒字であった[1]。それがリーマン・ショックの年を境に，貿易収支の黒字が急減し，2011年には赤字に転換し，その後赤字幅が拡大していく。直接の要因は，東日本大震災で原子力発電が停止し，重油やガスの発電に切り替え輸入が急増したことである。それとともに，自動車，産業機械とともに貿易収支の黒字を支えてきたエレクトロニクス産業が，円高のオーバーシュートのため韓国，台湾や中国などとの競争に敗れ，「比較劣位」産業化した要因も大きい。ちなみにシャープは，液晶テレビではパナソニックやソニーなどとともに，世界ナンバー1の地位を競っていた。それが円高の急伸により輸出競争力が低下し，また台湾や中国製の液晶価格が想像を超えて減少した影響もあり，一気に比較劣位産業に追い込まれてしまう。

　第2にリーマン・ショック後，米欧日の先進国経済が低迷する中で，新興国の経済が比較的好調であったこともあり，市場の重心が先進国から新興国に移行した影響が大きい。特に中国政府は，リーマン・ショック後の2008年秋に，景気刺激策として4兆元（約56兆円）の公共投資を実施し，先進国不況の影響からの回避をはかった。またその後は，地方政府や民間企業が巨額の投資を先行し，世界経済の牽引役を担っている。

---

1) 財務省「国際収支統計」による。

日本のものづくり企業にとって、先進国から新興国への「成長ベクトル」の移行は、単に市場の地域が変わるだけでなく、財やサービスの価格、品質に対するニーズが変わることを意味しており、注意が必要であろう。ちなみに自動車企業にとって、米国は高級車やSUVなどの高付加価値製品が中心であり、収益性の高い事業であった。一方で新興国の自動車は、高燃費・低価格の小型車に対するニーズが先行しており、先進国より収益事業化することが格段に難しく、厄介な事業である。

(3) アベノミクスの登場——ものづくり企業にとって救世主となるか

　2012年12月に成立した第2次安部晋三内閣は、民主党とまったく異なる経済政策のスタンスを採用した。第2次安部内閣は、デフレ経済からの脱却を優先し、2％程度の「インフレターゲット」目標を掲げ、日本銀行と連携して大規模な金融緩和策をとる。安倍内閣の経済政策は、大胆な金融政策、機動的な財政政策、民間投資を喚起する成長戦略の3つの政策から成り立つ[2]。3つの政策は、「アベノミクス」と呼ばれており、米国レーガン大統領が推進したレーガノミクスや、英国病を克服するためサッチャー首相が展開した規制改革になぞらえられている。

　「アベノミクス」の第1の矢は、国債の日本銀行の買取りも含めた大規模な金融緩和策であるが、日本の製造業にとってアキレス腱である円高のオーバーシュートの是正に力を発揮している。円・ドルレートは、2011年11月には一時76円台の円高・ドル安まで進んだが、安部内閣の経済政策が実行されると、円高が是正され1ドル100円台の水準に戻りつつある。また円安・ドル高の方向に回帰してきたことから、自動車を代表とする日本の輸出型製造業の業績が回復し、日本株の買いをもたらし、株価の上昇にもプラスに働いている。

---

[2]　2013年6月14日首相官邸発表の「日本再興戦略」により、その全貌が明らかになった。

2 ものづくり製造業を取り巻く環境変動の兆候

(1) 国内産業の空洞化の動き――円安でも戻らない貿易収支の赤字

　日本の貿易構造を見ると，明らかに変化の兆しが見受けられる。通常は，円高のオーバーシュートが転換し，円安・ドル高方向に転換すると，比較優位をもつ輸出型製造業が好調となり，貿易収支の赤字が縮小し，黒字への転換，黒字の拡大が進むのを常としてきた。ところが日本のものづくり企業の貿易構造には，明らかに変化の兆しが見受けられる。従来は，為替のオーバーシュートの解消とともに，貿易黒字への転換が進むはずである。しかし今回は，貿易収支は赤字から黒字に転換するどころか，むしろ赤字がさらに拡大する傾向を見せている。

　その背景には，東日本大震災の影響で，福島の原子力発電所が止まったこと，また大規模地震に備えて多くの原子力発電所が事業継続計画（BCP）の見直しをしている要因がある。当面は，原子力に代わり原油や天然ガスを使った火力発電に切り替えており，燃料の輸入コストが膨らんでいる。円安が進むと，輸出産業にとってはプラスであるが，輸入産業にとってはマイナスである。原子力発電所のストップは，日本の貿易収支の赤字から黒字に転換するための足かせになっている。

(2) 輸出型製造業に構造変動

　一方で日本の輸出型製造業は，リーマン・ショック後の円高のオーバーシュートにより，「国内生産と輸出」の組み合わせから，「海外生産と海外販売」に移行する新たなグローバル化の段階に移行した。日本最大の輸出産業である自動車の場合は，過去一貫して海外生産が拡大してきたが，国内生産は海外生産を上回り，1,000万台規模を維持してきた。ところがリーマン・ショック後の円高の急伸により，海外生産が国内生産を上回る，一方で国内生産は，1,000万台を下回る水準で低迷する。ちなみにトヨタ自動車でいえば，

国内300万台の維持は，国内雇用の維持やものづくり技術の革新のための最低水準である。ところがリーマン・ショック後の円高のオーバーシュートにより国内生産は，1,000万台を下回り，各社は国内のものづくり能力を維持できるかどうか，瀬戸際のピンチを迎えている（図表1-1参照）。

さらにいえば，リーマン・ショック後，日本の輸出型製造業の一角であるエレクトロニクス産業の比較優位が低下する事態が生じている。エレクトロニクス産業の場合には，モジュラー（組み合わせ）型のアーキテクチャー[3]である。米国企業の高度な「戦略構想」と低賃金に強みをもつアジア企業の「ものづくり能力」をミックスした国際工程間分業が有効である。液晶テレビやパソコンなどの分野では，自動車以上に「技術の汎用化」が進んでいる。比較優位の源泉が技術から労賃へシフトし，比較優位の構造が変動したこと

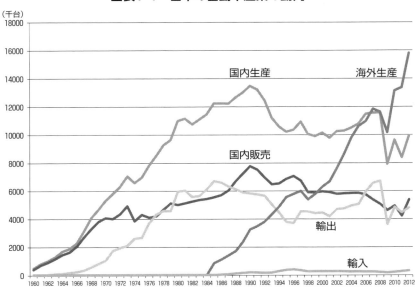

図表1-1　日本の自動車産業の動向

出所：日本自動車工業会，日本自動車販売連合会，日本自動車輸入組合の資料をもとに筆者作成。

---

[3]　藤本ほか（2001）。

を意味している。エレクトロニクス産業で，日本が先行した技術が汎用化する中で，韓国や台湾の企業がキャッチアップし，また中国の企業も急成長している。日本のものづくり産業は，一部の分野で比較優位から劣位への移行が生じているのである。日本の貿易収支が，円安・ドル高に回帰しても赤字から黒字に転換しないのは，比較優位の構造に変化が生じていることが原因であろう。

3 中小ものづくり企業を取り巻く環境脅威と課題

(1) 激変する中小ものづくり企業の取引環境
── 輸出型製造業の国内生産の空洞化

　ものづくり大企業にとって，グローバル化に適応することは不可避の選択である。トヨタ自動車にとって，国内生産は300万台強であるが，世界でみれば1,000万台強を生産しており，700万台以上は，海外で生産し，世界市場で販売している。グループとして成長するためには，グローバルに生産，販売し，世界市場の競争に勝つことが，企業成長の条件である。またパナソニックやソニー，シャープなどのエレクトロニクス・メーカーは，主力製品である液晶テレビやパソコン，半導体などがリーマン・ショック後，短期間のうちに比較優位を失ってしまった。図表1-1で見るように，自動車は比較優位をもつため，海外からの輸入が増加しない。海外生産が急増している割には，国内生産が急減する事態が起こらず，国内生産の空洞化は，何とか回避されている。

　産業が比較劣位化すると，輸出から輸入への転換が起こり，国内生産が急減するのが一般的である。比較優位をもつ自動車の場合は，円高・ドル安が急伸しても，海外からの「輸入」が急増する傾向はみられない。海外生産は，海外市場の伸びに応じて増加するものの，国内生産は1,000万台規模を維持し，国内のものづくり能力の再構築を可能にする水準をキープしている。一方で比較劣位化が懸念されるエレクトロニクス産業では，海外生産は着実に伸びるが，輸出の減少に加えてアジア新興国からの輸入が増加し，その結果国内

生産の減少，産業の空洞化が進む局面を迎えている。パナソニック，ソニー，シャープなどは，主力製品の液晶テレビの需要が急減し，国内生産からの撤退，国内雇用の大規模な削減の動きが本格化している。

(2) 中小企業の事業構造の転換——国内集中とグローバル化の２正面展開

中小のものづくり企業にとっては，輸出型製造業の自動車とエレクトロニクスが取引先の２大産業である。自動車の場合は，国内部門は「ものづくり組織能力」の構築を維持する生産量を確保し，国内を中心にものづくり組織能力を鍛え上げていく道も残されている。ただ国内市場はすでに成熟化しており，本業でのさらなる成長は国内だけでは限界がある。したがって医療機械や航空宇宙機器のような付加価値の高い「先端類似」市場に多角化する必要も出てくる[4]。また今後自動車のさらなる成長を追及するためには，アジア新興国などの市場を取り込む必要があり，グローバル化の推進が課題である。

他方の雄であるエレクトロニクス・メーカーと取引している中小企業は，いっそう厳しいものがある。エレクトロニクス産業では，リーマン・ショック後，短期間のうちに円高・ドル安のオーバーシュートが起こり，比較優位産業から劣位産業へ競争構造の転換が起こった。液晶では世界１のシェアをもち，垂直統合型の「オンリー１経営」を標榜していたシャープは，突然の経営危機が顕在化する。当時4,200億円かけて建設した最新鋭の堺工場が，2009年10月に操業を開始するが，リーマン・ショックや東日本大震災が重なり，操業度が極度に低迷し，台湾のEMS企業の鴻海精密工業に新鋭工場を売却することになる[5]。またパナソニックやソニーなどが，国内生産を縮小し，国内工場のリストラに踏み切る一方で，アジア新興国へのグローバル生産を強化しているのである。

取引先である中小企業にとっては，国内の有力な顧客であり，それまで技

---

[4] 多角化の方向としては，先端分野の最先端と先端類似市場の２つの方向がある（土屋ほか，2011，p.175）。
[5] 長内（2012）。

術ノウハウの基盤を作ってきた取引先の仕事が一気になくなりつつあることを意味しており，その影響は甚大である。量のまとまった有力取引先のビジネスが国内から突然消え，その一部はアジア新興国での生産に切り替わるなど，取引構造が劇的に変化してしまった。

中小企業にとっては，国内事業の存続が難しいとなると，国内工場の一部を閉鎖して，新規の取引先を開拓する必要がある。それとともに，取引先を多様化し，多品種少量の取引に転換するなど難しい経営判断が求められる。一方でリスクを賭して，成長市場であるアジア新興国市場の開拓に乗り出す企業も出ており，環境脅威は身近に迫っている。

参考文献

長内厚（2012）「シャープ・鴻海提携交渉にみる日本家電産業復活のカギ」『日経ビジネス』9月14日号。

財務省「国際収支統計」。

土屋勉男・原頼利・竹村正明（2011）『現代日本のものづくり戦略：革新的企業のイノベーション』白桃書房。

藤本隆宏・武石彰・青島矢一編（2001）『ビジネス・アーキテクチャ：製品・組織・プロセスの戦略的設計』有斐閣。

本研究の狙いと分析の方法

1 本研究の狙い

　本研究に先立ち，2007年度，08年度に明治大学の大型研究（文部科学省私立大学学術研究高度化推進事業「地域企業の人材育成と経営改善のための特定拠点連携型産業振興」）の共同研究に参加する機会があった。そこでの研究成果の1つとしては，地域産業集積や産業クラスターの関連で立地し，地域産業の変革を先導する「革新的中小企業群」に注目して，企業の存立基盤や経営能力の特性を，先行的に分析した[1]。それらの企業は，差別化した事業領域を開発し，一時的な「成長よりは持続」を優先する。大企業とは異なるが，大企業にも負けない研究開発，マーケティングなどの経営能力を身につけており，「小さな大企業」と呼べる存在である。規模の成長よりは，研究開発の持続を重視する「持続可能な経営」，常にイノベーションに挑戦する企業像が導かれ，地域産業・クラスターとの関連も深い。

　また2009年度には，日本学術振興会（科研費）の補助を受け「中小企業のビジネス・ネットワークの構築戦略」（明治大学）に関する研究調査に参加する機会を得て，その成果の一部を使い『現代日本のものづくり戦略—革新的企業のイノベーション—』としてまとめた[2]。そこでは中小の革新的企業のイノベーションの創出プロセスを分析し，イノベーションの要因としては

---

[1] 革新的中小企業群の存立基盤や経営特性は，伊藤・土屋（2009, 第2部Ⅲ, Ⅳ, pp.189-223）にまとめてある。
[2] 土屋ほか（2011）。

取引先との信頼関係が技術基盤の構築に重要な役割を担っていること，取引先の中でも重要顧客である「リード・ユーザー」との関係がイノベーションの契機になる場合が多いことが明らかにされる。また中小の革新的企業では大企業の研究開発力を結合した「オープン・イノベーション」が展開されていることも明らかにされた。

さらに2011年度からスタートした学術振興会（科研費）「革新的中小企業の知財の収益化に関する実証的研究」（東京都市大学）では，革新的中小企業は，製品技術やサービスの開発だけにとどまらず，知財の持続的収益化の面でも「ブレークスルー」に成功していることを明らかにする。革新的中小企業の経営者は，知財の創造に成功するだけでなく，その後先行投資した開発費用を回収し，持続可能な開発体制を構築するために全力を投入する。有力顧客を見つけて，安定収益の足掛かりを見つけるだけでなく，知財の専有可能性を高め，持続可能な経営を実現するために，他社に差別化したビジネス・システムやビジネス・モデル（設ける仕組み）を開発していることが明らかにされている[3]。

2 「革新的中小企業」の定義と経営の諸特性

(1) 革新的中小企業のプロフィール

ここでは，今までの分析結果のエッセンスを要約する形で，「革新的中小企業」のプロフィールをまとめてみた（図表2-1）。

「革新的中小企業」は，中小企業庁が定義する従業員規模（300人以下）または資本金規模（3億円以下）の"中小企業"に該当する。中小企業庁では，「元気なモノづくり中小企業300社」（2006年度〜09年度）を選定し表彰してきたが，われわれが呼ぶ「革新的中小企業」は，主としてそれらのデータベースの中に含まれる。また経済産業省が2013年度に実施した「グローバル

---

3) 土屋ほか（2012）。

図表2-1　中小の「革新的企業」のプロフィール

1. 事例研究の対象設定の際に考慮した経営特性
- 産業分類：ものづくり企業
- 企業規模・経営形態：従業員100人～300人以下（50～100人，300人以上の企業もある）～小さな大企業としての経営能力をもつ
- 経営者：ユニークな経営者，数々の危機を突破，新製品・新技術・新事業などの開発に挑戦（研究開発型とも呼ばれる）
- 経営特性：知財の創造だけでなく，「知財の収益化」でもブレイク・スルーに成功
- 「持続可能な経営」の開発：オンリー1の製品，抜きん出たものづくり能力，独自のビジネス・モデルなどに強み～国内独占的シェア，世界的シェアの獲得

2. 分析結果から導き出されたイノベーション特性
- 技術基盤の形成：信頼をベースにした取引関係，多様な取引と技術ノウハウの蓄積など
- リード・ユーザーの活用：高度化・多様化・複雑化したニーズへの適応，ターゲット市場の最先端の追求，先端類似市場の開拓などで成功
- イノベーション活動：大企業の開発力・ブランド力の組織，社外資源を組織・結合したオープン・イノベーションの展開など

CF．事例企業は，中小企業庁「元気なモノづくり中小企業300社」，各都道府県のものづくり優良企業リストなどから抽出。

ニッチトップ（GNT）100選」の中にも重なる企業がある。それらの企業は，従業員数や資本金規模で定義される中小企業の中で，国内，海外のシェアが高く，研究開発型と呼ばれる「経営特性」をもつ企業類型である。企業規模は，従業員数100～300人の企業が中心であるが，50～100人，300人以上の企業もみられる。

(2) 革新的中小企業の経営特性

「革新的中小企業」は，設立の当初「下請け」からスタートする企業もあるが，その地位に甘んじることなく，自社の製品，ブランドの開発に挑戦する。自社製品の開発は，持続可能な経営を実現する最も有効な手段である。

それ以外にも，即日納入のサプライチェーン（供給網）を整備し，顧客「プル型」の新しいビジネス・モデルの構築に成功する事例も出ている[4]。またそれらの企業の経営特性を見れば，差別化した事業領域を志向し，オンリー1の製品，技術を開発し，国内市場だけでなく，世界市場でも高いシェアを獲得している企業も多い。つまり「革新的中小企業」は，自社製品や新しいビジネス・モデルの開発に熱心な"研究開発型"の企業の集団であり，わが国のイノベーションの担い手である。

また「革新的中小企業」は，「イノベーション」においても共通の特徴がある。まず技術基盤の形成においてはトヨタ，パナソニック，ソニーなど，ものづくり大企業との取引関係，信頼関係が重要である。それらの大企業の取引関係，難しいニーズから鍛えられてきた。中には共同開発のパートナー役を担い，それが契機となりイノベーションが生まれる場合もある。それらの中には，取引先のニーズの一歩・二歩先の最先端技術や先端類似市場への展開を実現した例も見られる。つまりそれらのイノベーションを「リード・ユーザー」[5]を活用したイノベーションと呼ぶが，革新的中小企業には比較的多い。

次にイノベーションの方法としては，革新的中小企業が主導して「大企業の開発力」を有機的に結合して，「オープン・イノベーション」活動が展開されていることも明らかになってきた。いずれにしても「革新的中小企業」は，それらの経営特性，イノベーション特性が経営活動の中にDNAのごとく体化され，常に持続可能な開発を目指して先行開発に果敢に挑戦している企業像が，われわれの描いている類型である。

さらに「革新的中小企業」としては，知財の創造（イノベーション）だけでなく，「知財の収益化」にも熱心な企業である点も重要であろう。研究開発型の企業の場合，知財の創造は得意であるが，知財の収益化には無関心であるか，弱みをもつ企業もみられる。一般に100〜300人規模の企業ともなると，数々の経営危機に直面してきた企業も多いが，それらの環境脅威，経営

---

4) 伊藤・土屋（2009），p.203。
5) 土屋ほか（2011），p.13。

第2章 本研究の狙いと分析の方法

図表2-2 革新的中小企業のイノベーションのフレームワーク

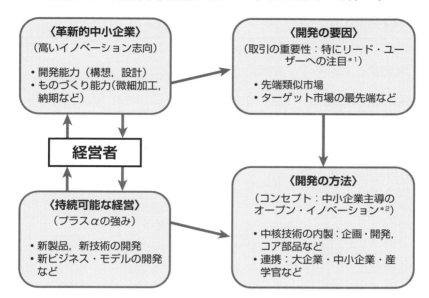

*1：リード・ユーザーは，エリック・フォン・ヒッペル（サイコム・インターナショナル訳）「民主化するイノベーション」ファーストプレス，2006年1月を参照。
*2：オープン・イノベーションは，H.チェスブロウ（大前恵一朗訳）「オープン・イノベーション」産業能率大学出版部，2004年10月を参照。
出所：土屋ほか（2011），p.169。

危機をばねに，新しいビジネスの仕組みや他社と異なるビジネス・システムを開発し，持続可能な開発に成功してきた。しかし先行開発の固定費を回収し，長期的に持続させるには，知財の創造の強みだけでは，限界がある。知財の収益化の面でのブレークスルーが必要である。研究開発型を志向するには，知財の創造と知財の収益化の好循環を生み出し，「持続可能な経営」を生み出す必要があるからである（図表2-2）。

3 革新的中小企業のグローバル化の特質

(1) 大企業と異なる中小企業のグローバル化

　日本の輸出型製造業である自動車やエレクトロニクス，産業機械の分野では，大企業はグローバル生産や地産地消の傾向を強めている。ものづくり大企業は，国内以上に海外で雇用を開発し，世界経済の成長に貢献する時代を迎えている。

　一方で日本の革新的中小企業は，大企業とは異なり，国内中心の経営活動を展開しており，国内雇用の受け皿としての役割も期待される[6]。中小企業の場合には，経営資源の制約もあり，一部の企業を除くと大企業のような米欧アジアの「多極分散型」の本格的なグローバル化を展開する企業は少ない。また生産や開発のものづくり機能を本格的に海外に移転し，地産地消のグローバル化を展開する企業は，比率としては少数の企業にとどまる。多くの中小企業は，ものづくり能力の強みを国内におき，能力構築活動も地域社会の中で循環させている。一方でオンリー1や差別化した製品をもち，特定のニッチ市場では世界的な競争力をもつ企業も見られる。その点で，後工程の販売面でのグローバル化は進んでおり，米欧アジアに販売網やメンテナンス網を確保している企業も多い。

　さらにいえば，ものづくり活動のグローバル化においては，アジアなどの特定地域に焦点を当てて，汎用品や中低級品をアジアで生産する「製品間差別化分業」や，労働集約的な組立工場を建設し，国際工程間分業を実現している企業も見られる。

　中小企業のグローバル化は，地産地消を目的とした大企業の海外進出とは大いに異なっている。むしろ中小企業のグローバル化は多様であり，それらの「多様性」こそが，中小企業の特徴である。経営資源が不足する中小企業

---

6) 土屋ほか（2011），pp.196, 229。

の経営事情を反映したものであり，経営資源が不足しているからこそ，リスクを回避し，他社との連携を志向した中小企業特有の「グローバル化」が追及されることになる。

(2) 革新的中小企業のグローバル化の特性は何か

　革新的中小企業は，「グローバル化」の面でも，一般の中小企業とは異なる事業特性をもつ。革新的中小企業は，世界初となる「オンリー1」の製品を開発する場合も多く，国内市場はもちろんのこと，世界市場で高いシェアを獲得している企業がみられる。今回の事例研究では，経済産業省が選定した「グローバルニッチトップ（GNT）100選」に選定された企業が4社ほど含まれているが，オンリー1経営の典型的事例であろう。また中小企業庁の「元気なモノづくり中小企業300社」の中にも，オンリー1の製品をもつ企業や差別化した経営でグローバルに勝負している企業も見られる。

　それらの企業の中には，他社に先行して新しい製品技術を開発し，特定の市場では世界シェア50％のような独占に近い市場を構築している。また他社が参入しにくいニッチ市場に集中し，他社に差別化した製品やサービスを投入し，高いシェアを「持続させている」企業が出ている。さらにいえば顧客の求める高品質，低コストの製品技術を，短納期で配送するシステムを開発し，目に見えない参入障壁を構築している企業もある。それらの要因を複合的にミックスして，革新的中小企業のグローバル経営が生まれている。世界シェア50％が意味するところは，革新的中小企業は，ある面で大企業以上に世界に製品を供給しているグローバル化が進んだ企業であろう。

　一方で革新的中小企業は，ものづくり能力の強みを国内におき，能力構築活動も地域社会の中で循環する企業が多い。販売面でのグローバル化には熱心である，一方でものづくり組織能力の構築は，国内の地域社会と深く結びついている。

　販売面でのグローバル化に注目すれば，顧客に近い後工程のグローバル化が中心であるが，米欧アジアに，世界的規模の販売網やメンテナンス網を確保している企業もある。一方で販売網やメンテナンス網は，世界の大企業の

能力を活用し，世界市場で高いシェアを獲得するなど，革新的中小企業のグローバル化は，大企業と異なり，多様であることにその特徴をもつ。

参考文献

伊藤正昭・土屋勉男（2009）『地域産業・クラスターと革新的中小企業群：小さな大企業に学ぶ』学文社。

土屋勉男・井上隆一郎・竹村正明（2012）『知財収益化のビジネス・システム：中小の革新的企業に学ぶものづくり』中央経済社。

土屋勉男・原頼利・竹村正明（2011）『現代日本のものづくり戦略：革新的企業のイノベーション』白桃書房。

本研究で使われる理論の紹介
―企業成長とグローバル化の理論

1 企業の成長と経営者の役割

　本章では，先行研究の紹介をするが，企業の成長やその手段としてのグローバル化に関連した理論をレビューすることからスタートする[1]。革新的中小企業においては，「経営者」が重要であり，経営者の企業成長における役割を検討したい。

(1) 企業の成長と経営者

　経済の成長発展の要因として，企業家（Entrepreneur）のイノベーションに注目したのは，シュンペーターである[2]。シュンペーターは，企業家による各種資源の新結合が新たな経済成長をおこす要因であると考え，企業家による新結合の5つの形態を示し，経済発展の理論を構築する。またペンローズは，経営資源や管理組織をもった現実に近い企業像を描き，会社成長の理論を作る[3]。それまで経済理論の中に描かれてきた企業は，市場の見えざる手に導かれ，資源の合理的利用を瞬時に実現する生産者である。そこには企業が活動するための経営資源や組織がなく，合理的「存在」である抽象的な企業像が構築されてきた。ペンローズは，高度に抽象化された企業を現実に近い生きた存在に近づけるのに，多大な貢献を果たした。ペンローズの理

---

1) 本章は土屋ほか（2012，第2章1）を参照している。
2) シュムペーター（1977），邦訳p.180。
3) ペンローズ（1962）。

論は，RBV（Resource Based View：内部資源理論）の学派に属する経済，経営学者に多大の影響を与えることになる。

　ペンローズの理論によれば，企業は内在的動因による成長発展を追及する存在と捉えている。企業は，経営資源の集合体であるとともに，管理組織体である。この多面的な企業像を描くことから，企業が自ら生み出す，成長のダイナミズムが生み出される。まず企業の中に「経営者」を明示的に取り込んでくる。そして経営者が遂行すべき機能，役割などを考案して，経営者を「企業者」（以下，企業家という）と「経営者(P)」の2つに分ける。経営者(P)はペンローズの定義する経営者を指し，われわれがさす「経営者」は，2つの側面を含む広義の概念である点に，注意が必要である。

　まず企業家であるが，企業家は，環境変動や脅威の中で，経営資源の集合体としての潜在能力を見極め，また企業の内部に存在する「未利用な資源」を見つけ，それを活用することから新たな成長の可能性が生まれる。また企業家は，成長に向けて計画を作成し，その計画が実行に移されると，企業家の「用役の解放」[4]が起こり，新たな成長への動因が形成される。企業家にとっては，現在直面している成長計画がひとたび実行に移されると，時間や能力の面で余裕（用役の解放）が出て，次の成長戦略に取り掛かる契機が生まれる。中小の「革新的企業」の事例研究では，われわれは「経営者」の役割として，環境脅威をばねに新たな事業開発を構想し，執行に挑戦する役割に注目するが，その「経営者」は，ペンローズのいう「企業家」に近く，持続的な成長を実現する推進役を担っている。

　一方で「経営者(P)」は，開発した事業を効率良く経営する役割を担う。企業成長の関連でいえば，企業家は未利用の資源を見つけ，新たな事業を創造して成長するが，新規開発した事業を効率よくマネジメントできるかどうかはわからない。多くの企業では，事業の多角化が進むと，管理面での非効率が生じるのが一般的である。事業の多角化が進むと，経営者は，効率よく管理する能力の向上が，事業の拡大に追いつかない状況が出てくる。また新た

4）　ペンローズ（1962），p.66。

な経営者を外部から調達するとしても,短時間のうちに社内と同等の能力を身に着けることが難しく,成長そのものに制約が出てくる。この経営者が備えるべき能力の面での学習効果の遅れは,速すぎる成長に対する成長制約となる。企業成長に対する経営者能力の拡張制約は,「ペンローズ制約」[5]といい,速すぎる成長にも制約があること,その制約は経営者および経営者チームの能力,学習速度などに規定されることを示している。

中小の革新的企業の分析では,「経営者」という言葉を使うが,会社の創業者であり,会社の経営を実質的にリードしている会長,社長などを指して使う。特に「経営」の能力の中では,イノベーションを先導し,ビジネス構想を描き,事業の立ち上げや市場の開発,浸透などを実質的にリードする「企業家」としての能力に注目しているのである。

(2) 企業の成長と持続可能性

大企業は,製品多角化やグローバル化などを通じて,成長経営を追及してきたが,複雑な組織体が構築され,経営者はそれらを効率よく管理できない問題に直面する。経営者の管理能力は,急激な規模の拡大や早すぎる成長に追随できず,成長の非経済性が大企業の持続的な成長,発展を阻害する状況を生む。チャンドラーは,1900年代における米国の産業企業の研究を通じて,複数の有力な産業企業はその問題を乗り越え,巨大企業化してきている要因を分析し,多くの命題を導き出す[6]。チャンドラーによれば,デュポン,GM,スタンダード石油,シアーズ・ローバックなどでは,製品多角化,地域分散,垂直統合などの戦略を使って,急速な成長,発展を追及する。一方で企業がとる多様な成長戦略の結果,複雑な管理組織体が構築され,それらを効率よく運営しなければならない課題,脅威に直面する。そのような中で,複数事業部制による分散型の管理組織が開発され,大企業の持続的な成長が可能となる。つまり戦略を効率よく運営する構造(Structure)が開発され

---

5) マリスは,「ペンローズ定理」と呼んで,経営者の追加的な供給には成長制約が出るとする(マリス,1971, p.105)。
6) チャンドラー(1967),p.30。

たことが，大企業の持続的成長，発展の要因であるとし，「組織は戦略に従う」という命題を導き出す。大企業の持続的な成長には，戦略を実現するための管理組織面での「経営革新（イノベーション）」が突破口になることが示される。

ペンローズは，永続的に成長する企業を念頭に置き，会社成長の理論を作り上げた。またチャンドラーは，米国の産業企業の分析から，永続的な成長を可能にするには成長戦略と，組織面の経営革新の関係を明らかにした。一方，「革新的中小企業」の目標は，永続的な成長でも，成長の概念が異なっている点に，注意する必要があろう。革新的中小企業の多くは，決して「身の丈を超える」成長を目指していない。むしろ一時的な急成長は，経営の危機であると考える経営者もおり[7]，成長より持続可能な成長の方を重視する。

事例研究では，研究開発型の企業は，製品技術の開発で先行するが，1回限りの成功に満足することなく，一定規模の技術者を配置し，先行開発を持続させたいと考えている。そして，研究開発における先行投資を回収し，研究開発と収益化が循環する「持続可能な経営」を目指している。そのためには差別化した仕組みを開発し，収益の専有可能性を高め，他社に差別化したビジネス・システムを構築しなければならない。

事例研究によれば，革新的中小企業の目指すべき方向は，「持続可能な開発」であり，先行開発した製品技術で世の中をリードすること，販売や供給面で差別化した仕組みを作り上げ，安定した収益を「持続」させることが目標である。

(3) 革新的中小企業の経営者の役割

企業の目的を明確に定義したのは，ドラッカーである[8]。ドラッカーは，企業の目的は世上いわれるように，営利組織として「利益を上げる」ことで

---

[7] 伊那食品工業の塚越会長は，寒天の効用がテレビに紹介され売り上げが急増するが，「今が最大の危機である」として戒める。革新的企業では，成長より持続を重視する経営者は多い（土屋ほか，2011，p.118）。

[8] ドラッカー（2001），p.23。

はない。「顧客を満足させる」ことが企業の使命であり目的であるとする。また事業とは，「顧客が財やサービスを購入することにより満足させようとする欲求」により定義すべきである。そして企業は事業を通じて顧客の求める欲求や，新たな満足を創造することが使命なのである。

　「革新的中小企業」は，有力企業との取引や共同開発などにより，技術基盤を構築する。また過去蓄積してきた技術やノウハウを活用して，新しい事業の開発に挑戦しており，過去蓄積してきた技術ノウハウが開発に向けての源泉である。一方で，事業の目的は顧客が求める価値の実現であり，社会に役立つ顧客価値の新たな創造が重要である。そして企業内では，自社が蓄積した技術ノウハウと顧客ニーズのマッチング活動が展開される。

　革新的中小企業が立ち上げてきた事業を見ると，世界「オンリー1」の事業，他社に差別化した事業というコンセプトが出てくる。現存する顧客の求める財やサービスの提供により，事業を開発し継続するだけにとどまらない。むしろ「イノベーション」をおこし，顧客に世の中にない新しい財やサービスを創造して，新たな満足を創成することを目指している。革新的中小企業の場合には，「ナンバー1」の事業と異なり，品質，コストなどで世界競争を戦う企業とは異なる。むしろ世の中にないもの，初めて開発したもの，他社と異なるものなど，顧客に新たな満足と感動を生み出すから，その存在が評価されることになる。

　新たな財，サービスの創造には，イノベーションが重要であるが，同時に顧客に財やサービスの使い方やコンセプトを説明し，有力顧客を開拓し，新たな満足の連鎖を作り出すことが必要である。また多くの顧客を見つけ，長期に安定した収益を実現するマーケティング戦略や，効率のよい供給システムを開発し，顧客の満足度を持続的に高めることが求められている。

　革新的中小企業の場合，イノベーション構想は，その執行を前提としたものと考えるべきである。大企業の場合は，高度に細分化された専門分業型の組織が出来上がっているため，イノベーション構想が執行されないケースも起こる。どんなに素晴らしい計画を立てても，執行されないと絵に描いた餅である。一方で革新的中小企業の場合には，規模も小さく，また経営者が戦

略の策定と執行の両方にかかわっているため，イノベーション構想は執行を前提にしたものと考えてよい。

2 グローバル化の理論

(1) グローバル化の目的とプロセス

①グローバル化は企業の成長ベクトル

　企業が国内の特定の市場に参入し，成長していくには，コンペティターとの競合に勝ち，シェアを拡大することが必要である。しかし国内の市場は一定の期間が過ぎると，成長が鈍化し，成熟市場に転換し，それ以上の成長が難しい局面を迎える。企業の成長ベクトルとしては，製品面や市場面での多角化・多様化が次の成長のために必要となる[9]。既存の製品で市場を拡張する方法として地域の多様化戦略があり，その一形態として国境を越えて製品を輸出する「グローバル化」の戦略が必要となる。

　国境を越えてグローバル化するためには，当該製品が進出先にない「オンリー1」の製品の場合には，新しい製品の機能を認知させ，新市場を時間かけて創成することが必要である。一方で進出先にすでに同じような製品を作る企業がある場合には，QCD（品質・コスト・デリバリィ）の面で相手先にない圧倒的な比較優位をもつことが，グローバル化を成功させる条件であろう。

②比較優位の諸要因

　産業のグローバル化を考察する理論として，イギリスの1800年代初めの経済学者リカードの「比較優位」の理論が出発点である。リカードの比較優位の理論では，2国間の貿易を考え，各国が相対的に優位をもつ財の生産に特化し，互いに貿易をすれば両国の経済がともに繁栄することを明らかにした。

---

9) アンゾフ (1977), p.137。

この理論は，国の産業政策や貿易政策の基本原理として，今でも有効に利用されている。

リカードの理論では，各国が得意な財を生み出す背景としてワインや織物の労働生産性の差異を念頭に置いてきた。リカードの理論を拡張したヘクシャー・オリーン（HO）モデルでは，各国の貿易は各国間の生産要素である土地，資本，労働の賦存量に規定されるとする[10]。土地が豊富な国は，農業を生産して世界に輸出するのが効率的であり，労賃の安い発展途上国は，労働集約的な生産物を生産するのがよい。一方で労賃の高い先進国では資本集約的な産業に特化せざるを得なく，国際間での生産分業と貿易から世界の厚生が高まることになる。

その後の研究では，比較優位の源泉として，土地，労働，資本を通じた価格競争から，製品差別化や技術の非汎用化を促す知財戦略などの非価格競争を取り込んだ優位性が重視されるようになる。

③バーノンのPLC理論

新製品が市場に導入され，製品寿命サイクル（PLC）に従って，どのようなグローバル化が進むかを研究した理論として，バーノンのPLCの理論が有名である[11]。バーノンの問題意識では，世界に比較優位をもつ米国の企業が新製品を先行的に開発すると，その他の先進国（欧州），発展途上国（アジア）の間の貿易や投資がどのようにダイナミックに変動するかを分析する。つまり「新製品の導入期，成熟期，標準化期」の各段階で，米国，欧州，発展途上国の企業活動が，どのように国際分業されていくかを実証的に考察したダイナミックな理論である。

バーノンによれば，米国企業が先行開発した製品は「新製品の導入期」では自国の顧客に向けて顧客創造型の生産がスタートする。しかし次の段階では規模の経済性を求めて，自国内の需要を上回る生産規模の拡大が続く。国内の過剰生産分は，その他の先進国（欧州）へ輸出され，国内販売から国内

---

10) ジェフリー・ジョーンズ（2007），p.9。
11) Vernon（1966, p.199）をもとに作成。

と輸出を加えた生産の段階に進む。それとともに「成熟期」では国内需要を超えて供給が増加し，余剰の生産分は欧州への輸出を拡大することになる。一方でこの頃になると，欧州でも輸入代替の生産が本格的に立ち上がる。そして「標準化期」を迎えると，技術の汎用化がさらに進み，労賃面でコスト上の比較優位をもつ欧州に主要な生産拠点が移行し，米国の国内需要は欧州からの輸入に依存する新たな段階を迎えることになる。

　米国，欧州，あるいは発展途上国の間で，PLCの3つの段階で，なぜ国際分業関係が変動するのであろうか。バーノンの理論では，「技術の汎用化」に注目する。先行開発した「技術」が比較優位の源泉の時期は，米国中心の供給が進むが，先行した技術上の優位が失われ，「技術の汎用化」が進むと，欧州や発展途上国でも米国同様の生産が可能になり，比較優位の源泉が技術からそれ以外の生産要素に移行する。つまり「標準化期」を迎えると，比較優位の要因が技術から，労働力や資本等の生産要素に移行する。とりわけ比

図表3-1　新製品のプロダクト・ライフサイクルのプロセス

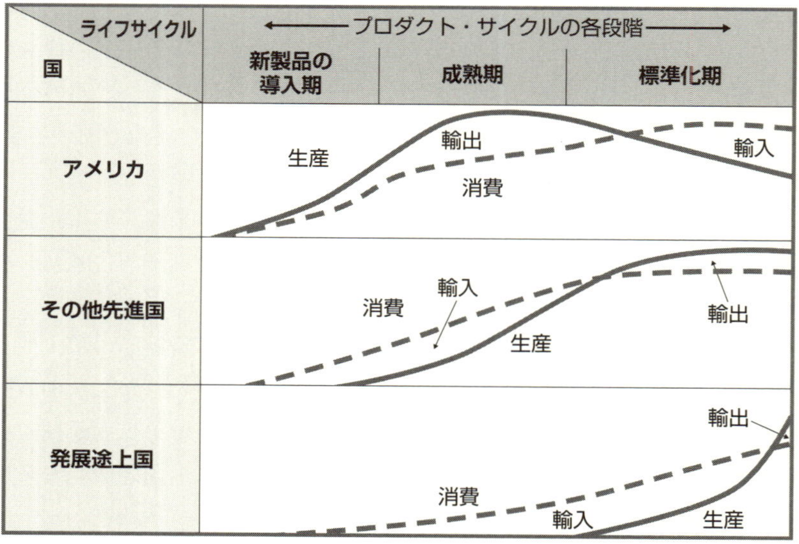

出所：Vernon（1966, p.199）をもとに作成。

較優位の要因が，労働力に移行すると，最も労賃の高い米国企業は，比較優位を失い，競争力を低下させる。すると競争優位は，米国から欧州や発展途上国の企業に移行し，米国にとっては海外生産の拡大と海外からの輸入が同時に拡大することになる。

これらの関係は，図表3-1の日本（米国）に対する韓国・台湾（欧州），中国・ASEAN（発展途上国）の３者の関係と同じように捉えることができる。

(2) 内部化のメリットと評価

①内部化のメリット

企業にとって取引の「内部化」とは，外部の市場取引に代えて，企業の内部組織を選択する経営判断を指す。内部化理論は，企業が製品開発，生産，販売などの諸活動において，オープンな市場取引でなく，国境を越えて活動を内部組織化し，企業内の活動に取り込んでいく戦略である。コースが指摘するように，市場の取引には多くの取引費用が掛かる[12]。情報を収集し，適切な取引相手を探索する費用，技術ノウハウの流出リスクなど取引費用は，決して小さくない。内部組織化には，多くの投資が必要になるが，投資の効果が大きく，特定の期間内で回収できれば，特定の活動を内部組織化し，企業内で管理統制する経営判断は有効となる。また製品開発や生産，販売面の活動をグローバル化すれば，国内中心の企業に対する優位性が高まるだけでなく，時間をかけて優位性を磨き上げることができる。

多国籍企業の優位性は，第１にグローバル化することにより新たな市場を創出し，成長することができる成長促進効果である。第２には，グローバル化していない企業に対して，コスト面での優位性を作り出すことができることである。例えば自動車の生産活動を例にとれば，国内生産に海外生産が加われば，生産規模が拡大し，規模の経済性が働く[13]。規模の経済性は，自動車の最終組立ラインより，エンジン，トランスミッションなどのコア部品のコスト削減効果が大きい。コア部品の開発や生産面で開発費や設備費用など

---

12) コース（1992），p.9。
13) 長谷川（2002，４章）を参照。

は，固定費と呼ばれ，部品生産の規模が拡大すればするほどコスト削減の効果が大きい。また販売面や流通面でも複数の車種やブランドを共有することで，「範囲の経済性」とも呼ばれる各種のシナジー効果が発生する。さらに現地の安い労賃や，ローカル部品の採用によるコスト削減効果は，想像以上に大きく，グローバルな「工程間分業」の効果である。

　第3には，グローバル内部組織化により，新たなイノベーションが生まれる効果も忘れるべきでなかろう。とりわけ最近は新興国市場の成長が大きいが，それらの市場は先進国とは異なる多様なニーズや低価格政策などのローカルなニーズが求められる。そして新興国市場へ適応するプロセスが，新たなイノベーションの源泉となる事例が出てきている。新興国から派生するイノベーションは，「リバース・イノベーション」[14]と呼ばれる場合があり，先進国の新たな市場開発に意図的に適応することにより，新たな市場創出型のイノベーションが生まれることもある。

②内部化の方法と代替案

　企業のグローバル化における内部化に向けての方向は，統治形態に基づき3つの代替案が考えられる[15]。

　第1の代替案は「市場による統治」であり，グローバル化の統治形態は「輸出」であり，企業にとっては統治上のリスクは小さいが，コストもかかる。製品輸出は，商社に依頼するケースが多いが，製品あたり一定割合の委託料をとられることが多く，輸出の量が増えても収益が制限される。また革新的中小企業の場合には，自社の技術ノウハウが漏えいするリスクや顧客情報のフィードバックが制約される。企業側からすれば，投資規模が小さくローリスクではあるが，技術漏えいのリスクや顧客情報の制約が大きく，また商社への委託料も大きなローリターンの取引形態である。

　第2の代替案は，中間的統治形態であり，戦略的提携（strategic alliance）と呼ばれると諸形態が含まれる。革新的中小企業のグローバル化は，

14）　ゴビンダラジャンほか（2012），p.125。
15）　バーニー（2003），p.269。

まず第1の商社による輸出か，第2の代理店による販売でスタートするケースが多い。商社による輸出からスタートする場合は多いが，商社任せの営業では限界がある。とりわけ革新的中小企業は，差別化した製品技術が多く，製品内容を詳細に広報できる専門の販売機関が必要になる。また販売後のアフターサービスやメンテナンス，特定部品の補給などの支援機能が必要なケースも出てくる。その場合には現地の専門の代理店にライセンス供与して，委託販売をする必要も出てくる。また現地の企業と業務提携や一部資本を出資し，現地の企業と共同で合弁企業（joint venture）を設立し，販売面での統治機能を強化し，グローバル販売を一歩進める必要も出てくる。

第3の代替案は，階層的統治である。自社のグローバルな意思決定が，経営の基本方針に即して実行されるためには，国内と同様に内部組織化し，一事業部のように運営し統制する必要が出る。ものづくり企業の場合には，グローバル化した後にも持続的な能力構築活動を行うことが重要である。また自社で開発した知財の技術漏えいを避ける必要も出てくる。そのような場合には，100％出資の現地法人を設立し，新規工場や新規設備を導入し，国内の一工場と同じように管理統制する方法を選ぶ。現地の企業に有力な企業がある場合には，M&Aにより買収することも有効である。

いずれにしても，企業はグローバル化の意思決定にあたり，それぞれの代替案を作成し投資対効果を入念に推計し，最も適切な経営判断を行うことが求められている。

図表3-2　国際戦略を追求する企業の組織構造の選択肢

市場による統治	中間的統治	階層的統治
・輸出	・ライセンシング契約 ・業務提携 ・業務・資本提携 ・ジョイント・ベンチャー	・合併 ・買収 ・100％所有の現地法人

出所：バーニー（岡田訳）（2003）下巻，p.269。

(3) グローバル戦略と経営理論

①ポーターのグローバル戦略

ポーターの戦略論[16]からすれば，国際戦略とはバリュー・チェインを構成する諸活動の国際配置を通じて，他社に対する競争優位を獲得するための方法論のことである。競争優位の獲得は，国内に海外の顧客を加えて，規模の経済性や範囲の経済性を実現することから生まれる。また知財の技術ノウハウの漏えいを防ぐことができるし，各国間で技術ノウハウを共有することで，新たな知財の創造が可能になるなど，メリットは大きい。

ポーターの国際戦略は，2つのルールから成り立つ。バリュー・チェインの中で顧客に近い下流の工程は，買い手との間の調整コストが大きく，海外に分散配置することが効率的である。各国の顧客のニーズは，その国で活動しないとわからないし，販売・マーケティングは，顧客に近いところで構想し，ニーズを調整していく方が効率的である（図表3-3）。

図表3-3 価値連鎖（バリュー・チェイン）

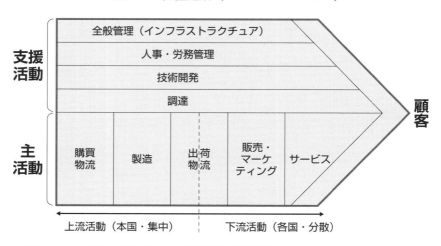

出所：ポーター（1985，邦訳p.108）をもとに筆者が一部加筆修正。

---

16) ポーター（1985），邦訳p.108。

一方で上流活動である購買物流（部品調達）や製造は規模の経済性や範囲の経済性を考慮して，本国や特定地域への集中配置か，各国への分散配置の優劣が検討される。自動車の場合は，製造工場は各国の国産化の要請もあり，各国に分散配置される場合が多い。他方で基幹部品のエンジンやトランスミッションなどは，相当量の規模がないと効率生産が難しく，本国で集中生産するか，米国・欧州のような世界の少数の拠点に集中して生産する方が，効率的である。

　いずれにしてもグローバル化は，企業の成長にとって必要であるとともに，グローバル化が活動の地域的集中や分散配置を通じて，新たな競争上の優位性を生み出すことが重要である。一般に下流活動が競争優位の構築に重要な産業では，各国別に多くの活動を分散する「マルチ・ドメスティック型」の配置がとられる場合が一般的である。産業でいえば，スーパー，コンビニエンスストアー，金融業などのサービス産業はもちろんのこと，ビール，食品などの製造業は，各国の顧客のニーズの把握が重要であることから，マルチ・

図表3-4　自動車メーカーの世界的な活動配置（本田技研工業）

	活動	日本	米国	カナダ	英国	タイ	ASEAN（除タイ）	中国
支援活動	インフラ	○						
	人事・労務	○	○	○	○	○	○	○
	技術開発	○	○					
	調達	○	○		○			
上流活動	購買物流	○	○		○			○
	製造・部品	○	○		○			
	製造・組立	○	○	○	○	○	○	○
	出荷・注文	○	○		○			
下流活動	出荷・物流	○	○	○	○	○	○	○
	販売・広告	○	○	○	○	○	○	○
	販売・販売員	○	○	○	○	○	○	○
	販売・資材	○	○		○			
	サービス	○	○	○	○	○	○	○

出所：ポーター（1989）および日本自動車工業会（2005）等をもとに筆者作成。

ドメスティック型の国際戦略が追及される傾向がある。一方で自動車，産業機械，エレクトロニクスなどの産業では，開発や基幹部品の製造面で集中配置のメリットが追及され，集中配置の効率が競争優位の源泉になることが多い（図表3-4）。

②グローバル化と国際分業戦略

　日本企業のグローバル化は，環境脅威へ適応する過程で段階的に進んでいった。特に日本企業の環境脅威としては，為替環境や輸出先との貿易摩擦の問題があり，それらの脅威を乗り越えるためにグローバル化が必要であった。

　例えば為替環境の問題としては，円高，ドル安（アジア通貨安）の脅威には，悩まされ続けてきた。1985年のプラザ合意後の円高の急進，1990年代初めのバブル経済後の円高の急伸，最近では2008年のリーマン・ショック後の円高のオーバーシュートなどは，日本のものづくり企業の事業構造を変える契機となった出来事である。日本のものづくり企業は，円高が進むほど，欧米向けの輸出競争力が低下する。そこで労賃が安く，またアジア通貨がドルと連動していることに注目して，アジア組立工場を建設して，欧米への輸出を推進する。一方で円高がさらに進むと，アジアの工場から，日本に逆輸入するなど，グローバル分業の高度化が進んでいった[17]。

　グローバル分業の事例としては，製品差別化分業，国際工程間分業に注目すべきであろう。製品差別化分業は，付加価値が高い高級品や，多品種少量タイプの特注品の生産を日本がもっぱら担当するとともに，付加価値が小さく，価格競争にさらされやすい中低級品や汎用品の生産をアジア各国に移行し，同一製品内でグローバル分業をする方法である。比較優位が低下する繊維や家電品では，海外の日本工場からの輸入が拡大しており，同一企業内や一部アジアの企業を巻き込んだ製品差別化分業が拡大してきた。

　グローバル分業の形態としては，国際工程間分業の動きも拡大している。米国のものづくり企業は，製品技術の開発構想，設計などの前工程と，販売

---

17)　土屋ほか編著（1999），p.221。

サービスの顧客に近い工程に経営資源を集中する傾向がある。選択と集中の経営の実践である。例えばアップルは，iPhoneやiPadの事業開発にあたり，スマイルカーブの真ん中にあたる「ものづくりの工程」は，台湾や中国のEMSに外注し，独自の構想と国際間のアウトソーシングを組み合わせた高収益のビジネス・モデルを作ってきた。一方で，日本のものづくり企業は，もともと垂直統合型の志向が強いが，海外との関係においても，垂直統合型のものづくりにこだわってきた。つまり日本のものづくり企業は，国内で比較優位を失った製品に関しても，アジアに工場や合弁会社を作り，逆輸入により中低級品を調達してきた。しかし最近では，度重なる円高，ドル安（アジア通貨安）の中で，日本国内はもちろんのことアジアの自社工場や合弁会社を売却し，アウトソーシングに切り替える企業もでてきた。

一方で事例研究でも明らかにされるが，オンリー1型の革新的中小企業は，世界シェアが高く，競合する製品が海外にも少ないこともあり，輸出や代理店を活用した販売面のグローバル化が中心である。ただし大企業と同じように，日本とアジアの間で製品間や工程間で国際分業関係を構築している企業や，米国や欧州でM&Aによりものづくりの拠点を構築している事例も見受けられる。つまり中小企業のグローバル化は，輸出を中心とした販売面のグローバル化に力点が置かれているが，その一方で「多様性」に特徴がある点を留意すべきであろう。

参考文献

Vernon, R.（1966）"Internal Investment and International Trade in the Product Cycle." *The Quarterly Journal of Economics*.
アンゾフ，H. I.（広田寿亮訳）（1977）『企業戦略論』産業能率大学出版部。
コース，R. H.（宮沢健一・後藤晃・藤垣芳文訳）（1992）『企業・市場・法』東洋経済新報社。
ゴビンダラジャン，V.・トリンブル，C.（渡部典子訳）（2012）『リバース・イノベーション：新興国の名もない企業が世界市場を支配するとき』ダイヤモンド社。
ジェフリー・ジョーンズ（安室憲一・梅野巨利訳）（2007）『国際経営講義』有斐閣。
シュムペーター，J. A.（塩野谷祐一・中山伊知郎・東畑精一訳）（1977）『経済発展の理論（上）』岩波書店。

チャンドラー, A. D.（三菱経済研究所訳）(1967)『経営戦略と組織：米国企業の事業部制成立史』実業之日本社.
土屋勉男・三菱総合研究所アジア市場研究部編著 (1999)『日本企業はアジアで成功できる：グローバル経営を実現する指針』東洋経済新報社.
土屋勉男・原頼利・竹村正明 (2011)『現代日本のものづくり戦略：革新的企業のイノベーション』白桃書房.
土屋勉男・井上隆一郎・竹村正明 (2012)『知財収益化のビジネス・システム：中小の革新的企業に学ぶものづくり』中央経済社.
ドラッカー, P. F.（上田惇生編訳）(2001)『マネジメント：基本と原則』ダイヤモンド社.
日本自動車工業会「日本の自動車工業2005」.
長谷川信次 (2002)「国際経営の理論」吉原英樹編『国際経営論への招待』有斐閣.
バーニー, J. B.（岡田正大訳）(2003)『企業戦略論（下）全社戦略編：競争優位の構築と持続』ダイヤモンド社.
ペンローズ, E. T.（末松玄六訳）(1962)『会社成長の理論』ダイヤモンド社.
ポーター, M. E.（土岐坤・中辻萬治・小野寺武夫訳）(1985)『競争優位の戦略：いかに高業績を持続させるか』ダイヤモンド社.
ポーター, M. E. 編著（土岐坤・中辻萬治・小野寺武夫訳）(1989)『グローバル企業の競争戦略』ダイヤモンド社.
マリス, R.（大川勉・森重泰・沖田健吉訳）(1971)『経営者資本主義の経済理論』東洋経済新報社.

第2部

中小企業のグローバル化と経営革新
―革新的中小企業編―

革新的中小企業の
グローバル化の実証研究

1 事例研究の方法と対象企業の選定

(1) 事例研究の目的

　本書は，革新的中小企業を11社選定して，会社の経営特性，強み，グローバル経営の戦略などを分析している。各社の事例研究（ケース・スタディ）にあたっては，各社のホームページで企業の概要や経営の特徴，強みに関する情報を分析，整理する。また代表取締役会長・社長のトップマネジメントにお願いしてインタビュー調査を行い，海外進出の経緯やグローバル経営の特徴，成功要因などを分析，評価している。

　インタビュー調査の項目は，会社のプロフィール（会社概要，会社の沿革），取引の構造（事業領域，主要顧客，技術基盤の特徴），イノベーションの進め方（開発体制，取引先との共同開発，アライアンス），海外ビジネスの開発動向（海外進出の経緯，海外ビジネスの方法，売り上げへの貢献）の4つの質問項目を用意し，グローバル・ビジネス開発の歴史や方法，特徴などを整理・分析した。また革新的中小企業の多様なグローバル経営の実態を分析するとともに，販売，生産，開発の3つの側面からグローバル化の特性や成功要因を明らかにしている。

(2) 対象企業の選定

　革新的中小企業の選定にあたっては，主として中小企業庁「元気なモノづ

くり中小企業300社」の2006年版から2009年版のデータベースの中から6社選定している。また東京都大田区で新製品技術賞を連続受賞している共立理化学研究所，多摩地域のTAMAブランド企業のコスモテック，さらに2013年度日本経営品質賞の中小規模部門に輝いた西精工を加え，事例研究の対象企業11社を選定している（図表4-1）。それらの企業のうち4社は，経済産業省が2014年3月17日に公表した「グローバルニッチトップ100選」に選ばれた企業（フジキン，南武，コジマ技研工業，冨士製作所）でもある。

また今回の対象企業の中には，革新的中小企業の規模を超え「中堅企業」の規模に成長している3社（IDEC，フジキン，根本特殊化学）を加えている。革新的中小企業は，規模の成長を望まず，「持続可能な開発」，「持続可能な経営」を追及する傾向が強い[1]。一方で革新的中小企業から飛躍して，より上位（中堅企業）の規模を目指す企業も出てくるが，その際にはグローバル戦略の成功要因が，異なってくる。革新的中小企業は上場して失速する事例も多いが，それは従来の成功経験がそのまま通用しないことが原因である。本研究では，第3部第5・6・7章で中堅規模の企業に向けて，グローバル経営で飛躍するための諸要因を国際標準化，ISO経営，アジア現地化経営などの点から事例研究を加えて分析している。

中堅規模の3社のうちIDECは，すでに東証1部に上場している大阪市淀川区の制御機器，安全装置の企業である。制御機器・安全装置のオンリー1企業であったが，開発，知財戦略に「国際標準化」を組み合わせて，世界市場に挑戦し，規模とシェアの同時拡大に成功しているユニークな会社である。またフジキンは，戦後大阪市「東大阪」で設立し成長してきた精密バルブの革新的中小企業であった。現在では上場こそしていないが連結すると従業員数2,450名，グループ合計の資本金が33億円の中堅規模の企業である。2006年当時に中小企業庁の「元気なモノづくり300社」に選ばれた代表的な研究開発型の中小企業であるが，その後の事業展開を見てもグローバル化と研究開発型の中小企業群の創成により規模を拡大している。さらに根本特殊化学

---

[1] 伊藤ほか（2009），p.213；土屋ほか（2011），p.194。

は，資本金では中小企業の枠内であるが，従業員規模では936名の従業員数を抱えており，「特殊化，多角化，国際化」で成長している。さらに第4部第10章では自社の開発したハイテク材料が安全分野の「国際標準」として採用され，世界で高いシェアを持続していることが明らかにされる。

それらの3社は，「中堅企業」と呼ぶのがふさわしい企業群でもある。企業の持続的成長を求め，グローバル化をさらに推進するためには，「国際標準化」を組み込んだ成長戦略や，実質的な面で国際標準（ISO）経営を活用した環境変動先取り型の「経営革新」を推進する必要も出てくるが，その教訓を分析している。

図表4-1　事例研究の対象企業の一覧

企業名	事業の規模（資本金・従業員数）	事業の概要	出所（中小企業庁300社）	GNT100社（経済産業省）	その他（各種賞）	インタビュー日程
共立理化学研究所	・4,000万円 ・48名	水質検査キット			大田区新製品新技術賞	2014年4月14日
根本特殊化学	・9,900万円 ・936名	蓄光性蛍光体	2006年			2014年3月27日
フジキン	・33億円 ・2,450名	精密バルブ	2006年	◎		2014年4月10日
南武	・5,800万円 ・213名	金型用中子抜きシリンダ	2006年	◎		2008年2月27日 最新データで補足
昭和精工	・8,000万円 ・87名	精密金型	2006年			2013年8月9日
IDEC	・100億円 ・2,287名	制御機器			上場企業	2014年4月10日
栄通信工業	・9,600万円 ・270名	精密ポテンショメーター	2007年			2014年3月18日
コスモテック	・6,000万円 ・43名	機能性フィルム			TAMAブランド企業	2014年3月18日
コジマ技研工業	・1,000万円 ・12名	自動串刺し機	2007年	◎		2014年3月20日
冨士製作所	・3,000万円 ・91名	製麺プラント		◎		2014年4月28日
西精工	・3,000万円 ・243名	ファインパーツの製造販売			2013年度日本経営品質賞	

なおインタビュー調査は，本書を作成するために主として2014年2月～4月の間に，会長または社長へのインタビューを実施した。ただし対象企業のうち昭和精工は，本書の執筆に先立ちプレサーベイを行うことを目的に2013年8月9日に実施した社長インタビューがもとになっている。また南武は，筆者の1人が2009年に執筆した本[2]の事例研究を活用しているが，同社から最新の情報のご提供を受けて，本研究の目的に即して加筆修正しまとめている。さらに西精工は，今回あらためてインタビューを実施していないが，同社に原稿の点検と修正をお願いした点を明記しておきたい。

2　事例研究

　上述のとおり，選定された会社について，会社概要を紹介するとともに，さまざまな視点でグローバル化の動向や成功要因を分析していきたい。

---

[2]　伊藤・土屋（2009），p.121。

事例研究①

根本特殊化学株式会社

夜光塗料の世界オンリー1企業,
「特殊化・多角化・国際化」で持続可能な成長

1 会社の概要

(1) 夜光塗料で世界シェア80％の「世界オンリー1」企業

　根本特殊化学は，放射性物質を含まない蓄光性夜光塗料（N夜光）の世界シェアが80％をもつ「世界オンリー1」企業である。国内の時計に使われている夜光塗料では，ほぼ100％同社の製品が使われており，その開発力，グローバル展開力は，大企業にも引けを取らない研究開発型の企業である。

　同社は，1941年創業者の根本謙三氏が，創業者の自宅の杉並区旧西田町に，国際科学研究所を個人創業することからスタートする[3]。謙三氏は，科学雑誌の編集者をしていたが，大量の放射性物質を含んだ夜光塗料の材料を入手し，夜光塗装加工および夜光塗料販売を目的に会社を設立する。特に精工舎の時計の文字盤に採用されたことが大きかった。1960年には，放射線同位元

---
3) 東京都産業労働局 (2013)。

図表4-2　根本特殊化学株式会社の概要

本社	東京都杉並区高井戸東4-10-9
設立	1941年5月
資本金	9,900万円
代表取締役	会長　根本郁芳 社長　舎川登
売上高	70億円（2010年5月期）
従業員数	根本グループ本社：25名，グループ全体：828名 （国内268名，海外560名）～2014年9月現在 （嘱託・パートを含む）
事業内容	蓄光性蛍光体および機能顔料，高輝度蓄光材，特殊蛍光体，各種ガスセンサー，特殊表面加工電子部材，医薬品開発試験サポート
経営特性	・「セーフティ，セキュリティ，ヘルス」分野における機能材料のオンリー1企業 ・下請け工場からの脱皮，「特殊化・多角化・国際化」で成長 ・「グループ経営」に特徴をもつ研究開発型企業

出所：会社案内等をもとに筆者作成。

素使用許可工場として高井戸工場を建設し，1978年には工場に隣接して，技術開発センターを建てる。3階建ての建物は，現在も使用されているが，工場はすでに移転され，本社・ショールームとして利用され，管理，営業部門が置かれている。

同社の経営は，根本グループ本社を中核とするグループ経営体制が構築されている。同社のコア技術は，蛍光体製造技術，塗装・印刷技術，放射線取扱技術から成り立っており，それらのコア技術をもとに，「セーフティ（安心）」，「セキュリティ（安全）」，「ヘルス（健康）」の3つの分野に開発を集中することで効率のよい事業開発が展開されている。

同社のグループ経営は，コア技術と市場分野の交差する領域から事業開発が進められ，「研究開発・製造」機能を基本単位とするグループ会社の体制が構築されている。本社は，会長，社長をはじめとして，25名の基本戦略および企画営業の部隊であるが，その下に国内，海外の開発・製造の領域別に

グループ会社が張り付いている。国内は，4つの開発・製造会社をもち，蓄光材・特殊蛍光体（材料），センサー（製品），電子部品材料（製品），医薬品開発試験サポートなどの関連会社が設立されており，あわせて243名の従業員が所属している[4]。

一方で海外は，ポルトガル，中国（深圳・上海・大連），スイスに製造会社が5社設立されている。また中国の深圳には精密検査業務会社が1社，営業拠点は，香港2か所・オランダ・中国の4社を数える。海外の会社は，あわせて10社あり，合計560名の従業員を抱えている。連結すると従業員の総数は，828名（嘱託・パートを含む）であり，地域構成でみれば，国内が33％に対して，海外が67％であり，グローバル化の進んだ企業であることがわかる。

(2) 人のやらないものをやる

創業者の根本謙三氏は，文科系の出身であるが，先験的な考えをもっていた。創業者は事業に関して「人のやらない特殊なものをやれ」，「トラックで運ぶような事業はするな，ポケットに入るものをやれ」という考えをもっていた。また「1つの事業は30年と続かない」，「良い時に次の事業を開発する」ことが重要であると考えており，常に次の製品の開発を続ける研究開発型の風土は，先代の経営者の時代の教えが浸透したものである。創業間もなく夜光塗料の用途開発にトライするが，目覚まし時計の文字盤に夜光塗料を塗布して精工舎に持ち込み，これを機に，会社発展の足掛かりをつかんでいく。また同社は，常に夜光塗料の継続的な材料開発に挑戦しており，材料の「特殊化」にこだわった会社といえよう。

1964年には，現会長の根本郁芳氏が，創業者の後を引き継ぎ，社長を受け継ぐ。日本経済が高度成長期を迎える中にあって，時計メーカーは徐々に国際競争力を蓄え，世界に飛躍する局面を迎えていた。同社のビジネスも，時計メーカーの成長とともに事業が拡大していくが，その当時のビジネスは，

---

4) 根本特殊化学株式会社（2014b）「会社概要」9月による。

時計用の夜光塗料に集中していた。また同社のビジネスは、精工舎の「下請け」工場の性格をもち、そこからの脱皮が課題であった。さらにいえば時計の夜光塗料の事業は、1980年ごろをピークに国内では成熟傾向が出ており、売上高もピークを過ぎつつあった。同社の戦略は、夜光塗料の「特殊化」が基本であり、研究開発体制の整備が課題である。それとともに「特殊化」を基軸にした、事業の「多角化・グローバル化」も必要である。80年代以降は、主力事業の時計用の夜光塗料に次ぐ、第2、第3の新材料の開発を進めるとともに、新用途の開発やグローバル化により持続的な成長を続けることが、緊急かつ重要な局面を迎えていたのである。

2 オンリー1製品開発の道のり

(1) 自社製品メーカーへの基盤形成

同社の第1の飛躍は、1960年の新しい夜光塗料の開発である。初期の夜光塗料には、放射性物質のラジウムが使われていたが、放射線の安全性が問題であった。そこで放射線の安全性がけた違いに高い放射性物質のプロメチウムに着目する。当時はドイツのリーデルハーンの夜光塗料を超えることが目標であり、その開発に成功する。高輝度でラジウムより安全の高い夜光塗料を他社に先駆けて先行開発し、国内シェア100％を押さえることに成功する。

根本郁芳社長は、開発部隊を充実させることにより「下請けからの脱却」を目指してきた。1960年に高井戸工場が落成するが、1年後には工場に併設する形で開発センターを設立する。また1970年には、二光社の平塚工場を買収し、加工屋から製造メーカーへの脱皮を目指し、材料から加工、製品化に向けて「垂直統合型」のビジネス・モデルを作り上げていく。

(2) 未曽有の危機をN夜光の開発で突破

次に同社の第2の飛躍は、世界オンリー1のきっかけとなった「N夜光（ルミノーバ）」の開発である。

そのきっかけは、同社の最大の有力顧客である精工舎が1991年に「今後5年以内に放射性物質の使用を全廃し、放射性のないELに切り替える」とす

第4章　革新的中小企業のグローバル化の実証研究

る記事が日経産業新聞に出たことが引き金となる。後日精工舎からは，全社的な見解ではないことが判明するものの，何年先かは別に，放射性物質を含まない夜光塗料の開発は，同社にとっても避けて通れない課題であった。このときから，放射性物質を含まない新素材の開発のために，技術開発本部を立ち上げ，全社一丸となって新材料の開発に挑戦していく。

写真①-1　N夜光（ルミノーバ）

　同社の夜光材料の開発拠点である平塚事業所のビジネス・プロセスを見てみよう。「原料調達〜調合〜撹拌〜焼成〜冷却（急冷）〜粉砕」の各工程がある[5]。原料の調合がポイントであり，数種類以上の原料を正確に調合して，ポットに入れて撹拌する。また調合した粉は，1300度の温度で3〜4時間焼成し，焼き上がった固形物を冷却し，粉状に粉砕するのが通常のプロセスである。1991年の脅威をばねに，同社は放射性物質を含まない夜光塗料の開発に対して，3年を目標に挑戦する。数千種類の原料を組み合わせ新材料の性能検査を短期間内にトライしなければならず，時間との勝負が続くことになった。

　結果として，同社は1993年4月に「N夜光（ルミノーバ）」の開発に成功する。N夜光は，アルミン酸ストロンチウムを結晶体とする放射性物質を含まない蛍光体である。従来の製品に比べて，放射能がゼロ，明るさが10倍，残光時間が10倍という画期的製品であった。根本会長の話では，「開発を急ぐあまり，徐冷の工程を急冷したことが，画期的な性能をもつ新製品を生み出すきっかけとなった」とのことである。

　N夜光の先行開発は，精工舎を大いに喜ばせることになった。それだけでなく，国内はもとより，ロレックスを始めスイスの高級時計メーカーからも

---

[5]　東京都産業労働局（2013）。

注文が殺到し，いまや時計用としては100％の世界シェアを上げる中核製品になる。またN夜光は，国内だけでなく海外の特許を取得する。世界のオンリー1製品をグローバル展開するには，特許の取得は必須であり，同社はN夜光を中核に，グローバル成長の足固めに成功する。同製品の開発により，1996年には国内で最高の権威をもつ大河内記念技術賞を受賞し，2005年には知財功労賞経済産業大臣賞を獲得している。

3 特殊化・多角化・国際化の追求

(1) 特殊化による差別化戦略

　根本特殊化学の経営理念は，「利益より社会責任，世界に通用する技術，安心・安全・健康（分野）」の3つである。世界に通用する技術の追求は，同社の基軸となる戦略である。それは，夜光塗料の技術分野の深堀りにより，他社と差別化した先行技術を開発することである。

　「特殊化」の追求の事例としては，1971年に開発した高機能な夜光塗料GS（スーパーグレード）の開発があり，73年にはその機能をさらに一歩進めたGSS（スーパースペシャルグレード）の開発と続く。そして特殊化の究極の成功事例として，93年に開発した「N夜光」の開発が，決定打となった。

　現在は，N夜光の開発からすでに20年近くたつが，それを上回る夜光塗料は出ていない。N夜光は，時計の文字盤に使われ，ほぼシェア100％を実現する。それだけでなく，同社のもう1つのコア技術である「塗装・印刷技術」と結びつき，多くの用途開発に成功する。N夜光は，世界の各地で起きる社会問題とともに新たな用途を切り開いてきた。1995年阪神淡路大震災，2001年の米国の同時多発テロ，2011年東日本大震災など大きな事件が起こるたびに，社会では安全・安心機能が重視され，N夜光の優れた特性に注目が集まる。それとともに世界的に新たな用途が拡大しているのが実情である。

　例えば米国の国防総省（ペンタゴン）では，9.11の世界同時多発テロの教訓をもとに，職員が暗闇の中でも安全に外に避難できるよう，夜光塗料を使った避難誘導標識が配備される。また最近では，地下鉄の施設や大規模施設の停電時で誘導する避難誘導標識の導入が進められているが，同社の夜光

塗料を使った製品が利用されている。

(2)「特殊化」から「多角化」「国際化」へ

　根本グループは，国内雇用243名に対して，海外雇用560名と，グローバル化が進んでいる。海外進出先の動向をみると，現地生産がポルトガル，中国（深圳・上海・大連），スイスの5か所に拠点をもち，営業拠点は，香港2か所・オランダ・中国の4か所に拡大している。

　同社の海外進出は，営業拠点作りが先行する。1977年にスイスのチューリッヒに連絡事務所を開設する。また78年には香港に時計関連の営業拠点を合弁（根本精密（香港）有限公司）で設立するが，それ以来，アジアや欧州に営業拠点を展開していく[6]。

　一方で同社の本格的な海外生産は，欧州からスタートしている。欧州には時計の一大産地のスイスがあり，またアメリカにも輸出しやすい拠点でもある。同社は，欧州の南に位置するポルトガルに着目した。1990年にはポルトガルに，蓄光材の製造工場の建設を決断する。根本郁芳会長によれば，「当時ポルトガルはEC（現EU）に加盟した直後であり，ヨーロッパ圏内でも賃金が相対的に安い。また外資の誘致にも熱心であり，税金の優遇策も魅力であった」とのことである。そこで，「この工場の製品を全世界に輸出し，世界中をポルトガルの夜光で光らせたい」との思いを込めて，工場を稼働する。当時は従業員30名，年間100トンの「N夜光」以前の蓄光顔料からスタートし，2000年には第2工場を建設し，N夜光の生産にも着手する。さらに欧州では，2007年にスイスのチューリッヒにおいて，スイス時計向けにN夜光のライセンス供与による現地生産を開始している。スイスの時計メーカーが部材の100％国内生産をしたいという意向に対応した措置であり，「現在は大変うまくいっている」とのことである（図表4-3）。

　そのほかの海外生産としては，中国の深圳，上海，大連の3か所に製造拠点を展開している。中国への進出は，日本に近く，原材料の調達が可能であ

---

6)　中小企業基盤整備機構（2013），p.108。

図表4-3　海外投資の推移

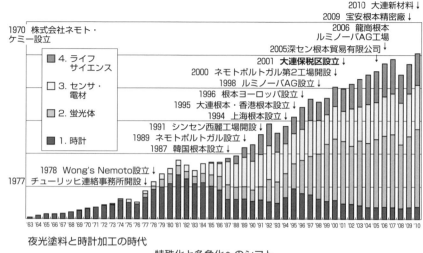

出所：根本特殊化学株式会社（2014a）「経営資料」による。

り，人件費が安いことも魅力的である[7]。また会長が保証人になった中国人がいたことも，要因である。深圳工場は，時計ダイヤル，針の夜光塗装および銘板の製造工場であり93名の従業員を抱えている。上海工場は各種ガスセンサーの工場であり，従業員は103名。大連工場は，各種蛍光体の製造工場であり57名の従業員が所属する。中国の工場は，根本グループの多角化に対応した工場であり，大連工場は，蛍光体の下流の製造工程を担当している。

4　同社の経営特性とグローバル化の成功要因

(1) グループ経営に強み──海外は「資本出資・配当」が基本

　根本特殊化学は，「根本特殊化学株式会社（本社）」を持ち株会社にして，国内6社，海外10社の企業グループが形成されており，従業員数は本社25名

---

7)　中小企業基盤整備機構（2013），p.108。

のもとで，国内が268名，海外が560名，合計828名である。中小企業というより，中堅企業と呼ぶにふさわしいグループ経営体制が構築されている。

連結売上高は，ここ数年間80億円を上回る業績を計上しており，連結利益は8〜10億円を稼いでいるとのことで，大企業にも引けを取らない業績を継続している。従来から「グループ」経営的な運営をしてきたが，2012年から完全分社制に移行している。

同社の海外運営の特徴としては，「経営は現地人，資本出資・配当で還元」という方針をもっている。根本郁芳会長によれば，「現地の従業員を動かすのは，現地の人間がよい」との考えであり，合弁相手のパートナーの選び方が，海外事業の成否を決めるという。また海外に工場を作り，利益を上げて日本へ持ち帰るとの姿勢では，海外の企業は根付かない[8]。金額の多少にかかわらず，利益を地域に還元することが重要との考えをもつ。ちなみに中国の大連では地域の高校あわせて約40人に奨学金を出すなど，地域貢献を行い利益の還元も行っている。

同社の海外事業は，独資または51％以上の出資を基本とするが，同社の経営理念は「利益より社会責任，世界に通用する技術，安心・安全・健康（分野）」などを重視しており，理念を共有する経営を実践するために，経営の主導権をとることが必要なのである。また海外事業からの収益は，「資本出資に対する配当」を基本とする。つまり海外投資の配当として，利益を出資分に応じてもらうとの考えが基本である。

小集団のグループ経営と現地の自主的経営が連動しており，海外でも好業績を上げている。とりわけ近年の持続的成長は，「N夜光」の開発を機に，グローバル化，多角化が相乗効果を発揮したことが成功要因であろう。

(2) 特殊化の先導と国際化の相乗効果

根本特殊化学のグローバル経営の成功要因は，現地主体の自主的経営が効果を発揮している点を明らかにした。それに加えて，同社の中核製品である

[8) 中小企業金融公庫総合研究機構（2013），pp.106-109。

「N夜光」を中心とした「ものづくり」の分業関係がうまくできあがっていることも重要である。役割分担とは，グループ本社と，国内，海外の事業所の関係であり，ものづくりに関しては，開発，生産，販売などの工程間の国際分業関係がうまく機能するかどうかということである。

グループ本社の役割は，グループの基本戦略を策定し，国内・海外に広く発信することである。さらに重要なことは，国内を中心に研究開発型として，技術の先導開発が進み，国内の多角化事業や海外の工場に対する先導役になれるかどうかである。

夜光塗料の開発では，GSからGSSへのグレード・アップ，そして「N夜光」の開発へと，「特殊化」戦略は成功し，それが多角化や国際化の起爆剤になった。つまり特殊化が成功したことから，1980年代ごろから川下に位置する新用途の創成の可能性が広がり，「多角化」戦略により，新素材の収益化が促進されていく。

さらに1990年代に入ると，画期的な新素材（N夜光）が生み出されたことから，「国際化」による知財の収益化がさらに進んでいく。つまりN夜光は，「国際化」と結びつくことにより，持続可能な収益拡大の道が一気に開けていったのである。

なお特殊化で成功した「N夜光」は，国際化にあたって，特許を取得したことも重要である。材料の特許は，シンプルな構成要素から成り立ち，排他的利用を促進する効果をもつ。したがって国内，海外の特許の取得は，「国際化」を促進するための重要な要件であろう。

(3) 国際化の推進とグループ本社の役割

次に国際化を推進するにあたり，国内，海外の研究所，事業所，営業拠点間の工程間の国際分業の「構想」が必要である。グループ経営をとる同社にとっては，それぞれの研究所，事業所，営業所は，小集団の会社を作り，独立独歩で自律的な経営を推進している。小集団による機動的経営は，根本特殊化学の創立期の姿にも重なる。

一方でグループ経営から見ると各社の機能，工程を連結し，横串を通す「全

体最適の経営」も求められている。まず国内に注目すると，バリュー・チェインの上流にあたる平塚事業所における材料の「ものづくり」革新の能力が重要である。Ｎ夜光やそれに次ぐ新たな材料開発は，グループ経営の原点であり，先導役である。そこで開発，製造された蓄光材・特殊蛍光体は，多角化・国際化の原動力であり，川下の茨城事業所や筑波研究所においては，新たな用途を生み出して差別化製品の開発が行われている。例えば茨城事業所では，キーとなる触媒を利用してセンサー開発が行われている。一方で海外では，平塚で材料開発・製造した蓄光材を材料にして，大連工場では，各種蛍光体の下流の加工製品が製造される。つまり国内の平塚で開発された上流の材料が，国内や海外の事業所，工場で，それぞれの地域や顧客の求める価値の実現を求めて製品化，収益化されていく。それらの「ものづくり分業」関係の出発点は，本社の構想と平塚の材料開発が，ものづくり革新の原動力である。

　同社の場合は，最終的な内外の顧客価値の実現に向けて，コアとなる技術，素材を国内が持続的に生み出し続けることが重要であり，それがグループ経営，グローバル経営を成功させる原動力なのである。

事例研究② 株式会社フジキン

10年間連続受賞を続ける超ものづくり経営，
アジア共有体で差別的優位性の構築

1 会社の概要

(1) 10年連続の「超モノづくり部品大賞」に輝く

「フジキン」の名前を知るきっかけは，筆者が2013年2月に中小企業研究の賞をいただく機会があったが，その際同社の小川洋史代表取締役会長CEOからお祝いの電報をいただいたことによる。そのときは，浅学ながら同社の名前を知らなかったが，その名前に関心をもち，インターネットで調べてみると，大変有名な会社であることが分かった。

一度同社を訪問してユニークな経営を研究したいと考えていたが，この度中小企業のグローバル経営に関する「新本」の企画が持ち上がり，会長にインタビューをお願いしてその念願がかなった。同社は，資本金や従業員規模でみて中小企業の枠を大きく超えており，中堅の優良企業とみた方が適当であろう。一方でグループ本社は中小企業の範囲内にあり，また企業規模が大きくなっても息づく研究開発型の風土は，中小企業が目指す「ベンチマーク」

第4章　革新的中小企業のグローバル化の実証研究

としてふさわしいと判断し，事例研究に加えたのである。

ところでフジキンは，精密バルブの「オンリー1」企業として世界に知られており，半導体製造装置用「精密バルブ」の国内シェアは70％，宇宙ロケット用特殊バルブの国内シェアは80％と，ほぼ独占に近いシェアを獲

写真②-1　半導体製造用超高純度集積化ガス供給システム（2005年内閣総理大臣表彰 第1回ものづくり日本大賞 優秀賞を受賞）

得しており，ものづくり能力と先端情報処理能力は超一流である。同社が特に優れているのは，ハード面で経済産業省の「第1回ものづくり日本大賞」，ソフト面で「第5回同大賞」を受賞したことである。さらに10年間にわたりモノづくり推進会議・日刊工業新聞社の「超モノづくり部品大賞」を連続受賞している。2014年3月17日には経済産業省の「グローバルニッチトップ企業100選」にも選ばれており，グローバル市場においても特異な地位を築き上げている超優良企業である。

(2) 東大阪に「ものづくり」企業の誕生

フジキンは，創業以来84年を迎える長寿企業である。また従業員数がグループ企業，国内・海外を連結すると，2,000名を超えており，中堅企業と呼んだ方がよいが，いまだに中小企業の活力とベンチャー企業の魂が息づいた「ユニークな経営」を実践する会社である。

フジキンの歴史は，1930年に創業者であり先々代の社長を務めた小島準次氏（故人）が大阪市で「機械工具商」をおこしたことからスタートする。その会社は，社長自身が出征したため，戦時中は一時休業するが，戦後は富士島工機株式会社を設立し，機械工具商として事業を再開することになった。

図表4-4　株式会社フジキンの概要

本社	大阪府大阪市西区立売掘2-3-2
設立	・創業：1930年5月 ・設立：1954年9月
資本金	33億円
経営者	代表取締役会長兼CEO　小川洋史 代表取締役社長兼COO　野島新也
売上高	420億円（連結，2014年3月期）
従業員数	2,450名（グループ合計） （国内1,000名，海外1,450名）
事業内容	・半導体製造用超精密バルブ機器，宇宙開発用超精密バルブ機器，原子力発電所用計装バルブ機器，その他各種流れ（流体）制御システム機器
経営特性	・新製品開発を生み出す「だるま経営」 ・精密バルブ機器のオンリー1会社，宇宙ロケット用・半導体装置用で圧倒的シェア ・米国・欧州・アジアにグローバル展開

出所：会社案内等をもとに筆者作成。

　小島準次社長は，単なる機械工具商には飽き足らず，何か面白い仕事がないか見つけているときに，得意先からガスの「流量調節バルブ」にろくなものがないという話を聞きつけ，ガスの流量調節の研究に挑戦する。試行錯誤の末，1953年には細い針をスライドさせる「ニードルバルブ」の開発に成功する[9]。これがフジキンの初めての自社製品であり，ニードルバルブの特許を取得し，メーカーとしてのフジキンがスタートする。

　1954年には，「富士金属工作機械」を設立し，問屋業から製造業へ脱皮し，メーカーとして本格的にスタートする。当時戦後の低迷期を迎えていた日本経済は，朝鮮戦争の勃発とともに特需ブームが起こり，景気の拡大に乗じて攻めに転じる。

　同社の特徴は，ニードルバルブの開発にみられるように，取引先の難しい

---

9)　片岡ほか編（1996），p.4。

要請をばねに数々の開発に挑戦し，飛躍してきたことである。1958年には，可燃性ガスの逆流を防ぐ「完全逆止弁（カーペクト）」を開発，さらに「真空用メカローズバルブ」の開発にも成功している。その後も，新製品開発を続け，国際見本市に出展するまで，実力を蓄えていく。1967年には，東大阪に新工場を建設する。東大阪の工場は，この度のインタビューで見学させていただいたが，フジキンのものづくり革新の歴史を支えてきた素晴らしい工場である。同社は，同業者が多数集積する「立売堀」の金属・機械問屋としてスタートするが，東大阪工場の建設まで20年かけ，本当のメーカーに成長，発展した。

2 精密ながれ（流体）制御機器の開発の軌跡

(1) 特殊精密バルブ開発への挑戦

バルブは，液体や気体の配管など，流体が通る系統において流れの方向，圧力，流量の制御を行う機器の総称を指す。バルブは，多くの機械に利用される素形材の1つであり，中小企業性製品の1つに数えられる。日本バルブ工業会は，今でも正会員115社，賛助会員が63社あり，大手，中小が参入して，多くの用途に分かれ競争を続けている。

フジキンは，1953年にニードルバルブを開発して，特許を取得する。その後は多様な顧客のニーズに対応した「小型精密バルブ」を次々に開発してきた。同社が精密バルブのオンリー1企業として，知られるようになったきっかけは，原子力プラント用バルブがある。ある大企業がフジキンの小型高圧バルブ技術に注目して共同開発することになるが，同社の献身的な協力が評価され，「徹夜してでも問題を解決してくれる」[10]とのうわさが流れ，注文が殺到したとのことである。

さらに同社の評価を決定づけたのは，宇宙開発分野のバルブ開発の仕事を受けたことであり，宇宙ロケット用の小型軽量バルブの開発に成功したことが大きい。日本の国産ロケットは，1972年からスタート，80年代の後半には

---

10) 橋本（2012），p.162。

日本初の2トン級静止衛星の打ち上げに成功する。同社は，石川島播磨重工業との共同開発により，チタン合金を使った超軽量バルブを開発する。ステンレスの4分の1という軽量ながら，99.9999％の信頼性を備えた特殊バルブであった。そのために，大阪工場内にクリーンルームを建設し，クリーンな環境のもとで難切削材を加工する。当時のクリーンルームは改良を重ね，今でも残っている。

またその当時京セラと共同で，耐摩耗性，耐食性，耐熱性に優れた「ファインセラミック・バルブ」という特殊バルブの開発にも成功する。京セラから持ち込まれた仕事であり，従来の金属加工とはまったく異なる特殊材料を使った開発であり，連携の効果が生きる。これらの特殊精密バルブの開発は，その後の主力製品の「半導体製造装置用バルブ」という世界オンリー1の製品を生むきっかけとなった。

(2) 半導体製造装置用バルブの開発

フジキンは，有力な顧客のニーズや問題解決から，多くの特殊精密バルブを開発してきた。開発方法は，「顧客ニーズ主導型」であり，特殊なニーズ，難しい課題を苦とせず，顧客と共同で問題解決を図ってきた。その成果が特殊精密バルブの開発に結び付くことになる。このようなイノベーションのパターンをわれわれは，「リード・ユーザー」型のイノベーションと呼ぶ[11]。すなわち多様な取引経験で技術基盤を構築するとともに，顧客の問題をパートナーとともに解決する。大企業は基礎研究所をもち材料や半導体などに強みをもつが，応用研究主体のフジキンにとって，大企業の開発力を結合できるメリットは甚大である。同社は，多くの特殊精密バルブの開発を，顧客である大企業とともにトライし，多くの顧客の「カスタマイズ化」したニーズに適応していく。また半導体製造装置用の開発にあたっては，半導体の研究で先行するは東北大学との共同開発も活用している。

その結果半導体製造装置用バルブは，多くの顧客を獲得し，国内シェア70

---

11) 土屋ほか（2011），p.175。

％と圧倒的に高いシェアを獲得することに成功する。またフジキンの経営にとっても，半導体製造装置用バルブは，売上高の60％を占める主力事業に成長する。

3 グローバル展開の動向

(1) 欧米拠点の開拓

　バルブ業界は，多くの製造業にみられるように技術特許を米国，欧州に依存しており，海外技術の導入から発展してきた歴史もあり，海外展開は総じて遅れてきた。しかしフジキンの場合は，会社設立後比較的早い時期から，海外輸出に力を注いできた。また顧客企業との共同開発で差別化した製品を海外に先駆けて開発してきたこともあり，グローバル化の進んだ企業に位置づけられる。

　フジキンのグローバル化は，1970年代にさかのぼる。精密バルブは，国内は安定成長市場であるが，海外は国内以上に成長していたから，海外への輸出は長期的な目標の1つであった。同社が最初に注目したのは，米国や欧州の展示会であり，展示会への視察や出展などを通じて海外への進出をスタートする[12]。それとともに欧州や米国との技術提携にも熱心であり，ドイツ，米国，フランスなどの企業の製品輸入や技術提携などにより，技術基盤を広げていく。

　最初の輸出は，欧州市場からスタートすることになった。1980年3月には，フジキンのステンレス・ニードルバルブがその技術力，品質が高く評価され，業界初の西ドイツTüV（ティフ・ラインランド技術検査協会）の認定工場の資格を取得する。それとともに10月には，海外市場開拓のためオランダのロッテルダム，81年3月には西ドイツのデュッセルドルフに駐在員事務所を開設し，輸出戦略を強化していく。欧州は環境意識も高く，セラミック・バルブなど，特殊バルブのニーズもあることが強みと結びつく。

　また同社は，1991年に米国の精密バルブ会社のカーテン・コントロール

---

12) 眞嶋（1992），p.81。

（CCI社）を買収し，海外で初めての自社の生産拠点を確保する。CCI社は，半導体製造装置用の大型バルブを生産しており，IBM，インテルなどの有力な半導体メーカーを顧客にもち，またアイルランドにも工場をもつ国際企業であり，欧米戦略のかなめである。

　フジキンは，現在では，グループ全体の従業員数が2,450名であるが，そのうち国内が1,000名，海外が1,450名であり，約60％が海外の事業所，工場で働いている。現在の海外生産比率は30％であるが，将来的には50％まで引き上げる考えをもつ[13]。

(2) アジアものづくり共有体の構築

　半導体の生産拠点は，米国，欧州，そして日本が先行してきた。しかし最近では日本における半導体の比較優位は低下し，生産拠点は，韓国，台湾，中国などアジア新興国に移行しつつある。特に2008年のリーマン・ショックと欧米先進国の不況，アジア新興国の成長，さらに2009年から12年にかけて起こった円高オーバーシュートの影響を受け，半導体の国内生産が縮小し，アジア新興国への移行が明らかになってきた。

　半導体製造装置や部品材料の生産拠点は，今でも日本国内に集中しているが，半導体の生産が急速に日本からアジア新興国に移行する中で，アジアでの「ものづくりネットワーク」の構築は，顧客対応力やコスト競争力の向上のために緊急課題となっている。

　フジキンは，アジア新興国に関してはベトナムに２か所と韓国に１か所の製造工場をもっている。また台湾，中国にサービス工場，別途台湾，韓国，中国にはサービスセンターをもち，「アジアものづくり共有体」を構築してきた。ベトナムには，2002年７月にハノイに工場を設立しており，2013年６月にはバクニンに新工場を竣工している。

　ベトナムへの進出は，2002年７月に投資ライセンスを取得し，100％の輸出工場をスタートさせる。ベトナムに進出した理由は，労務費が安く，ワー

13）　株式会社フジキン代表執行役社長COO野島新也トップインタビューによる（『常陽産研NEWS』2011年９月２日）。

カーのスキルが高いだけでなく，税制上の優遇措置も魅力であった。生産品目は，主として特殊材料の継手やバルブボディ製造を行っており，アジアにおける精密部品の供給拠点である。

ベトナム工場は，「日本品質」を目標にしており，日本国内と同レベルの精密加工を目指している。そのため原材料は日本から調達し，設備はMCやNC旋盤など国内の精密加工設備を移設し，検査もミクロン・オーダーの品質を保証する装置を導入している。人材の育成は優先課題である。日本と同様に「5S」を基本に，人材を重視した「人財宝（フジキン言語）」の教育訓練が徹底されており，資格取得も推奨している。2013年には生産能力の拡大のため新工場を立ち上げており，将来はベトナム市場の開拓もにらんでおり，事業はきわめて順調に推移している。

4 グローバル経営の構想と成功要因

(1) グローバル経営の構想―多極分散型ものづくり構想

フジキンのグローバル経営の特徴は，まず中小企業のグローバル化を超えた，世界多極展開の構想をもっていることである。多くの中小企業は，輸出延長型でアジア市場に重点を置いたグローバル化が多い。それに対してフジキンは，顧客が半導体メーカーであり，半導体製造装置用の精密バルブも，世界市場への供給が基本戦略である。つまり世界の半導体工場を対象に，日米欧アジアの地域分割による3極ないし4極の「多極分散型」のグローバル供給を目指している。

まず欧米に関しては，市場が巨大であり，技術的にも先行地域である。競争力をもった既存の精密バルブメーカーもあり，フジキンが新規に参入し，シェアを獲得するには限界がある。そこで米国の精密バルブメーカーに着目し，同社にない大型の精密バルブ技術をもつ「CCI社」を，M＆Aにより買収する。CCI社には，米国の半導体メーカーのIBMやインテルなどを有力顧客にもち，半導体や製造装置の最新のニーズを吸収できる価値は甚大である。またCCI社は欧州にも拠点があり，日本が弱い欧米の顧客と市場を一気に確保するための戦略拠点である。

欧米地域は，歴史的には技術上の優位性をもち，巨大市場を抱えることから，域内完結型のものづくり体系を構築するのがよかろう。それに対してアジアは，日欧米に次ぐ今後の半導体の製造拠点であり，販売拠点でもあるが，一国だけでは規模の経済性がとりにくい。そこでは日本が中核となり，日本とアジアが連携して製品間，工程間の分業関係を構築し，各国の市場の立ち上がりにあわせて，日本とアジア間の戦略的なネットワークを構築することが必要である。

(2) アジア「ものづくり共有体」の意義

アジア「ものづくり共有体」は，日本を基点としアジアを地域圏として捉える。各国が連携して「精密バルブ」の開発，生産，販売，エンジニアリング（先端情報処理を含む情報通信技術：ICT），サービスの国際分業関係を構築するためのコンセプトである。欧米と異なり，「開発，生産，販売」が一国の中で完結できる国は，アジアの中では日本だけである。日本は，歴史的に欧米技術を導入し，さらに顧客とともにものづくり技術を磨き上げ，欧米に次ぐ垂直統合型のものづくり体系を築き上げてきた。

日本の半導体市場はすでに成熟化してきており，今後需要は増加から，減少に転じる可能性がある。またアジアの中で日本は，最高の賃金国であり，低価格の製品や部品の生産では，比較優位が低下する傾向をもつ。また韓国，中国，ベトナム，台湾などは，成長市場であるが，どの国をとっても「開発，生産，販売」を一国の中で完結できる市場規模や技術をもつ国はない。そこで日本としても，日本が中核となり，日本を基点とする製品間，工程間の国際分業体系を構築し，日本とアジア各国の間でオープンな先端情報処理を含むICTのネットワーク関係を結ぶことが必要である。

まず半導体の市場に注目すれば，日本では欧米に匹敵する市場が形成されていたが，リーマン・ショック以降半導体の市場が急速に縮小しつつある。その背景には，半導体の生産に関する比較優位が，一部の製品で日本から韓国，台湾，中国などに移行する傾向が出ている。円高オーバーシュートがその動きを加速した。したがって市場面，需要面では，韓国や台湾，中国の顧

客を取り込むために，韓国，台湾，中国に工場機能を有するサービス拠点を構築し，顧客の技術・製品開発や先端情報処理を含むエンジニアリングやサービス面からサポートする必要が出ている。

半導体メーカーや半導体製造装置メーカーのアジア進出への対応に加えて，コスト競争力を強化するための低コスト，高品質の部品メーカーの開発も重要であろう。精密バルブは，開発，設計，先端情報処理，エンジニアリングなど，「ものづくり」技術の先導役は日本である。また材料や製造設備，治工具の開発などは，日本で先導して技術開発を進めることが必要である。一方で精密バルブの「標準品」や，「汎用部品」の生産は，低コストで高品質な生産ができる工場をアジアの中に建設することが有効である（図表4-5）。

フジキンは，アジアの中で労賃が比較的安く，勤勉な国民性をもち，輸出

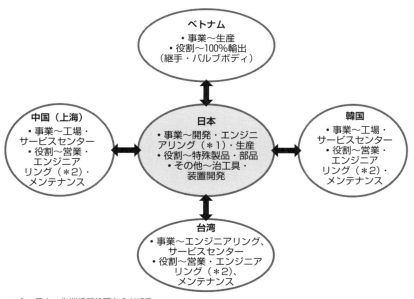

図表4-5　アジアものづくり共有体の構想

＊１：日本〜先端情報処理を含むICT
＊２：台湾・韓国・中国〜情報処理を含むICT
出所：フジキンのインタビューをもとに，筆者作成。

製品の生産には税制の優遇措置が受けられるベトナムに着目したのは，慧眼であった。ベトナムは，現在輸出100％の工場であり，将来は国内向け販売も出てくるが，当面は精密バルブの部品（継手・バルブボディ）の世界の供給基地である。ベトナム工場は，「日本品質」を基準に，日本からの材料を調達し，日本からの設備機械（MC，NC工作機械など）を導入して，同社の「人財宝」の育成方法を活用して大きな成果を上げている。2002年にハノイ工場はスタートするが，2008年には工場の増設，2013年にはバクニン工場を新設するなど，着実な成果を上げている。われわれは，日本とアジアにまたがる「アジア大の国際分業」の構築の重要性を指摘してきた[14]が，フジキンのアジア「ものづくり共有体」は，そのベンチマークになる成功事例である。

(3) グローバル経営の成功要因

フジキンのグローバル経営は，中小のものづくり企業が国内市場の成熟化や比較優位の低下傾向の中で，アジア大で成長発展するためのベンチマークとなる経営の1つであろう。フジキン型のグルーバル経営を成功させるためのポイントは，3つある。

第1は，日本の国内の精密バルブの「ものづくり能力」と「先端情報処理能力（ICT含む）」が常に「進化」を続け，アジアものづくり共有体を先導し，牽引することが重要である。フジキンは，1953年にニードルバルブを開発して以来，多様な顧客のニーズに真摯に対応し，小型の「特殊精密バルブ」を次々に開発してきた。その持続可能な開発能力は，経済産業省の「日本ものづくり大賞」やモノづくり推進会議・日刊工業新聞社の「超モノづくり部品大賞」の連続受賞など，ものづくりの進化能力は健在である。

第2に，フジキンの場合「ものづくり」の持続的能力構築は経営風土の中に定着し，社員1人ひとりの中に開発型DNAのように体化している点は，大いに注目される。同社の場合は，「ダルマ経営」と呼ばれる社員の意識改

14）土屋ほか編著（1999），pp.203-217。

革や個人の能力向上を重視し，それが社員の開発型DNAとして働いているように思う。今後は，日本だけでなくベトナム工場を初め「アジアものづくり共有体」の中に開発型DNAが移植され，共有体のさらなる進化発展を生み出すことができれば，フジキン独自の「グローバル経営」の競争優位の原動力となろう。

　第3に，同社のアジアものづくり共有体は，アジア大の視点をもち，日本の強みとアジアの優位を結合し，国際分業戦略を構築している。それらの戦略を活用することにより，差別化製品の開発やアジア新興国が求める低価格，高品質の新興国発のイノベーションにまで進めば，さらに競争優位を高める可能性が出てくる。フジキンの「アジア共有体」を活用したグローバル経営に，今後も注目していきたい。

事例研究③

株式会社共立理化学研究所

環境・安全分野の「簡易分析製品」という
独自の領域を切り開く

1 会社の概況

(1) 簡易分析ニーズに着目

　共立理化学研究所は，簡易分析用の水質測定製品「パックテスト®」の会社として有名であり，東京都大田区の田園調布の住宅街の一角に立地している。南の方向に少し行くと，多摩川に出る。工場として適正な場所にあったが，今では住宅街の中に組み込まれており，2階建ての工場は住宅街の中でも特に目立たない存在である。

　初代の社長岡内重壽は，東京帝国大学を卒業後，日本光学工業（現ニコン）に勤務した技術者であり，レンズを溶かす際に使う耐熱レンガの製造に携わってきた。その関連で，土壌中の水素イオン濃度（pH）の研究を続けてきたが，その簡易測定法を考案したことが始まりである。退職後，自宅の一部を改装した実験室で，pHの測定技術の研究をつづけ，国産初の「pH試験紙箔」の開発に成功するが，それをきっかけに創業を開始する。当時pH試験

第4章　革新的中小企業のグローバル化の実証研究

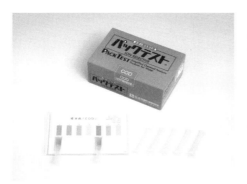
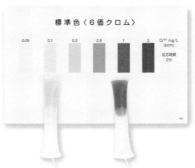

写真③-1　主力製品　パックテスト®

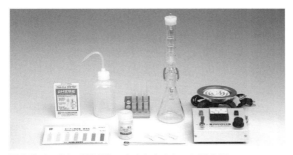

写真③-2　前処理器がセットされた全シアン測定器

紙は，米製，独製のものしかなく，国産初の製品であった。

　1960～70年代の日本経済は，「高度成長期」の真っただ中にあり，経済の成長とともに環境汚染や公害の問題が起こり始めた時期である。1971年には水質汚濁防止法が施行され，水質汚染の問題への対応は緊急課題であった。また1974年ごろには種々の公害問題が次々に発生している。東京都大田区には，ものづくりの工場が集積しており，とりわけメッキ処理加工の工場棟からの工場排水が問題となっていた。当時工場排水の水質検査を簡単に扱える「水質の簡易分析」の方法がなく，自治体では水質検査の仕事がこなしきれない状況が生まれていた。

　1971年に，二代目の社長の岡内完治氏（現社長の父親）が代表取締役に就任すると，現在のパックテストのもととなる水質の簡易診断の製品開発に本

65

格的に挑戦する。当時はpH試験紙の顧客の自治体から「本格的な分析にかける前にその場で白，黒がわかるもの」というニーズにこたえる必要があった[15]。それらの要望に対応して，73年には比色分析を応用した簡易水質検査キット「パックテスト」の販売を開始する。75年には，光電光度計を組み込んだ簡易測定セットを開発するとともに，時代のニーズにあわせて改良を重ね，現在では「測定項目69種類」のパックテストの製品ラインを完成させている。

同社は，企業や自治体のニーズにきめ細かく対応するとともに，学校や研究所，一般消費者など幅広い要請にも対応し顧客を広げていく。2004年からは，毎年「大田区中小企業新製品・新技術コンクール奨励賞」を連続受賞する。また2011年度には岡内完治氏が「日本分析化学会技術功労賞」の栄誉に輝いている。水質の簡易診断という独自の領域を切り開いたことが，学会でも認められた瞬間である。

(2) 同社の経営の特徴

共立理化学研究所は，資本金4,000万円，従業員数が48名の典型的な中小企業である。1952年に先々代の創業者岡内重壽氏が設立し，当時独創的な簡易診断キット「パックテスト」の基本測定項目9種類を確立し，スタートする。その後1973年に先代の代表取締役岡内完治氏が，自治体や企業，大学，一般消費者などの多様なニーズにきめ細かく対応し，顧客対応型の研究開発を実践してきた。その結果，測定項目66種類の簡易分析製品を確立し，研究開発と製品化を結ぶ「持続可能な経営」を作り上げてきた。同社は，40年近く黒字経営を続けている。

さらに2013年からは，先代の代表取締役の岡内完治氏の後を引き継いで，ご子息の岡内俊太郎氏が代表取締役に就任し，新たな計測装置の開発に挑戦するとともに，新興市場アジアを中心とした海外市場の開拓を推進している。

---

15) 『日経ビジネス』「小さなトップ企業「共立理化学研究所」」2000年11月20日号。

図表4-6　株式会社共立理化学研究所の概要

本社	東京都大田区田園調布5-37-11
設立	1989年11月１日
資本金	4,000万円
経営者	代表取締役　岡内俊太郎
売上高	7億4,000万円（2014年３月期） （国内：80％，海外：20％）
従業員数	48名
事業内容	・水質の簡易分析製品の研究・開発，製造・販売 ・独自商品（パックテスト®，パックテスト・ズーム，デジタルパックテスト®）などをもつ
経営特性	・国内シェア90％のオンリー１製品。 ・環境・安全ニーズの高まりを背景に簡易分析製品をタイムリーに開発（比色分析を応用，測定項目69種類を用意）

出所：会社案内等をもとに筆者作成。

2　同社の製品の強みと開発動向

(1) 同社製品の強み──デファクト・スタンダードの構築

　同社の製品は，1973年に初めて水質測定製品「パックテスト®」を発売し，各産業界や教育現場に広く受け入れられている。同社の製品の特徴は，ほとんどの測定が５分以内に結果がわかり，価格も50回分で4,000円と安く，使い勝手にも優れている。また有害性物質を使っておらず，使用後の廃棄処理も簡単であるなど，数々の優れた特徴をもっている。

　簡易測定方法は，水質汚濁防止法の施行とともに，企業や自治体の担当者が現場で簡単に水質の汚染度を評価したいというニーズから起こった。同社はpH試験紙で先鞭をつけ，現場のニーズにきめ細かく対応する中で，使い勝手のよい簡易分析キットを開発してきた。その診断方法は，国際標準規格に準拠しているわけでない。国際標準規格に準拠するには，時間とコストがかかり，高額な精密測定装置（島津製作所，日立，アジレントなどの製品）を使う必要があるが，設備込みの価格は5,000万円から１億円近い製品であり，

写真③-3 単項目水質計
デジタルパックテスト

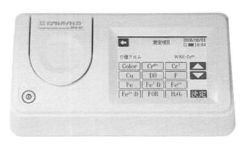
写真③-4 多項目水質計
デジタルパックテスト・マルチ

一般の自治体や企業が手軽に現場で判定できる方法ではない。

同社の製品は，水質の「簡易分析製品」であり，同社が独自に切り開いてきたニッチ領域である。簡易分析の定義はないが，同社によれば，「①操作が簡単，②その場で概略値が得られる，③安全，④価格が安い」などの条件を満たす製品である[16]。類似な製品の中で知名度の高い製品は，酸性・アルカリ性を赤・青で判定する「リトマス試験紙」がある。同社の製品は，この容易さを開発の目標にしてきたが，企業や自治体の現場の担当者の実務的なニーズにマッチして，「事実上の（デファクト）標準」の方法として定着してきたものである。

(2) ニーズ主導型の開発動向—顧客との共同開発

同社の出発点は，創業者の独創的な研究開発からスタートしており，国内初のオンリー1製品の先行開発であった。またその製品は，水質測定における「簡易分析」を現場で，手軽に，低コストで迅速に行えるという優れた特性をもっていた。

1970年代の日本経済は，高度成長期の真っただ中であり，高成長がもたらす公害や環境問題が社会問題として，次々に登場した時代である。同社のオンリー1の製品は，官公庁や自治体が求める「簡易分析」のニーズを先取り

---

16) 岡内（2004），p.36。

しており，それぞれの現場の担当者が，手軽に診断できる製品として多くの顧客を開拓していく。

先行開発した測定領域は，10品目でスタートするが，顧客のニーズにあわせて種類を増やし，「測定項目69種類」と診断領域を広げ，現在では「測定項目72種類」まで測定の幅が広がっている。時代のニーズにあわせて，顧客の多様な要望に対応し，改良，開発を重ねてきた結果である。

このように同社は，簡易分析という独自の領域を先行的に切り開くとともに，顧客のニーズに正面から向き合い，ニーズ主導型の開発を積み重ね，他社が容易に参入できない診断項目の多様化をはかり，国内シェア90％という独占的なシェアを獲得することに成功している。

(3) 同社のコア技術と新事業開発への挑戦

同社の工場を製造プロセスに従って，見学させてもらった。製造プロセスとしては，「原料〜調合〜小分け〜パッケージング（専用の充填機械）〜検査」の各工程から成り立っている。同社のコア技術としては，前工程の原料を調合する工程が最も重要であり，ベテランの担当者が経験と技術ノウハウを生かして手作業で調合する。一方でそれを小分けにして容器にパッケージングする工程では，自社開発した専用の充填機械が装備されており，多品種少量に対応するシステムが構築されている。長年顧客の多様なニーズに適応して培ってきた「ものづくり」のノウハウが結集されている様子がうかがえる。

次に同社の事業構成をみると，パックテスト関連の売り上げが70％を占めており，その他の検査機器他が30％程度を占める。文字通りパックテストが同社の主力製品であり，顧客の多様なニーズに積極的に対応する過程で，新顧客・新用途を積極的に開拓していく。主力ユーザーの企業や官公庁に絞ってみても，顧客のニーズの高度化とともに測定項目を増やし，新用途を開拓してきた。

それとともに，顧客層の拡大にも熱心に対応している。同社の製品は，簡易さや低価格に特徴があり，学校教材や一般消費者向けにも用途が拡大して

いる。教材用としては簡単に実験できて，色が変わる点がわかりやすい。また一般消費者については市民レベルでの環境意識の高まりとともに，販売が拡大しており，国内市場は成熟化してきているが，顧客層や用途を広げて成長してきたのである。

さらにパックテストの売り上げを補完し，事業の幅を広げるために，パックテストを利用したデジタル機器の開発による事業多角化の動きも注目される。例えばフェノール用パックテストは，大手の電子機器メーカーから依頼され開発したが類似業種をはじめとする多くの分野の企業からの注文が出ている。

またパックテストの測定範囲を広げる簡易診断機器の開発も事業の多角化の一環である。それらの事例としては，「全有機炭素（TOC）アナライザー」を開発し，水中の有機汚濁物質のCODやBODを小型でかつ簡単な操作で低コストに測定する機器を，横浜国立大学発ベンチャー企業環境資源総合研究所と連携して開発している。さらに現場測定に便利な「土壌油分検出セット」を開発し，大田区中小企業新製品新技術の優秀賞を受賞している。

3 グローバル経営の特徴

(1) 同社の海外展開の動向―代理店との連携

パックテストは，国内のシェアが90％であり，独占に近い市場が形成されている。国内市場は安定しているが，すでに成熟化しており，今後大きな成長は期待できない。一方でアジア新興国の中国やASEANは，日本の60年代，70年代の高度成長期の経済が出現しており，簡易分析キットのニーズは，これからが本格的な成長期を迎えることになろう。パックテストの売上高は，現在国内が80％，海外が20％であり，これからは海外市場向けの比率が高まることが予想される。

同社のグローバル化は，20年以上前から販路開拓を進めてきた。販売方法は，輸出が中心であり，輸出は国内の専門商社を代理店としてアジアを中心に輸出している。当時販売代理店の社長から「簡易測定キットの海外需要は

出てくる」との打診があった[17]。現在は同社を通じて輸出を行っているが，海外展開は「代理店方式」が基本となっている。

同社の販売は，国内の取引先が400社であるが，海外の現地販売代理店は20社となっている。台湾や韓国，中国は現地の代理店を介して市場開拓を進めてきた。販売代理店の発掘は，製品の説明や技術的なフォローが必要であるが，商談が成立後は，現地の販売代理店・国内の輸出代理店と3社で協力して対応する。商社や販売代理店を介して取引すると，国内価格の5割増しと割高になるケースが多く，現地に合った販売価格の設定は課題の1つである。

新興市場の中国は，1960年代，70年代の日本と同じように，経済成長とともに公害の問題が深刻化しており，水質の簡易診断のニーズは大きい。またインドネシア，マレーシアなどのASEAN各国も有望であり，現地の展示会や学会を活用して海外広報を積極化している。またジェトロ，中小企業基盤整備機構，東京都中小企業振興公社などの海外展示会は，日本の中小企業の海外展開を支援するために力になる。

(2) 海外展開の特徴——代理店方式のメリット・デメリット

中小企業のグローバル化は，競争力のある製品を「輸出」することが基本である。また輸出にあたっては，自力で海外に販売拠点を整備することは難しく，国内の専門商社や海外の代理店を見つけ，現地の代理店の営業を側面から支援する方式が一般的であろう。

「オンリー1製品」は，一般に企業や自治体などが使う生産財の場合，製品の特性を案内するか，使用上不明な点があればメーカーサイドで使い方や評価の方法を支援する必要があり，サービス支援力に売れ行きが左右される場合もある。同社のパックテストは，操作が簡単で，即時診断が可能で，安全かつ低価格の製品として，生産財の中では「手離れ」がよく，代理店販売方式でも問題が生じにくい製品特性を備えている。

---

17) 日本貿易振興機構（2012），p.13。

一方で海外市場を本格的に拡大するためには，日本の専門商社を介して現地の代理店を組織してきたがそれでよいか，今後の市場拡大にあたっては，現地の販売拠点を整備する必要がないか。また中国のように地域が広い場合には，地域ごとに分けて代理店を組織する必要がないか，代理店契約は「排他的・非排他的」のどちらの方式にするか，など投資リスクと販売効率を評価したきめ細かい経営判断が求められることになる。

(3) 同社の知財戦略──特許，商標の考え方

同社は，今後海外展開を加速していくためには，特許の取得が重要になる。パックテストは，操作性や形態でうまく申請すれば，特許をとれたかもしれないが，「ノウハウの関連もあり取得してこなかった」という。国内では，価格が安い，使い勝手がよい，測定項目などの点が参入障壁となり，競合製品が出てこなかったのは，幸運であった。

一方で海外では，特許を取得していないと数々の問題が起こる可能性がある。まずコピー製品は，簡単な製品であればあるほど，時間を置かず類似の製品が市場に投入される危険がある。またコピー製品ではあるが，現地で特許が申請されると，自社製品が逆に訴えられる可能性すら出てくる。

同社は，20年以上前から輸出を開始する。1982年にはアジアの中では台湾での輸出が拡大する。当時台湾では，ウナギやエビの養殖池の水質検査のため同社のパックテストが売れており，現地の代理店を通じて販売していた。それが，しばらくして売れ行きが止まってしまう[18]。コピー製品が投入されたのである。製造元は台湾の代理店の1つの会社であることがわかり，訴訟問題に発展する。結果は敗訴し何も得ることなく終わったが，このとき以来特許の重要性を痛感することになった。

パックテストに関しては，本来は試薬調合や比色分析で特許をとるのがよいが，実際には難しく，すでに開発以来30年以上が経過しており，特許の有効期間も過ぎている。同社としては，製品や製法を含めて技術ノウハウを極

---

18) 特許庁（2007），p.138。

力ブラックボックス化してきたが，その方式では，国内はよいが，海外展開では問題が残る。

　海外の特許紛争を経験して，今後は知財戦略を強化する方針であるという。パックテストに関しては，製品のもつ形態で「意匠登録」（パックテスト®，デジタルパックテスト®）を取得している。また新規に技術開発した機器類ではなるべく特許を取得するよう努力しており，この3年間で取得している特許件数も5件（IPフォース調べ）を数える。また同社程度の規模の中小企業としては，単独で特許を取得することが難しい場合も起こるが，その場合には大学と連携した特許や大企業との共同特許を取得しており，共同開発にも前向きに挑戦している。

　一方で研究開発型企業にとって何よりも大事なのは，「開発で先行し，よい製品を次々に先行投入する」ことに尽きる。開発した製品技術を，特許で守ることに専念すると，守りの姿勢に陥る。むしろ真似られても，次々に新製品の開発で先行し，連続的に市場投入すれば，優位性は維持され，市場のシェアが低下することはない。

　今後のさらなる成長をはかるためには，国内の開発で先行することが重要であろう。それとともに国内市場が成熟化している状況を見れば，アジアを中心とした海外市場の開拓も必要であることは間違いなかろう。その際には，開発した知財の専有可能性を維持するための，特許，意匠登録で防衛することも必要である。また生産方法や効率のよい専用機など生産面，あるいは比色分析に絡めた判定評価上のノウハウは，ブラックボックス化することも大切である。つまり開発戦略と知財戦略をミックスした総合戦略の策定が，重要な時期を迎えている。

事例研究④

株式会社南武

特殊シリンダのグローバルニッチトップ，
ものづくり組織能力のグローバル分業体制を構築[19]

1 会社の概要

(1) 京浜蒲田地域を代表するものづくり優良企業

　株式会社「南武」は京浜蒲田地域に立地しており，同地域は金属機械系メーカーが集積する一大産地であったが，多くの工場が移転または廃業により，現在は典型的な「商住工混在」の地域となっている。同社はその一角に立地しており，増改築を重ねた3階建ての建物が本社・工場である。

　南武は，1941年に創業者の野村三郎氏が南武の前身となる株式会社「野村精機」を川崎市にて操業を開始し，1955年に日本最初の油圧シリンダ専門メーカーとして発足した。その後本社，工場が火災により消失し，一時中断する時期があったが，1965年12月に現在のもとになる（株）南武鉄工を再発足させる。1984年には商社に勤務していた先代社長・現会長の野村和史氏が，

---

19) 事例研究④は伊藤・土屋（2009, pp.121-129）をもとに加筆修正した。

図表4-7　株式会社南武の会社概要

本社	東京都大田区萩中3-14-18
創業／設立	昭和16年8月／昭和40年12月
資本金	58,000千円
経営者	代表取締役社長　野村伯英
売上高	15億円（2013年9月期）
従業員数	114名（非常勤4名を含む）
事業内容	・多品種少量生産，超小型油圧特殊シリンダの製造 ・金型用中子抜きシリンダ（日系自動車世界シェア70％），製鉄用ロータリシリンダ（世界シェア30％）他
経営特性	・ロータリージョイント，金型用油圧シリンダの「世界オンリー1」メーカー ・アジア生産分業：タイ4.3億円，中国2.8億円 ・ものづくり組織能力のグローバル人材の活用

出所：(株)南武の会社情報等をもとに作成。

事業の継承のため入社し，現在の基盤を作ってきた。2013年1月よりご子息の野村伯英氏が代表取締役社長に昇格し，現在に至る。

同社は，「技術をもって社会に奉仕する」を社是としており，「製品開発型」企業の草分けであろう。設立後比較的早い段階から「脱下請け」を目指して自社製品を製造，販売する。「特殊シリンダ」の専門メーカーに特化して，ユニークな製品を次々に開発していく。昭和40年代の初めにダイカスト，プラスチックの金型業界は，大きな技術変動の脅威に直面していた。金型技術は，それまで傾斜ピン方式が主流であったが，技術革新があり中子シリンダ方式に変わる局面であった。その機会を捉えて同社は，金型用中子抜きシリンダの専門メーカーの地位を確立する。

現在では南武は，多品種少量生産を得意とし，特殊油圧シリンダの専門メーカーとして内外の特許を数多くもち，世界

写真④-1　主力製品QSシリンダ

「オンリー1」メーカーに成長，発展する。ちなみに同社の開発したダイカスト金型に使われる「スーパーロックシリンダ」は自動車業界に多数導入され，その実力はトヨタも認めるところである。同社は，自動車用と製鉄用の特殊油圧シリンダに特化し，しかも比較的早い段階から自社製品の開発に成功したユニークな会社であり，研究開発型の企業である（図表4-7）。

2 同社の特徴と強み―取引先との共同開発

(1) 自動車用と製鉄用の特殊油圧シリンダでは圧倒的な強み

　南武は，2014年3月に経済産業省の「グローバルニッチトップ」の100社に選定された[20]が，自動車用と製鉄用の特殊油圧シリンダでは高い世界シェアの製品をもち研究開発型のメーカーである。「NAMBU」のシリンダは，独自の規格「南武スタンダード」をもち，この分野のデファクト標準を形成してきた。同社の取引先は，国内だけでなく海外の大手の自動車メーカー，製鉄メーカーに及んでいる。その得意先は常時800社以上に達しており，自動車用と製鉄用の特殊シリンダの分野では，圧倒的な強みを有している。

　ちなみに自動車用の分野の金型用中子抜きシリンダでは，北米，ASEANを含めた日系自動車マーケットで70%のシェアをもつ。金型用中子抜きシリンダは，自動車のエンジンブロックなどを製造するダイカスト用金型に付帯して使われる基幹部品の1つである。自動車業界では，複雑な形状をもつダイカスト用金型成型のニーズが年々増大している。

　エンジンブロックなどの複雑な形状をもつダイカスト金型には，多くの中子が使われる。同社はその生産性を一気に向上させることができる金型用中子抜きシリンダの開発に成功する。同社の金型用特殊シリンダ（金型用スーパーロックシリンダ）は，国際特許を取得した画期的製品である。これまでの標準中子シリンダより一回りサイズの小型化にも成功し，金型設計全体の省スペース化，省資源化，さらには製造工程の効率化にもつながる画期的な製品を開発したのである。

---

20)　経済産業省（2014），p.12。

一方製鉄用の分野では，同社の製品が世界の製鉄所で使われている。圧延された鉄板をコイル状に巻き取る心棒の拡縮機構は同社の「ロータリシリンダ・ロータリジョイント」が使われる。同社のロータリシリンダ・ロータリジョイントは，性能と耐久性が高く，コスト面でも多くのメリットがあるといわれている[21]。日本はもちろんのこと，韓国，中国，ブラジル，米国など世界の鉄鋼メーカーに広く利用されており，世界シェアは30％，国内シェアは90％に達する。

(2) 製品技術開発に強み

　南武は，ものづくりの強さに支えられた研究開発型の強みをもつ。同社は，「ものづくり組織能力」を支える技能者，技術者の集団を抱え，持続的な組織構築力に優れている。またその技術基盤を生かして「製品開発力」が連動して強みを発揮する。同社の行方は，大手の日本のものづくり優良企業の戦略形成にも共通する特徴を備えている[22]。

　同社の製品開発は，顧客から寄せられる数々の問題，課題の解決を重視する。顧客からの高度な要望や難問を1つひとつ解決することが開発の第1歩であり，同社の「ニーズ主導型」の製品開発を支えている。南武の営業マンは，「製品の売り込みはせず，顧客が抱えている問題点，悩みを丁寧に聞きだす」。そしてそれらの情報を設計部門と研究開発部門に伝えるのがミッションといわれている[23]。顧客が何を望んでいるかを営業部門と開発，設計部門が共有し，それをもとに製品開発が行われる。しかも同社の取引先は，自動車，製鉄業界の大手一流メーカーである。また同社の営業は購買部門ではなく技術部門と直接取引しており，顧客の側から製品開発の課題が与えられる。それらの課題に答えることから，製品開発が行われる。

　トヨタ自動車が採用した「スーパーロックシリンダ」は，まさに顧客が抱

---

21)　株式会社南武「NAMBU HYDRAURIC CYLINDERS」の製品説明による。
22)　日本ものづくり優良企業の戦略形成の特徴は，土屋（2006, p.154）を参照。
23)　"日本の工場，南武―高品質の自動車生産に欠かせない特殊油圧シリンダでシェア70％"（中小企業金融公庫総合研究所，2008）。

えている問題にこたえることから画期的な新製品が生まれた例である。従来自動車用エンジン金型は、高温のアルミの湯を射出成型する際中子が動かないよう金属製のかんぬきで固定していた。しかしどんなに丈夫なかんぬきでも繰り返し高圧をかけられると金属疲労を起こし、隙間が生じ"バリ"（出っ張り）ができる。したがってその後のバリ取りにも時間がかかる。そこで同社は、中子の反対側から対抗の圧力をかけ固定する「スーパーロックシリンダ」を開発した。同製品は、バリの発生を防ぐだけでなく、かんぬきが必要ないため大幅な小型化、鋼材・エネルギーの節約、製造工程の簡素化ができ、自動車会社のエンジン工程の効率化、省力化に寄与したのである[24]。

その製品は顧客のニーズから生まれた代表的製品である。製品化に向けてのアイデアは技術では素人であった元商社マン野村和史会長の発想、ひらめきがもとになったといわれている。同社は同製品の開発により、2005年3月に日刊工業新聞社主催の「第2回モノづくり部品大賞・奨励賞」を受賞する。また同製品は日本、米国の特許を取得し、同社の業績にも大いに貢献する。そのほか同社が開発に成功した製品は数多く、「毎年必ず特許をもつ新製品を開発する」ことを経営方針の中に掲げている。今までに国内で13、海外でも4の特許を取得しており、その数は年々増えて着実な成果を上げている。

3 ものづくり組織能力のグローバル展開

(1) 技術、技能継承の仕組み―開発の原点は工場にあり

南武の本社工場を見ると、工場内がよく整理整頓されており、「きれいな工場」なのでびっくりする。また工場内に女性が数多く配置されており、海外の工場を見るような気にさせられる。

同社の「ものづくり技術」の特徴は、多品種少量生産を基本としている。同社の技術の強さは、製品開発力に代表されるが、その原点は工場の中にあるといっても過言でない。工場の中には、NC旋盤、MC、汎用機、3次元CADなど高精度の加工機械が多数配置されている。また工場内はローテク

---

24) 日刊工業新聞社（2008）。

機械とハイテク機械を使った見事なジョイント・ワークが形成されており，それが同社の高いものづくり技術力を下支えしている。

同社の本社工場は，6つの工場で編成されている。そのうち第1，2工場は，熟練職人が汎用機を中心としたローテク機械で，特注品や試作品を加工している。ローテク機械の工場は，その言葉とは逆に人間の五感にたよった複雑な加工の世界であり，コンピュータにすぐには置き換えられない難しい工程から成り立つ[25]。「ロータリージョイント」の工場は，最高の技術難易度をもつ工場であり，ベテランの熟練技能工が経験と勘を頼りに手探りで高い精度の仕事をこなしており，「お客様から芸術品と評されることもある」[26]と野村伯英社長はいう。

一方で第3～6工場は，NC旋盤などのハイテク機械を使い，標準品，規格品を生産している。NC旋盤は，一度プログラミングし工具をセッティングすれば，人間にはとてもできないスピードで24時間操業することも可能である。標準品，規格品のようにある程度量がまとまれば大いに威力を発揮する。新人はまずハイテク機械に配属される。ハイテク機械はプログラミングできるまで半年から1年かかるが，ひとたび修得すれば大部分の作業を機械が着実にこなしてくれる。それらの工場は，経験の少ない技術者でも対応可能な工場である。

同社の経営資源は，人間が中心である。技術者，技能者は，それぞれの役割，職務が明確であり，組織的に編成されて強みを発揮する。同社では，ベテラン，若手，女性が一体となって活動しており，しかもベテランと若手がそれぞれの役割を分担する。また時には互いに協力し合いながら「持続的に組織能力」を向上させる。新人や女性は，ハイテク機械の操作やプログラミングの勉強から入るが，それに留まることはない。経験を積んで段階的に汎用機も使える「多能工」として育成される。先生はベテランの熟練技能工が担当し，OJTによる教育訓練が基本となる。

同社には「定年制がない」というので驚く。ベテランの社員も明確な役割

---

25) 中小企業金融公庫総合研究所（2008），p.18。
26) 日刊工業新聞社南東京支局取材班編（2014），p.130。

をもち，体力と意欲が続くかぎり活躍できる。若手にたいするOJTは，ベテランにとって大事な仕事であるが，若手に熟練技能を伝授するかぎり，ベテランとしてももう一段のレベルアップが図れなければその存在意義を失うことにもなりかねない。したがって若手，ベテランは，同一レベル内で技術の移転が行われるわけでなく，お互いに連携して組織能力のいっそうの向上運動が展開されている。

同社の工場を見学してみて，女性の従業員が多いのに驚く。むしろ女性が活躍していることが同社の特徴でもある。全社の従業員の25％は女性が占めている。工場も例外ではなく，多くの女性が活躍しているが，その多くは加工機械に張り付いている。本社工場内では，BGMが流れ，全社エアコン付きの職場に女性技術者が1台のハイテク機械を占有して，生き生きと活躍している光景はまことに印象的である。

野村和史会長は，女性が活躍する工場を目標の1つに掲げてきた。同会長が入社した当時，工場は3K（きつい，汚い，危険）を絵に描いたような昔ながらの工場であった。そのときの経験から若い女性でも働きたくなるような明るい職場，若い人が夢をもてる職場が夢であり，その夢は着実に実現に近づいている。

(2) グローバル生産拠点の確保──ものづくりの国際分業戦略

南武は，中小企業の中ではグローバル化が進んだ企業である。中小企業の場合には，輸出や海外営業拠点の構築のように「販売面のグローバル化」にとどまる企業が多い中で，タイと中国に製造工場をもち，グローバルな生産分業体制を構築している点に特徴がある。

同社のグローバル化は，販売面のグローバル化からスタートする。まず自社製品の海外のマーケティングのために，米国，欧州，アジアなどの企業と代理店契約を結んでいる。2001年には，米国のファイブスター社に技術供与し，サービス，メンテナンスの拠点を構築する。ファイブスター社は，米国のUSスチールの構内下請けの会社であり，営業拡大とメンテナンスのために技術提携を結び，営業支援体制を強化する。

第4章 革新的中小企業のグローバル化の実証研究

　またアジアへの進出は比較的早く，1994年にはシンガポールの展示会に出展し，海外での営業をスタートする。1996年には，タイで花野商事の現地法人と販売提携するとともに，2002年にはハナノ・タイランドの一部を借りて南武の現地法人を設立する[27]。その後2006年6月には，大田区がタイのバンコク郊外に開設した「オオタ・テクノ・パーク（OTP）」に工場を移転し，本格的な海外生産がスタートする。その後2012年に，創立10周年を機にアマタナコン工業団地内に自社工場を建設する。現在は，特殊油圧シリンダを月350本生産する能力をもち，年商4億3,000万円を稼ぐ。ASEAN，インドの2輪，4輪の金型用中子抜き油圧シリンダの製造販売が主たる業務である。タイ工場には，MC機械，NC旋盤，ボール盤などの専用機，汎用機が多数設置され，大型のめっき漕も設置されている。タイの工場は主としてスリーブ，ピストンなど標準部品の加工や標準タイプの油圧シリンダの生産を行っており，現地の需要は旺盛である。

　タイ子会社は，タイをはじめASEANおよびインドへの油圧シリンダの販売拠点である。一方生産面で見ればタイ工場は，油圧シリンダおよび標準部品の加工，製造のグローバル供給拠点であり，日本の本社工場にも輸出している。日本とタイの間では，製品面では特殊シリンダ・日本，標準シリンダ・タイの製品間の差別化分業が行われている[28]。また生産面では特注部品・日本，標準部品・タイの製品間・部品間の差別化分業が実施されている。さらに工程間でいえば研究開発および設計は日本が中心になって行い，製造面では日本特注品，タイ標準品の国際工程間分業が行われており，グローバルな役割分担の構造が明確である。

　また中国は日系自動車メーカーや部品メーカーが多数進出しており，ASEANとともに有望である。江蘇省常州市に2010年4月から土地・建物を借りて，生産を開始しているが，15年春頃には自前の工場を稼働させる予定である。現在は，油圧シリンダや周辺機器の製造販売を行っており，年商が約2億8,000万円であるが，タイ以上に事業の成長，拡大が期待されている。

---
27) 山田（2006）。
28) 三菱総合研究所産業市場戦略研究本部編（2006），p.16。

4 グローバル経営の成功要因

(1) 南武の経営特性

　南武の今後の方向を点検してみよう。野村和史会長の言葉を借りれば「現在の20億円，100人程度の規模は適正の水準」であるとみており，これ以上規模を大きくしようとする考えはない。むしろ「大きくするのは誰でもできる。大きくするとつぶれる」との考えをもっており，規模より質，ものづくり組織能力の持続的向上を大事にする。

　今回の事例研究では，中小の優良経営は「規模の拡大よりは経営の安定，持続的成長を重視する」という共通の傾向が見られる。南武の経営は，業績も安定しているが，資産資本関係から見ても健全性が高い。同社は，極力過大な不動産を抱えないようにしており，その経営は徹底している。工場も含め土地，建物は賃貸形式をとる場合も多い。

　その結果でもあるが，同社の固定費は小さく，フレキシブルな経営が可能となる。同社は，業績面や資産資本関係が健全であり，自己資本比率は50％にも達しており，また手形発行が0であり，収益性，健全性などバランスのとれた経営を実現している。

(2) ものづくり組織力の国際分業戦略

　同じような環境にある中小企業にとって生かすべき教訓をまとめれば，南武の「国際分業戦略」は参考になる。しかも「ものづくり組織能力の構築」をグローバル経営の中に取り込んでいる点に注目すべきである。

　日本の中小ものづくり企業は，円高ドル安が進む中で，アジアなど発展途上国からの追い上げを受け，比較優位を失う企業も多い。とりわけ労働集約的な製品の組み立てや量のまとまった汎用部品の加工などは，国内で生き残るのが難しい。また加工精度の高い工程でも，生産ロットがある程度まとまってくると台湾，タイ，中国などの企業が盛んに挑戦してくる。最近ではNC，MCなどのハイテク機械が導入されているだけでは，安心できない。むしろ中国の企業は，日本と同等かあるいはそれ以上のハイテク機械を導入

している。また人件費の水準は日本に比べて相当低いことから，アジアのコスト競争力はまさに驚異である。

経営資源の豊富な大企業は，米国，欧州で現地生産をする，一方で労働集約的な工程をアジアに展開し，日本とアジアの間で製品間や工程間で「多様な分業体制を構築」し成功する企業は多い[29]。ただ中小企業の場合には，経営資源が限られており，またグローバル化には大きなリスクを伴うことから，それほど進んでいない。また中小企業の場合には，製品ミックスやラインが小さく，また工程の幅が狭いため海外展開がやりにくい。一般に労働集約的な製品，工程をアジアに移転することになるが，それが行き過ぎると国内は空洞化の危機に見舞われることにもなりかねない。

(3) グローバル経営の3つの成功条件

南武はそれらの問題をクリアし，日本，タイ，中国の間で一定の秩序をもった国際分業関係を構築しているように見える。その背景には人間集団があり，ものづくり組織能力の構築，その持続的な能力向上が基本である。またそれを支える各種技術の組織的活動がうまく機能している強みが国際分業を成功させる条件となっている。

まず第1に特殊シリンダというフォーカスされた領域で，次々と製品開発を先行していることが重要であろう。同社は社是として「技術をもって社会に貢献する」ことを掲げ，新製品を出すことを経営方針として掲げ経営の重点活動として取り組んでいる。他社に差別化し，他社に先導する製品開発，技術開発が強みであり，取引先との信頼関係，共同開発のパートナーとなることが高い開発力の原動力となる。

第2にはローテク機械に支えられた熟練技術，擦り合わせ技術とハイテク機械に支えられたデジタル技術，組み合わせ技術[30]のジョイント・ワークの強みがあげられよう。しかもそれらの技術はお互いに連携し合いながら「進化」し，他社に対する能力構築競争で優位を発揮することになる。それらの

---

29) 日本アジアの国際分業の方向は，土屋ほか（1999，p.221）を参照のこと。
30) 擦り合わせ，組み合わせ技術は，藤本（2004，p.132）を参照のこと。

関係は，本社工場内や国内の6つの工場間で築き上げた組織的能力であり，ものづくりの強みの源泉でもある。

第3には上であげたジョイント・ワークの関係は，本社の工場内や国内の工場間の関係だけでなく，タイや中国の国際分業関係にもそのまま応用することが可能である。特にタイは進出の歴史も古く，シリンダの標準部品に関するグローバル供給拠点となっている。タイで生産した標準部品を，日本にも輸出しタイ国政府からも評価されている。また，中国は資材の調達コストが安く，タイ同様にシリンダの標準部品のグローバル供給拠点になっている。各国の繁忙期や長期休暇には他拠点からの製品供給によるグループ内サポートが有効である。

タイや中国の工場は日本に比べて労賃が安いからといって，標準品を中心とした労働集約工程である「組み立て」のみに特化する必要はなかろう。国

図表4-8　南武のものづくり国際分業の体制

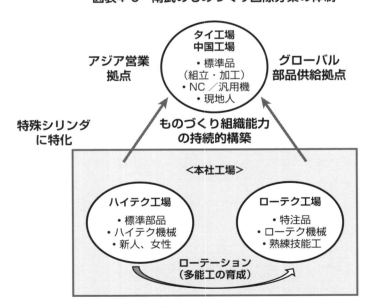

出所：インタビュー調査をもとに筆者作成。

内と同様にNCやMCなどのハイテク機械による標準部品の加工は，現地の未熟練技術者でも対応しやすい。またデジタル技術に支えられたハイテク機械は，異文化をもつ従業員にもトランスファーしやすい技術である。もちろんハイテク機械の導入は設備投資のお金がかかるし，固定費の回収には時間がかかるであろう。一方で海外拠点が国際競争力のあるグローバルな供給拠点に育てば，他社に対する競争優位がさらにアップすることも夢ではない。南武の国際分業戦略は，中小ものづくり優良企業が目指すべき方向，ベンチマークを示しているように思う（図表4-8）。

野村伯秀社長は，従来の問題解決型から一歩前進し，提案型の事業展開にも挑戦しており，持続可能な経営への前進は日々続いている。

事例研究⑤

昭和精工株式会社

飲料缶のプルトップ用ツールでは国内50％シェア，
連携型のグローバル化でリスク回避

1 会社の概況

(1) 進化する金型メーカー

　昭和精工は，横浜新都市交通シーサイドラインの「産業振興センター」駅から徒歩1分，高速道路や海にも近く，交通に便利な地点に立地している。同社は，自動車部品，食品容器，次世代エネルギー用の3つの用途の精密金型メーカーであり，とりわけ飲料缶プルトップの塑性成型ツールでは国内50％のトップ企業である。経営の形態は，研究開発型であり，設計・部品製作・組立の垂直統合型の事業構造をもつ。

　同社は，戦後間もない1954年東京都大田区大森で先代の社長木田正成氏が，操業開始する。当初は電線や注射針を作るための超硬合金を使った工具を開発し，1960年に法人に改組し塑性加工法の技術研究を本格的に開始する。先代社長の時代に道路建設の計画にかかり前後2回引っ越すことになったというが，現在では立地環境にも恵まれきれいな本社工場に移転した。

昭和精工は，精密プレス金型やファインブランキング金型の製作を得意としてきた。また自動機器などの設計製作，開発に強みをもち，設計製作および技術サービスを中心にした研究開発型の企業である。従業員数は87名であり，食堂や清掃に派遣社員が4名いる

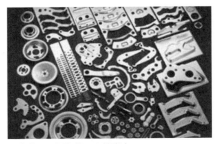

写真⑤-1　昭和精工の技術力

が，それを除くとすべて正社員である。営業部は10名，生産部のうち製造課員は40名，システム課には23名が所属し，同社のものづくり技術を支えている。なおシステム課は，金型の設計，装置組み立て，納品，試運転，メンテナンスなどの技術支援の部隊である。

(2) 創業者の思い──下請けにならない

　先代の創業者は，部品加工をしている時代でも「下請けにならない」という強い思いを心にもちビジネスを展開してきたが，その方針は現在でも貫かれている。下請けの仕事は，取引先が大企業でもしない。身の丈に合ったビジネスを求め，常に技術開発を積極的に行うことが創業以来の方針である[31]。

　会社は，同じものを生産し続けると必ず値下げ要請を受けやすいし，市場の激しい競争にさらされる。したがって常に新しい仕事のネタを探すことが重要であり，新しい技術開発に挑戦することは，創業当時の創業者の思いでもある。通常金型業界では，大手の自動車や家電などの組立企業の依頼を受けて加工する下請け・賃加工の金型メーカーが多く，社長がトップセールスで営業する場合が一般的である。同社は，精密プレス用金型のメーカーであるが，営業部に全社の1割強にあたる10名の営業部員がおり，組織的な企画営業が充実している点に特徴がある。

---

[31]　創業者の考えは「下請けにならない，1社に依存しない，1業種に偏らない，借金をしない」とする（昭和精工ホームページによる）。

図表4-9 昭和精工株式会社の概要

本社	横浜市金沢区福浦1-4-2
設立	・創業：1954年1月 ・設立：1960年10月
資本金	8,000万円
代表取締役	木田成人
売上高	16億3,800万円（2012年9月期） 14億5,044万円（2013年9月期）
従業員数	87名（別に派遣社員4名） （平均年齢42歳，平均勤続18年）
事業内容	金型関連（精密プレス型，プレス抜き製品）機器関連（精密工具），自働化関連（自動化機器，専用機），上記の設計製作および技術サービス
経営特性	・精密金型のオンリー1企業 ・減速のない開発，熟練技能工が支え ・グローバル化：海外市場の積極開拓，連携を活用したリスク回避型の戦略

出所：会社案内等をもとに筆者作成。

　同社の社是は，「事業は人なり」であるが，よい製品は会社繁栄の基礎となるとの創業者の思いを受け継ぎ，「人を大切にする」文化が息づいている。働く人を大切にする企業文化は，同社のきれいな本社工場を見ると納得させられる。

　木田成人社長にお聞きすると，本社工場は「温度・湿度が管理されたクリーンファクトリ」とのことである。また工場に隣接しているオフィスは「作業者の創造意欲を生み出すレイアウト」に工夫があり，社内の研修施設や食堂も充実しているとのこと。さらにそれぞれのステップにあわせた継続的な階層別研修の制度や身に付く専門スキルに向けた支援策が充実しているなど，同社の人材重視の経営の特徴がみられる。

2 技術の高度化により段階的に発展

　昭和精工は，常に新顧客，新技術に対応しながら成長発展を続けてきた。同社の技術は長年のコア技術の深掘りと，その技術を新しい顧客，新用途に適応しようとする技術の「横展開」の過程で生まれてきた。同社の技術進化の過程を見ると，3つの段階がある。

(1) 創業当時1954年～：加工技術の発展

　創業の当初は，超硬合金を素材として電線や注射針を作る工具「引抜用ダイス」を製作することからスタートする。同社のコア技術は，金属を磨いて鏡面にする技術や，寸法精度を仕上げる技術，寸法を計測し保証する技術などが得意であり，それらの技術を磨き上げていくことから，ビジネスを創造していく時代である。

(2) 1970年代～：加工技術と金型技術の融合

　1970年代は，同社のコアとなる加工技術の深化，発展とそれらの加工技術を，複雑な金型技術に応用し製品開発に挑戦していく時期である。同社のコアとなる超精密加工技術は，金型技術に生かされ製品化していく。同社の主力製品である食品容器関連の金型や自動車関連の金型の開発に成功するのはこの時期である。

　1970年までは，国内経済は高度成長期の真っただ中にあり，事業の関心は主として国内に向いていたが，70年ごろから，海外の情報が少しずつ入るようになってきた。先代社長が1965年以降何回か海外視察を行っている。また晴海の国際展示場を視察し，新しい技術に関心をもってきた。アルミ缶をつくる技術はアメリカから導入される。また自動車部品を生産する技術として，ファインブランキングという技術がスイスにあり，それらの技術に注目する。それらの海外の技術を国産化したのが1970年以降のことであった。当時は，海外から高いものを購入していた顧客（クライアント）に対して，それらを国産品に代替するよう仕向けることからビジネスが生まれる。輸入していた

高精度のものを国産化できるだけで，当時の中小企業はビジネス機会が拡大した時代である。

製缶用の金型は，1970年頃から生産している。缶ビールを開ける「プルトップ」は，炭酸で内圧がかかっているが，内容物の品質を保持するため密閉しなければならない。一方で開口時には，利用者が確実簡単に開くという，相反するニーズを同時に達成する必要性があり，高度な金型技術が必要とされる[32]。同社は，開口部のV字型溝を成形する製缶用の金型の開発に成功する。木田成人社長のお話では，「先端部の刃先寸法は公差0.003ミリの精密加工が必要」であり，ナノ単位の精度の熟練技術者の技を金型加工技術に結集し，量産化に成功したものであるという。同社が開発したプルトップ用の金型は，国内のシェア50％を達成し，長期間オンリー1の製品としての主力製品の地位を保っている。現在でも，売り上げの4割が製缶を中心とする食品容器の金型であり，主要製品として同社の発展を支えている。

(3) 2000年〜：新技術・新製品の開発

2000年以降は，「金型＋周辺機器」のシステム販売，金型関連装置の開発など新技術，新製品の事業化に挑戦する時期である。半世紀にわたる技術の蓄積を結集して，生産システムを含めた装置やシステムを供給することに挑戦している。

その背景には，顧客（クライアント）のニーズに明らかな変化がみられるようになる。今まではクライアントの生産技術がしっかりしていた。しかし，グローバル化時代を迎え，競争環境が変化しクライアントの方で，生産技術の人材を確保しておけなくなった。優秀な人が海外工場へシフトし，日本国内では自ら工場を立ち上げられる人が少なくなったことから，同社へ金型以外の周辺機器やシステムを丸投げする傾向が出てくる。同社としても金型だけでなく，金型を動かすプレス機械とあわせて，「プレス機械＋金型」をドッキングしたものを顧客に納品するケースも出てきている。その際には，プ

---

[32] 『サンケイ・ビジネスニュース』2014年2月14日。

レスメーカーなどと連携協力して，クライアントのニーズに対応せざるを得ない状況も生まれ，同社としてもシステム・メーカーとしてのビジネスの幅を拡大するチャンスが生まれている。

　自動車用金型は，全体の46％を占めており，食品容器用金型に並ぶ主力製品である。例えばトランスミッションに組み込まれるクラッチは，同社はファインブランキング（精密打ち抜き）加工により，回転ロスを減らす部品開発に成功し，金型の発注が増えている。自動車用の金型は，グローバル供給のニーズが拡大しており，それへの対応が課題となってきた。

3　環境脅威とグローバル化への挑戦

(1)　金型メーカーを取り巻く環境脅威と課題

①金型市場の環境激変

　金型産業を取り巻く環境は，2000年代に入り厳しい局面を迎えている。第1に，2000年代に入り，食品，自動車などの国内市場は完全に成熟化しており，また国内市場は，人口が減少局面に入っており，内需の成長は期待できない。一方でアジア市場は，中国，インド，ASEANなどで中間所得層が台頭し，高度成長期の市場拡大が始まっている。したがって金型産業は，国内中心では存立が難しく，グローバル市場を目指して市場開拓することが必要である。

　第2に，2008年のリーマン・ショック以降，1ドル80円台の円高のオーバーシュートが続き，エレクトロニクス産業は比較優位を失い，国内生産の空洞化が強まりつつある。また比較優位をもつ自動車産業でも，地産地消の傾向は進んでおり，ASEANのタイを小型車の輸出拠点化する動きが出るなど，顧客の海外生産の拡大の動きは，進んでいる。2012年末からスタートした安部晋三内閣は，「アベノミクス」による大胆な金融緩和を実施し，1ドル100円台の円安に戻りつつあるが，日本製造業の国内回帰に向けての動きは必ずしも進んでいない。

　このような産業環境の変化を受けて，日本の金型産業にとっては，海外市場の開拓が緊急かつ重要な課題となっている。

② グローバル市場の重要性──課題解決型のフィードバックができない

　昭和精工にとっても，グローバル化は，緊急課題である。同社の主力製品である製缶用金型や自動車用金型は，技術集約型のハイテク製品が多く，顧客はアジアで生産する場合でも，国内から持ち込むケースが多い。そのため国内の本社との取引が中心で，グローバル化により，ビジネス機会が消滅するようなダメージを受けるケースは少ない。それでも同社の製品が，顧客の国内工場から海外工場に移転し，海外で使われるとなると，問題が出てくる。

　現状ではASEANや中国では，精密金型を設計，製造する能力がなく，日本からの調達に頼るケースが多いが，時間とともに何年か先には少しずつ現地調達のウエイトが高まってくるのは間違いなかろう。また自動車やエレクトロニクスなどの工場が海外に移ると，現地におけるメンテナンスのニーズが増加する。また顧客のメンテナンスや生産現場における各種の問題，課題は次の開発に向けてのヒントであり，「課題解決型」の開発を得意とする同社にとっては，顧客からの情報のフィードバックが途絶える危険がある。

(2) 同社のグローバル化の現状と特徴

　同社が販売する自動車用金型の60％は，現在取引先の海外工場で使われているという。そこで同社としては，今後の課題として「グローバル化」は最重要なテーマの1つであり，とりわけ自動車の海外工場が集中するタイ，中国などのアジア地域への営業，メンテナンスの拠点作りは，優先される。また北米の自動車の生産拠点としてメキシコが注目されているが，同地域にもメンテナンス拠点の展開も必要である。

① タイ市場への進出──リスク回避の戦略

　同社は，研究開発型企業であり，海外進出の目的は顧客の獲得，売上の増加以上に，技術レベルの向上にとって必要である。同社にとって海外との関係は，先代の社長時代から飲料缶（米国），ファインブランキング（スイス）などで先端技術を海外から導入するなど，開発の源泉の1つとして活用してきた。海外の導入技術にさらに工夫を凝らし，欧米に輸出するまでに成長し

てきた歴史をもつ。

　最近では，リーマン・ショック後に新興国の需要拡大や円高・ドル安を背景に顧客のグローバル化がさらに進み，顧客情報が入りにくくなった点が問題である。同社の金型は，現在ほとんどが日本国内で販売されるが，実際に使用されるのは60％が顧客の海外工場であり，特に主力顧客の自動車関連ではその傾向が強い。したがってグローバル展開は，緊急課題であるが，中小企業の同社としては，資源制約から海外生産するのはリスクが大きすぎる。

　タイには，2011年に(株)西居製作所の敷地内に合弁で「NS FINE TOOL」を設立する。西居製作所とは，社長同士が若手経営者として周知の仲である。西居製作所は，東京都大田区の精密プレス加工を得意とする金属プレス加工の会社であり，従業員数48名の会社である。昭和精工の金型の納入先でもあり，お互いに補完関係にある点も魅力的である。

　昭和精工の最大顧客[33]の工場が近接しており，アパレル企業のアンテナショップと同じく，顧客からの正確な情報を得る上でメリットが大きい。昭和精工としては，販売やメンテナンスに力点を置いた機能を展開することが重要と考えている。

②中国市場への新展開

　昭和精工は，2012年11月に静岡県富士市の金型メーカー(株)エムアイモルデと合弁会社を設立する。

　エムアイモルデは静岡県富士市のプラスチック金型の専門メーカーであり，中国の蘇州に独資で金型の設計製造会社を設立していた。やはり社長同士が金型工業会の若手経営者の集まりで知り合いであることから，昭和精工はエムアイモルデの敷地に事務所を開設し，両者が連携して合弁事業を展開する動きである。自動車用のファイブランキング金型とプラスチック金型は，直接競合することがなく，お互いに補完し合う機能が多く，両者が連携して中国市場に対応するメリットは大きい。

---

33) 「昭和精工株式会社」(知人のコネクションを活用して最小限リスクでタイ，中国に進出)神奈川県，海外事例。

4 グローバル経営の成功要因

(1) 戦略的提携が基本戦略

　昭和精工の海外展開の構想は,「独資で海外進出は行わない,商品が競合せず海外進出に成功している信頼のおける同業者と提携する」という戦略的提携 (alliance) を基本としている。

　生産財メーカーは,なぜ海外展開するのであろうか。多くの企業は取引先の顧客が海外に移転し,市場を求めてグローバル化するのが一般的である。同社の場合は,顧客が海外生産する場合でも,精密金型は国内からもって行っており,販売面の影響は比較的少ない。むしろ海外工場が稼働した後おこるそれぞれの地域の課題や先端的ニーズの情報が入りにくいことが問題であろう。木田成人社長は「リーマン・ショック前までは,海外工場向け金型に対する顧客動向情報は正確に営業から入ってきたが,リーマン・ショック以降,情報が入らなくなった」という。「自動車関係では,同社の金型の60％が海外工場へ行っており,その情報をとるためには,海外へ出ていく」必要が出てきたのである。同社の場合は,海外で本格的に生産する計画はない。海外にある機能は,メンテナンス機能が中心であり,修理工場を海外の拠点となるタイ,中国,メキシコの3つの地域において,そこから集まる情報の収集に期待をかけている。

　同社の研究開発の原点は,顧客との信頼関係をベースにした共同開発が重要である。「問題解決型」の開発が技術高度化の原点であり,自動車用金型の顧客が,海外に展開したことから顧客からの課題・ニーズ等の情報のフィードバックを循環させる必要が出ている。そのためには海外工場の近くに情報拠点を配置することが重要なのである。

(2) 「オンリー1型」のグローバル化—日本発「ものづくり」の条件

　中小企業の場合には,少ない経営資源をどうやってカバーするかという問題が起こる。同社の場合は,「国内生産」が基本であり,当面海外生産する考えはない。しかし自動車用金型の場合,海外工場への納入が60％であり,

同社が得意とする「開発・設計・部品製作・組立・販売・メンテナンス」の垂直統合型の「開発サイクル」が途切れてしまう問題が起こる。同社のビジネスは、開発・設計に基点を置く垂直統合型である。その先導役は顧客からの情報や顧客と共同で行う開発・設計であり、顧客の情報循環が重要である。グローバル化により開発サイクルが切断されると問題であり、メンテナンス拠点を構築し開発サイクルが循環するようなグローバル化が必要なのである。

　多くの中小企業の場合には、国内顧客のグローバル化、生産の空洞化を背景に、市場の取り込み、海外販売を求めた市場進出が一般的である。また海外現地生産によるコスト削減の効果を活用する戦略をとる場合もあるが、それらの戦略とは、一線を画する。

　「オンリー1」型ビジネスは、国内に「ものづくり」拠点を置く企業が多いが、昭和精工のグローバル化も類似の傾向をもつ。それらの企業は、米国、欧州、アジアに進出する場合にも、販売後のメンテナンスや開発情報の収集が中心であり、顧客からの情報、問題解決のヒント、将来の研究課題などの情報面でのフィードバックに力点が置かれている。

　昭和精工は、日本発の開発、日本発「ものづくり」にこだわっているが、タイの現地金型メーカーの実力も上がってきている。マニュアル化し、精密機械にデーターを装着すれば済む世界は、「日本品質」だけで通用する時代も過ぎ去りつつある。最近タイの企業（サミット）の中には日本の金型メーカー（オギハラ）を買収し、技術力を強化するところもあり、技術キャッチアップのスピードも速い。精密金型でも、機械でできるものはそんなに日本品質が長く続く保証はない。

　昭和精工としては、寸法精度や寸法計測だけでなく、金属の表面を精密に磨くという技術に強みをもっており、アナログ技術、職人芸の世界を押さえている。そこで差別化し、さらに磨き上げていくことが目指すべき方向であろう。精密鏡面加工の技術は、同社のもつ最先端のコア技術であり、海外で「日本品質」を見つけることは難しく、日本発の「ものづくり」が今後も通用する領域である。その技術を常に磨き上げ、幅を広げていくことが課題である。

(3) 新製品，新事業の開発

　昭和精工の現在の事業構成は，食品容器が40％，残りの40％が既存技術の自動車向け金型であり，残りの20％が次世代自動車向けの金型，航空宇宙向けの金型が占める。同社としては5年ごとに新技術の開発で一定の成果を上げることを目標としてきた。将来的には次世代向けの構成を高めるために，金型用途をさらに拡大していくことが重要となる。

　次世代向けとしては，潜在成長力の高い自動車向けが有望である。次世代自動車としては，ハイブリッドカーがすでに量産段階に入り，先行普及しているが，今後は電気自動車，燃料電池車などが有望である。それらの次世代自動車が普及する条件として，リチウムイオン電池の高機能化，低価格化，安全性の向上などが優先課題である。同社は，リチウムイオン電池向け金型として，リチウムイオン電池の電池パック，電極箔を切断する金型および装置を納入した実績がある。特に電池電極用のロール成形装置は，経済産業省の「第4回ものづくり日本大賞優秀賞」を受賞し，今後自動車，家電業界における利用の拡大が期待されている。

　また2007年には，経済産業省の戦略的基盤技術高度化支援事業に株式会社「不二WPC」などと連携して同社が得意なファインブランキング加工の高性能システムの開発で応募し，採択されている。汎用プレスを用いた「ハイサイクル精密せん断加工」であるが，従来の生産性を大きく向上させる可能性があり，同社の今後を占う上で注目される。いずれにしても同社が得意な「精密鏡面加工」技術を生かした新製品，新事業の開発が課題である。

参考文献

伊藤正昭・土屋勉男（2009）『地域産業・クラスターと革新的中小企業群：小さな大企業に学ぶ』学文社。
岡内完治（2004）「中小企業と特許戦略」『tokugikon』No.36。
片岡信之・橋本久義編，龍谷大学大学院経営学研究科ビジネスコース（1996）『創造的中小企業：元気な会社20社の生きざま』日刊工業新聞社。
経済産業省（2014）「グローバルニッチトップ企業100選：表彰企業概要」3月17日。
『常陽産研NEWS』「株式会社フジキン」2011年9月2日。

中小企業基盤整備機構（2013）「中小・中堅企業の海外展開における国際連携動向調査」3月。
中小企業金融公庫総合研究所（2008）『ものづくり基盤強化と技能承継』3月号。
土屋勉男（2006）『日本ものづくり優良企業の実力：新しいコーポレート・ガバナンスの論理』東洋経済新報社。
土屋勉男・原頼利・竹村正明（2011）『現代日本のものづくり戦略：革新的企業のイノベーション』白桃書房。
土屋勉男・三菱総合研究所アジア市場研究部編著（1999）『日本企業はアジアで成功できる：グローバル経営を実現する指針』東洋経済新報社。
東京都産業労働局（2013）「輝く技術光る企業─根本特殊化学」。
特許庁（2007）「特許活用企業事例集（関東）」6月1日。
『日刊工業新聞』「城南の鉄人─株式会社南武」2008年12月9日。
日刊工業新聞社南東京支局取材班編（2014）『東京・城南のモノづくり企業「飛翔する」：光る技術をもつ製造業の現場レポート』日刊工業新聞社。
『日経ビジネス』「小さなトップ企業「共立理化学研究所」」2000年11月20日号。
日本貿易振興機構（2012）「環境ビジネス関連中小企業のグローバル展開に関する調査Ⅱ」海外調査部，3月。
根本特殊化学株式会社（2014a）「経営資料」。
根本特殊化学株式会社（2014b）「会社概要」。
橋本久義（2012）『中小企業が滅びれば日本経済も滅びる』PHP研究所。
藤本隆宏（2004）『日本のもの造り哲学』日本経済新聞社。
眞嶋一郎（1992）『ダルマ経営─ハイテク企業・フジキン物語』日刊工業新聞社。
三菱総合研究所産業市場戦略研究本部編（2006）『日本産業読本（第8版）』東洋経済新報社。
山田伸顯（2006）「中小企業における海外進出の新展開」大田区産業振興協会，10月17日。

第3部

中小企業のグローバル化と成功要因
―中小・中堅企業編―

第5章 国際標準化と知財戦略

　国際標準化と知的財産権のビジネスに関しては，どちらも実行に相当の人と金と手間がかかるので，大企業と中小企業など，企業規模の違いで自ずと対応が異なってくる。人と金と手間に見合った利益が得られなければならないからである。したがって，本章では中小企業と大企業の戦略事例を比較して，そのビジネスの違いを明確にすることにした。

　まず，中小企業として，知的財産権を武器にした製品市場独占で高収益を上げている栄通信工業株式会社を取り上げた。次に中小企業的な中堅企業として，国際標準化を武器にした製品市場拡大で高収益を上げているIDEC株式会社を取り上げた。中小企業的とは，比較対象の両社が同業の部品製造販売業（機器メーカーの下請的存在）だという意味である。どちらも戦後すぐに創業され，その数年後には会社創立されているという類似点から，比較対象にする企業にふさわしい。前者は成熟（安定）期の中小企業であり，後者は成長（変革）期の大企業であるともいえる。もちろん，IDEC株式会社も，戦後には和泉電気株式会社という社名の中小企業として出発している。

　もともと標準は，単位基準や安全基準，基準認証，品質管理，互換性維持などを対象にして，公共の利便性を目的に作成されている。つまり，非排他的なものである。したがって，民間企業にとってそのビジネス上の意義が理解されにくい。しかし，特定の民間企業の意図に従い，高品質基準や機器互換性などが標準化され，その遵守が義務づけられると，標準が排他的な存在になり，企業ビジネスのツールとして活用されることになる。一方，知的財産権は，もともと排他的なものであり，企業経営者にとってわかりやすいビジネスである。

近年，標準や知財（特許など）を活用する事業戦略によって，企業ビジネスの結果が大きく左右されるようになった。標準と特許は，どちらも技術ベースのルールであり，モノづくりを基本にする民間企業のビジネスにとって，それらの実態の把握と適切な対応が欠かせない。本章では，非排他的な標準は横に置いて，排他的な標準および排他的な特許と，企業ビジネスとの関わり，すなわち排他性のビジネスに特化して解説する。

まず，国際標準化と知的財産権の両者の概略を説明し，次に標準と知財の観点から先述の２つの企業を比較し，最後にグローバルビジネスを成功させるために中小企業がとるべき国際標準化と知的財産権の戦略について結論づけることにする。また，企業関係者が理解しやすいように，２つの相反する概念を対比させ，それら２つの概念の変化を時間の経過（事業の誕生，成長，成熟の過程）に照らしながら説明していく。

1 標準化と知財権の関係

(1) デファクト標準とデジュール標準

標準は技術規格をもとにして作成される。標準には企業を対象にする企業標準や国内を対象にする国家標準など，特定の対象範囲があるが，グローバル企業が対象にするべきは国際標準である。国際標準には，大別してデファクト標準とデジュール標準の２種類がある。デファクト標準は「事実上の標準」として捉えるべき標準であり，事実上，市場の寡占化を達成し，その結果，標準と呼ばれるようになった規格である。一方，デジュール標準は「法律上の標準」として捉えるべき標準であり，ISO（国際標準化機構）やIEC（国際電気標準会議），ITU（国際電気通信連合）などの公的標準化機関に登録されてから，技術の共通化が推進される規格である。

デファクト標準とは，一企業単独または少数企業のアライアンスで私的に作成される標準のことで，その例としてフィリップスとソニーが開発したコンパクトディスク（CD）やマイクロソフトのウィンドウズOSなどがある。

デジュール標準とは，ISOやIEC，ITUなど，公的な標準化機関で作成される標準のことで，その例としてネジや用紙の寸法規格，度量衡規格などがある。

そのほかに複数の企業や大学，団体など，立場の違う多数が協力して私的な場で作成されるフォーラム標準と呼ばれるものもある。その1例としてDVDフォーラムで作成されたデジタルバーサタイルディスク（DVD）規格がある。ただし，デファクト標準やフォーラム標準は，その規格の立場と生命を堅固なものとするために，最終的にはデジュール標準として公的標準化機関に登録されることが多い。

民間企業から見たデファクト標準とデジュール標準の特徴を次に示す。その特徴が示すとおり，一般的な企業経営者の傾向として，デファクト標準の意義は認識するが，デジュール標準の意義は認識しない。

デファクト標準の特徴
標準：1人または1社の全部閉鎖型，私益優先標準が基本である。
技術：独自技術ならば，囲い込んで1人で独占する。
事例：CD，ウィンドウズ，iPod，青色LEDなど。

デジュール標準の特徴
標準：万人または万社の全部開放型，公益優先標準が基本である。
技術：共有技術ならば，標準化して万人で共有する。
事例：度量衡，商用電源電圧，ネジ，有線電話の回線標準など。

スタンドアローンの家庭用電子機器の場合，開発当初から公的標準化機関に持ち込んで標準化する必要はない。しかし，市場が政府，公的機関，あるいはそれらに準ずる市場（交通機関，通信・放送機関，金融機関など）だと考えられる場合，世界貿易機関（WTO）の各種協定への影響を考慮して，原則として迅速なデジュール国際標準化を進めるべきであろう。

このような公的市場におけるビジネスでは，行政的な判断の影響力を無視していると，大きな失敗をすることがある。どのような市場へ自社製品を展

開するのか，それを技術開発初期段階から考慮し，必要に応じて早急にデジュール標準化する。特に中国市場を対象にするのなら，対象製品のどこか一部でもデジュール国際標準化することが望ましい。そうしないと，中国独自標準に負けてしまう。

　デジュール標準化は，有力企業間の競争に発展しやすいので，国際標準化への複数の道を用意しておくことも必要である。その複数の国際標準化の選択肢を自由に選ぶには，日常からさまざまな公的標準化関連作業に積極的に関与していなければならない。つまり，1つの標準化のネタでも，自社主導で複数の国際標準化の場を選ぶことができるような，事前の配慮が必要になる。

　デジュール標準化への参加は，人と資金に余裕がないと難しい。デジュール標準化は，技術が誕生から成熟に向けて成長する段階で重要な作業であり，かつ企業（または事業）が小規模から大規模へと成長する段階で重要な作業だといえる。

(2) デファクト知財とデジュール知財

　デファクト標準は，すでに市場を独占しているので，間違いなく標準である。しかし，知らずに使っていることが多く，標準としては認識されにくい。一方，デジュール標準は，市場で広く使われていなければ標準とはいえない。公的機関に登録されたという名目上の標準ではあるが，使われなければ国際標準化機関に登録された規格文書に過ぎないからだ。ただし，登録されているという事実から，誰の目にも標準を目指していることがわかる。

　同じようなことが知財にもいえる。自社技術が突出して優れていて，特許の権利化が不要なほど差別化がされていれば，他社が追従できないので当面，技術の特許権利化は不要である。それが素材開発やノウハウを主体にするデファクト知財である。特許が権利化されていれば，それは誰にでも特許だとわかる。その特許使用が許諾されなければ技術は使えないし，許諾されても特許料の支払いが必要になる。ただし，技術が可視化されているので，その有用性の確認および迂回の工夫が可能になる。それがデジュール知財であり，

ふつうに認識されている特許である。

民間企業から見たデファクト知財とデジュール知財の特徴を次に示す。その特徴が示すとおり，一般的な企業経営者の傾向として，デジュール知財の意義は認識するが，デファクト知財の意義は認識しない。

デファクト知財の特徴
　知財：形而上資産型で，技術商売が優先される。
　技術：技術独占ならば，特許権利化せずに，技術を組み込んだ製品で稼ぐ。
　事例：水晶振動子や炭素繊維など，素材や部品が中心。
　　　　商品として知財が見えないので，知財収益が話題にならない。

デジュール知財の特徴
　知財：形而下資産型で，製品商売が優先される。
　技術：技術競合ならば，特許権利化をして，特許を組み込んだ製品で稼ぐ。
　事例：DVDやBD，携帯電話など，機器やシステムが中心。
　　　　商品として知財が見えるので，知財収益が話題になる。

　上記の特徴は製造業に限定した話である。同じデジュール知財の特徴でも，特許商売に特化した非製造業（特許権利屋）なら，特許料収入を目指して，製品や技術の伴わない商売を優先させることになる。
　市場独占型の大企業なら，デファクト知財とデジュール知財のどちらを選んでも同じことだ。しかし，デジュール知財にすると，その技術の存在を他社に知らしめることになる。市場独占型の小企業なら，当然，自社技術をルールで守る必要がないので，デファクト知財を選ぶことになる。なぜなら，デジュール知財には，自社のビジネス防衛としての意味しかないからだ。また，デジュール知財は，競合企業の誘発要因ともなるので，将来も競合企業が現れないという前提条件なら，デファクト知財で構わない。
　標準であれ特許であれ，どんな技術でも，デジュール標準やデジュール知財として文書化して開示するという行為は，技術ノウハウの流出（オープン）に繋がる危険性をもつという認識が必要である。

(3) ビジネスとしての標準化の分類

すでに述べたように、標準の種類は、一般的にデファクト（私的）とデジュール（公的）の2つに大別される。しかし、標準化をビジネスとして考えるのなら、標準化に参加する人（人数と、その公私の属性）および標準化をする場所（公と私）で理解するべきだろう。そうなると、国際標準化は、以下の4種類の手法に分類される。

[4種類に分類した国際標準化手法]
①真性デファクト標準化
法的根拠が不要な標準（事実上の標準）化のこと。
民間の少数が民間の場で勝ち取る標準になる。
②真性デジュール標準化
法的根拠が必要な標準（法律上の標準）化のこと。
公共の多数が公共の場で作成する標準になる。
③デファクト型（仮性）デジュール標準化
法的根拠がある、デファクトに近い標準化のこと。
民間の少数が公共の場で作成し、勝ち取る標準になる。
④デジュール型（仮性）デファクト標準化
法的根拠がない、デジュールに近い標準化のこと。
公共の多数が民間の場で作成し、共有する標準になる。

ここでいう法的根拠とは、いわゆるハードロー（罰則を伴う法律）ではなくて、ソフトロー（罰則を伴わない規則）の意味である。自分たちが決めた共通のルールには、たとえ罰則がなくても従うのが紳士的な先進国である。それを大義名分にして、国家権力の下で使うのが発展途上国である。

標準が発達した今日、純粋なデファクト標準や純粋なデジュール標準は、ほとんど見られなくなった。それらに代わって登場してきたのが、デジュール型デファクト標準（フォーラム標準）とデファクト型デジュール標準であ

る。しかし，過去のIrDAやDAVICなどに見られるように，前者では技術者の興味がビジネスに優先されてしまい，技術と標準が軟弱かつ短命になる。一方，デンソーのQRコード，ソニーのFeliCa/NFC（JR東日本のSuica），アドビのアクロバット，マイクロソフトのOOXMLなどは，すべてISO/IECで国際標準化された一社独占のデファクト型デジュール標準である。すなわち，後者では透明かつ公平，公正な国際標準化機関の名の下に民間企業のビジネス独占欲が追認されるので，技術と標準が堅固かつ長命になる。デファクト型デジュール標準は，巨大な国際社会インフラ市場を独占するツールであり，国内企業にとって重要な意味をもつ標準だといえる。しかし，その国際ビジネス上の意味を理解している国内企業関係者は少ない。標準の価値を認識できていないからであろう。

(4) 技術のオープンとクローズド

　ここで技術のオープンとクローズドのビジネス戦略について説明する。優れた技術や特許は，市場寡占化のツールである。一方，公共の場の標準化は，市場共通化のツールである。寡占化と共通化のどちらも，標準化と呼ばれている。寡占化は供給側の論理で，共通化は需要側の論理である。供給側論理標準と需要側論理標準だとすればわかりやすい。

　これまで説明してきたように，デファクトの基本はクローズド（見せない）で，デジュールの基本はオープン（見せる）である。ただし，デジュール標準やデジュール知財とした場合，他社に技術を見せても，その技術の使用許諾の是非——それは自社の事業戦略で決めるべきことである。

　コア技術はクローズドにして，インターフェースや周辺技術をオープンにして，自社の優位性を保つ，という話が流行っている。しかし，それは間違った手順だろう。コア技術とは何か，それをどのように特定するのか……あまりにも具体性に欠けた話である。コア技術は，時間の経過で非コア化されていく。だから，コア技術の現在と将来をビジネスの最初から正確に特定することなどできない。

　しかし，ビジネスの原理原則に従えば，現在のコア技術の特定はできる。

まず現在の時点で，技術，標準，知財のすべてを完全にクローズドにしたらどうなるか，また完全にオープンにしたらどうなるか，それを先に検証する。もう少し具体的にいえば，「技術者を買収しないかぎり，外から見えないところ（人間依存の部分）は閉鎖」で，「リバースエンジニアリングを含めて，外から見えるところ（機械依存の部分）は開放」が基本である。前者は模倣できないが，後者は模倣できるからである。

その検証結果から自社ビジネスの強みを特定することができるし，現在のコア技術も特定することができる。そのコア技術のウエイトをビジネス環境の変化（技術の誕生から，成長，成熟への時間的な変化）に応じて，臨機応変に変えていくことが必要である。

技術は最初，すべてクローズドにして，それで一企業が全市場を支配する，それがふつうのビジネスの手順である。ただし，時の経過に従い，技術が陳腐化し，どんな技術でもオープンへ向かうことを余儀なくされる。したがって，単なる「クローズド」から「クローズドを維持するオープン」への展開が必要になる。例えば，アップルと台湾OEM企業ホンハイの関係である。

アップルには百人ぐらいの技術者が働いている。ホンハイには百万人ぐらいの労働者が働いている。アップルは自社工場を所有していないが，毎年，数千億円をかけて生産設備へ投資し，最先端の製造機械を購入して，それを生産委託先へ貸与している。さらにアップルは自社製品の基幹部品を開発させるために，莫大な開発費を生産委託先へ契約供与している。ソフトウエアも自前である。だから，アップルと同様の製品を他社がホンハイへ発注しても，ホンハイで使われている技術や製造設備はアップルの所有物であり，他社が同一性能の製品の製造を期待することはできない。アップルは機械的な作業は外部企業に委託しても，人間的な作業を外部企業に委託することはない。

絶対にクローズドに維持するべきものは，素材開発や製造ノウハウなど，人間的な部分である。それは「隔離対象技術インフラ」（技術指向＝後述の標準・知財の両輪離合型モデル）である。しかし，同業企業が大量生産を目指すと，業界内の部品共有化（標準化）が始まり，「共有対象部品インフラ」

（商品指向＝後述の標準・知財の両輪嵌合型モデル）が拡大してくる。それに引きずられて多数の国内大企業が組立業（機械的な部分）に走り，製造ノウハウを安易に公開したり，製造作業を安易に外注したりしている。それでは技術（知財）放棄になり，標準・知財の両論嵌合型モデルが成立しなくなる。技術と商品は互いに違う。技術は故意にクローズドに保たなければならない。その一方で，商品は自然に標準化（オープン）へ向かう。それがビジネスの原理原則である。

　市場において複数企業が競合している場合にかぎり，情報通信インターフェースやコネクター形状などは最初からオープンにする。それは「業界対象接続インフラ」（市場指向＝後述の標準・知財の両輪接合型モデル）である。一社独占が難しく，市場展開にはオープンも仕方がない。ただし，単なる「オープン」よりも「オープンを加速するオープン」が求められる。例えば，デジュール国際標準の利用である。

　すでに述べたように，標準化をビジネスとして捉えるには，その審議の場所（私的組織または公的組織）と，審議の場に参加する人（提案者）の属性（人数の多少と，その所属組織の公私）で捉える。それは標準作成の過程（規格審議の実態）がオープンかクローズドかを判断するために必要なことである。

　オープンは，①技術共有による市場拡大が必要，②市場に競合する相手が存在していて自社の絶対優位に自信がもてない，③競合する相手との共通インフラをもたないと市場が拡大しない，そういう場合に選ぶ。

　クローズドは，①ニッチ市場のビジネスなので競合する相手がいない，②技術が極端に優れていて競合する相手がいない，③自社の市場力が極端に強くて競合する相手が問題にならない，そういう場合に選ぶ。

(5) 車の両輪としての標準と知財

　ここで標準と知財という，互いに似て非なるビジネスの関係について，企業経営者が気づきにくいことを標準化と知財権の相互関係として図表5-1にまとめる。もちろん，似ている点もある。どちらも技術のネタがないと仕事

第3部　中小企業のグローバル化と成功要因―中小・中堅企業編―

図表5-1　質に始まり量に終わる標準化と知財権の相互関係

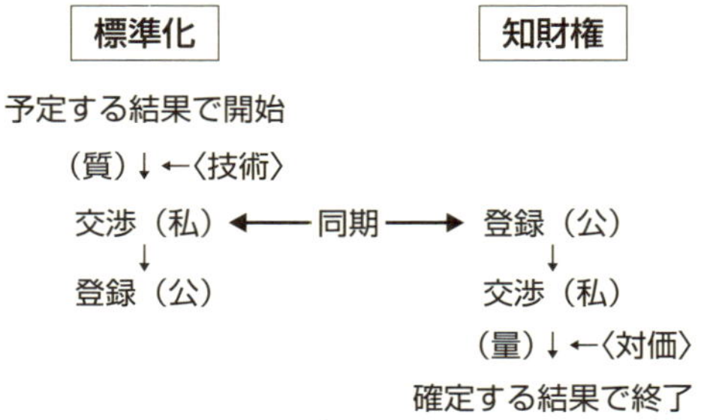

```
    標準化                     知財権
  予定する結果で開始
  （質）↓←〈技術〉
   交渉（私）←――同期――→登録（公）
     ↓                        ↓
   登録（公）                交渉（私）
                          （量）↓←〈対価〉
                         確定する結果で終了
```

にならない。また，ビジネスとして捉えるなら，どちらも最終的には量（金銭）を求めるビジネスである。

　図表5-1からわかるように，知財権は登録を済ませてから，法律に基づいて権利を適用していくビジネスである。一方，標準化は登録のために自由に競い，権利を構築するビジネスである。もちろん標準化にも，その作成プロセスにルールはあるが，そのルールの外での交渉はかなり自由である。知財権と標準化の違い――それはルールに基づいて交渉するビジネスと，自由に交渉してルールをつくるビジネスの違いになる。

　技術閉鎖および技術開放の中間では，標準化登録と知財権登録の時間的な関係が非常に微妙になる。民間企業ビジネスの車の両輪として捉えた標準化と知財権の仕事には，図表5-1に示す交渉と登録の手順の理解が欠かせない。ただし，登録は勝敗が二進数デジタルで絶対評価されるが，交渉は成否が連続数アナログで相対評価される。未だ評価されていない，見えない質（技術）を自助努力で量（ルール）に変える標準化交渉は見えにくく価値判断が難しいので，企業内で高く評価されない。一方，すでに評価されている，見える量（ルール）をライセンス料という量（金銭）に変える知財交渉は見えやすく価値判断が易しいので，企業内で高く評価される。

　標準化と知財権は車の両輪だといわれている。それは標準と知財が互いに協力して，量の相乗効果を生み出すビジネスだからである。図表5-1の標準化と知財権の対照図は，経営におけるルールづくりビジネスの重要性を端的

に表している。

　ビジネスの本質とは，モノづくりのことである。モノづくりの前にはヒトづくりがあり，モノづくりの後にはカネづくりがある。銀行や証券，保険などの純粋なカネづくりのビジネスも，モノづくりのビジネスが存在するという大前提の下に成立する。

　モノづくりのビジネスは，技術経営（MOT）とも呼ばれている。技術経営とは，本質（見えない技術）を現象（見える商品）に変えて稼ぐこと，それに現象（現在の利益）を本質（将来の技術）へ投資して生き延びること，この2つの繰り返しのことである。その両方ができない企業は滅びる。

　ヒト，モノ，カネはビジネスの三要素であり，それら三要素をうまく使って質（技術）を量（金銭）に直接的に変えることが，技術経営の基本である。しかし，ヒト，モノ，カネの動きを縛るルールの存在を忘れてはならない。ビジネスの三要素に新しくルールという要素が加わり4要素になると，話が大きく違ってくる。

　標準化は技術（質）を登録（ルール化）して市場（量）を広げるビジネスである。知財権も技術（質）を登録（ルール化）して金銭（量）を稼ぐビジネスである。すなわち，ふつうの技術経営に見られる質から量への直接的な遷移とは違い，「ルールを強力な媒体にして質（技術）が間接的に莫大な量（市場×金銭）へ変換」されているのである。それが近代国際社会のルールづくり（標準化と知財権）ビジネスの経済的な重要性を示している。

　次に標準と知財をうまく活用している中小企業として，まず栄通信工業の事例を紹介し，同じく大企業（中堅企業）としてIDECの事例を紹介する。

事例研究⑥

栄通信工業株式会社

日本初,世界初の「精密ポテンショメータ」の開発,
70%海外輸出のグローバル貢献企業

1 会社の概要

図表5-2　栄通信工業株式会社の概要

本　　社	神奈川県川崎市中原区市ノ坪322番地
設　　立	1950年3月30日
資 本 金	9,600万円
経 営 者	代表取締役社長　下田達郎
売 上 高	約30億円（70%が輸出）
従業員数	270名
事業内容	各種ポテンショメータの開発,製造,販売
経営特性	大を追わず,確実な受注先。高品質,高信頼性,高耐久性の製品展開。新しい顧客の開発を持続。現在は海外展開も含めて独立した力強い経営。

出所：会社案内などをもとに筆者作成。

2 会社の特徴

　企業規模の拡大を追わない，安定した中小企業である。軍用や宇宙開発などに必要とされる機器に装備される商品が多く，顧客の需要が比較的安定しているからである。技術は日本，販売は海外，を徹底している。

3 標準化と知財権への対応

　特許取得件数は210件を超える。汎用的に使える標準品と特殊用途の特注品の両方を製造しているが，技術的に競合する企業がほとんどないために，製品が自動的にデファクト標準となっている。大企業が参入してくるような市場ではないが，競合他社の発生を抑えるためには，特許の権利化が必須である。デジュール国際標準化は不要，特許の権利化は必要，そのメリハリを利かせた対応をしている。ポテンショメータの各部サイズについては標準化も必要であるが，自社標準または業界標準に留めるだけで構わない。標準はデファクト（一社，私的），知財はデジュール（権利化）という，典型的な成熟型かつ中小企業型の対応である。

4 成功要因

　ポテンショメータの原型は，カーボン被膜抵抗と摺動子を組み合わせた音量調節器（ラジオに使われていた回転式ボリューム）である。主力メーカーは，片岡電気株式会社（アルプス）や帝国通信工業株式会社（ノーブル）という部品メーカーであった。いずれのメーカーも終戦期に創立され，部品メーカーとして大手に成長してきたが，企業規模の拡大と国内エレクトロニクス産業の衰退とともに，経営に難しさを抱えるようになっている。

　回転式のボリュームは，その信頼性や耐久性の問題から，業務用機器では米国のア

写真⑥-1　精密ポテンションメータ
（精密可変抵抗器）

ーレンブラッドリー社の代表的な製品，巻き線式ボリュームに変わった。一方，一般的なラジオやオーディオ機器では，安価なカーボン抵抗の回転式ボリュームが使われていたが，それが直線スライド式ボリュームに変わり，そして半導体を利用した電子式ボリュームに変わっていくことになる。

　ポテンショメータは，移動位置や回転位置の測定に使われる貴重な部品である。しかし，カーボンは温度変化や経時変化が大きいので，精密な計測には不向きである。栄通信工業の強みは，ポテンショメータに使う各種素材の特性を把握し，それを技術改良し，汎用タイプから高信頼性タイプ，高耐久性タイプまで，顧客の要望に応じた品ぞろえをしていることである。

　テレビやスマホなど，エレクトロニクス製品に使われるボリュームが半導体制御に変わり，ボリューム自体の大市場における商品価値が喪失してしまった。ボリュームがポテンショメータとして使われるべき小市場に特化し，かつ技術の高度化と多用途対応のビジネスをしてきたことが，栄通信工業が現在なお躍進を続けている理由であろう。

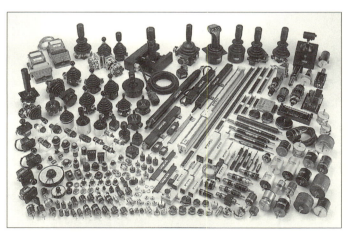

写真⑥-2　栄通信工業の技術力

第5章　国際標準化と知財戦略

事例研究⑦

IDEC株式会社

開発・知財・国際標準の三位一体戦略で
高シェアを維持する

1 会社の概要

図表5-3　IDEC株式会社の概要

本　　社	大阪市淀川区西宮原2―6―64
創　　業	1945年11月
資　本　金	100億5,660万円
代表取締役会長兼社長	舩木俊之
売　上　高	363億円（連結）
従業員数	2,287名（連結）
事業内容	各種制御機器，制御システム，防爆機器の開発，製造，販売
経営特性	長く制御機器関連の部品メーカーとして成長。近年では，デジュール標準化や知財権への取り組みを強化。自社製品の保護と市場拡大を目指す。ファインバブル発生装置のように，デジュール標準化を活用した新分野および機器販売へとビジネスを拡大。さらなる成長を見込んでいる企業。

出所：会社案内などをもとに筆者作成。

2 会社の特徴

制御機器関連部品の開発，製造，販売をビジネスの中心にしている。事業分野を拡大しながら成長を続けて，大企業へ到達した部品メーカーである。前述の栄通信工業と同じく，市場が若干ニッチであったために，製品が長く受け入れられているという傾向にある。海外進出にも積極的であるが，コア技術は日本に残すことを徹底している。

3 標準化と知財権への対応

国際標準化というルールづくりの場へ積極的に参加する必要性を認識している企業である。例えば，産業用ロボットや工作機械などの製造装置には，機械に動作を教え込む（ティーチングという制御プログラミング）行為が必要である。ティーチングは一種の試行だから，機械の動作が正確に予測できず，オペレーターは非常に危険な状態におかれる。したがって，イネーブルスイッチという，握りが付いた緊急動作停止スイッチが，携帯用のハンド機器またはペンダント機器の形で製造装置に付属している。

従来のイネーブルスイッチは，2ポジションスイッチで，握りを強くすると機械が動作を開始し，握りを弱くすると機械が動作を停止するという構造であった。しかし，突発的な緊急事態において，オペレーターが握りを強くするか，握りを弱くするか，どちらともいえない。それでは安全性（標準化に欠かせない大義名分）に疑問が残る。

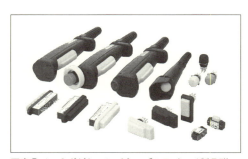

写真⑦-1 3ポジションイネーブルスイッチ製品群

IDECは3ポジションイネーブルスイッチ（軽く握った状態から握りを弱くしても，握りを強くしても，スイッチがオフ状態になり機械が停止し，次に握りを強くした手を緩めても，オフ状態を維持する）を開発し，その技術を自社で積極的に国際

標準化を進め，2006年に国際標準として登録された。結果的に，イネーブルスイッチの同社の国際市場占有率は推定90％を超えている。

　自社の製品が独占的な国際標準規格になって，それで市場拡大が可能になることを実践で示している希少な企業だといえる。標準は一社のデファクト型デジュール（一社公的），知財はデジュール（権利化）という，大企業へ成長していく典型的な成長型かつ中堅企業型の対応である。

4 成功要因

　トップダウンによる開発・標準・知財の三位一体推進体制，大企業としての企業規模と中小企業的な独自製品の開発および製品への信頼性が成功要因である。すなわち，大企業と中小企業の中間に位置し，成長を続けている企業である。

2 中小企業と中堅企業の戦略モデルの違い

(1) 企業規模の特徴

　特定のビジネスに限っていえば，ふつう企業は誕生，成長，成熟の過程を経て大きくなる。しかし，成熟した企業が大企業かといえば，そうともいえない。中小企業にも，成熟した企業と大企業への成長途中（中堅企業）の2種類がある。例えば，本章で取り上げた栄通信工業とIDECの両社は戦後に誕生し，日本のエレクトロニクス産業の発展とともに成長してきた。現時点でいえば，栄通信工業は成熟した中小企業だといえ，中小企業から大企業へと変身していくIDECは成長中の中堅企業だといえる。

　成長には同一カテゴリーのビジネス（例えば複数の種類のポテンショメータ）で成長している場合と，ビジネスの多様化（例えば複数の種類の部品や機器）で成長している場合とがある。

　モノづくりの事業対象には，大別して素材，部品，機器，装置（システム）の4種類がある。ふつうのモノづくり企業は開発ベンチャーからスタートし製造販売業までに至るので，これらの事業すべてを自社内にもち，開発，製造，販売という垂直統合型の企業になる。しかし，大企業は自然に素材と部品の外注化比率を高めていく。機器と装置は大きな収入が見えるからである。扱う製品が消費者から見えるので，量に比重を置かなければならない。一方，中小企業は自然に素材と部品が事業対象になる。野心的なメーカーでもないかぎり，下請けの仕事を続けるからである。扱う製品が消費者から見えないので，質に比重を置かなければならない。質に比重を置く例外的な大企業が，化学メーカーのような素材専業企業である。

　これらの事実は，中小企業が受注体質であり，大企業が発注体質であるという，国内の企業規模構造を意味している。質（技術）を量（商品）に確実に変換しているかぎり，規模の拡張を考えずに，将来にかけて中小企業に留まることは構わない。ただし，安定した経営には，質（技術）から量（商品）

への確実かつ継続的な変換が必須である。また，発注元の需要の大小に振られないために，半自立と半従属の両輪経営も必須である。従属の系列は，親元が官庁系大企業と非官庁系大企業とに分けられる。前者への従属は安定しているが，自力での成長が望めない。後者への従属は不安定であるが，自力での成長が望める。完全な従属体質であっても，完全な自立体質であっても，企業経営は不安定になる。

(2) 標準化と知財権の戦略の基本

　中小企業が大企業になる必要はない。しかし，中小企業には中小企業なりの経営リスクがあり，大企業には大企業なりの経営リスクがある。近年の傾向として，ヒト，モノ，カネの動きがルールに影響され，それがビジネスの結果として無視できなくなった。中小企業であっても，標準化や知財権というルールに積極的に関与し，ルールに翻弄されないようにしていくことが必要であろう。

　標準化ビジネスでは，自分が作ったもの（＝自分が作れるもの）を使う人と，他人が作ったもの（＝自分が作れないもの）を使う人を区別しなければならない。ビジネスの対象は後者である。標準化や知財権の弱者も後者である。その一方で，強者は国際標準を自分で創り，需要側論理標準をオープンにして市場を確保し，供給側論理標準をクローズドにして利益を確保する。

　オープンとクローズドの標準と知財の原則的な対象区分を次に示し，それらのデファクト化（非公開）とデジュール化（公開）のタイミングを説明する。

[オープンとクローズドの標準と知財の対象区分]
①**オープン標準・知財（需要側論理）**
　形状，使用手順，デコーダーの互換性など（標準主体）。
②**クローズド標準・知財（供給側論理）**
　性能，製造方法，エンコーダーの技術など（知財主体）。

企業規模（事業の発展段階）で見ると，標準と知財のオープンとクローズドが明確になる。それを図表5-4に示す。
　円の左下は，技術の力をもってビジネスを始める「誕生期の小企業」に該当する。円の上部は，「成熟期の中企業」に該当する。ただし，円上部の左半分は，技術を重点にした「本質型中小企業」に該当し，円上部の右半分は，商品を重点にした「現象型中企業」に該当する。この上部の右半分（技術なし，商品あり）からビジネスを始める中小企業もあるが，それは国内では地方と都会のように，また国際では中国と日本のように，地域的な労働賃金格差によって，すぐに衰退してしまうコスト競争ビジネスである。円の右下は，規模の力をもってビジネスを続ける「成熟期の大企業」に該当する。
　生き残る中小企業は，円上部の左上のビジネス——技術競争に特化している。消え去る中小企業は，円上部の右上のビジネス——価格競争に特化している。この事実は，同じく大企業にもいえる。持続または成長する大企業は，少なくとも自社内に中小企業の部分を抱えていなければならない。円上部の左半分を自社内に維持する大企業は栄える。円上部の左半分を捨てて，右半分を発展途上国に任せてしまう大企業は滅びる。
　誕生期または小規模の技術依存企業の基本戦略は，技術指向の標準・知財

図表5-4　標準と知財のオープンとクローズド

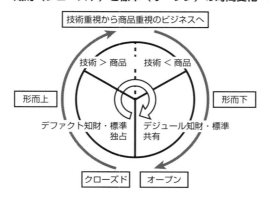

クローズドである。一方，成熟期または大規模の市場依存企業の基本戦略は，市場指向の標準・知財オープンである。企業が技術（生産少量）から市場（生産多量）へと重点を移す成長期が，いちばん標準と知財のオープンとクローズドのバランスに苦労する。そのバランスを時々刻々と変えなければならないからである。

企業が成長するということは，その商品市場が拡大するということであり，必然的に競合他社を迎えるということになる。それは標準と知財が成長維持のために利用するべき「企業ビジネスの防衛ツール」であることを示している。

図表5-4の右側は市場拡大（商品重視）のためにオープンだとしているが，話はそう簡単ではない。現実の企業ビジネスでは，標準は「一社独占のデジュール」とし，知財は「特許権利化のデジュール」として，オープン（デジュール）領域でクローズドを維持する。そうしながら自社製品のブランド名を高めて競合相手を排除する。もちろん，技術の陳腐化とともにビジネスは完全なオープン（デジュールの本質）に向かうが，できるだけ長く市場を占有する（クローズドを維持する）という工夫が必要であり，標準と知財がそのツールになる。

(3) 企業の業種と規模に応じた標準と知財の戦略モデル

ここで民間企業ビジネスに限定して，標準と知財に関してとるべき標準化ビジネス手順の原則を説明する。ビジネスの基本は「排他」である。時間の経過に連れて技術が高度から低度へと変化し，やがて陳腐化していくという原理原則に従えば，次の①から③の順番で標準と知財に対応することになる。①から③は技術（モノづくり）依存のビジネス（閉鎖は技術独占で儲けて，開放は市場拡大で儲ける）になる。つまり，①から③は一連のビジネスの流れであるから，ふつう①から開始して，続いて技術の陳腐化に応じて②へ進み，そして③で終わるようにする。ただし例外として，技術の陳腐化に関係なく，③から始めるビジネスも2種類ある。

一方，④は法律（ルールづくり）依存のビジネス（開放は市場競合させて

儲けて,閉鎖は権利独占して儲ける)になる。ルールづくりのビジネスは,モノづくりのビジネスにくらべて異質のビジネスだから,④のビジネス(規制の国家標準制定)を①から③のビジネス(自由な民間標準制定)と混同しないようにしてほしい。民間企業のビジネスとは排他性のことだが,そこには排他(高度技術)から非排他(低度技術)へという,時間経過の変化への考察が欠かせない。時間経過が無関係なビジネスは,時間(市場の民意)では変わらなくてルール(権力の官意)で変わる行政ビジネスだけである。

　ここでの説明の「供給」とは供給側(事業者)から見た立場のことで,「需要」とは需要側(消費者)から見た立場のことである。また,特許の項目説明のRAND(Reasonable And Non-Discriminately terms and conditions)とは,非差別かつ合理的な対価でライセンスするという意味である。RF(Royalty Free)とは,無償でライセンスするという意味である。

①供給側(技術重視の全独占)論理の標準化ビジネス
　対象：民間市場(技術依存)
　材料：技術(性能＝質)→内部構造対象
　供給：供給側(閉鎖)論理の供給標準
　需要：供給側(閉鎖)論理の需要標準
　特許：秘匿化(ノウハウ),知財占有(独占実施,権利侵害差し止め,高額ライセンス)

②供給側(独占)と需要側(開放)の両論理の標準化ビジネス
　対象：民間市場(市場依存)
　材料：市場(供給独占＝質,需要公開＝量)→外部と内部の両方
　供給：供給側(閉鎖)論理の供給標準
　需要：需要側(開放)論理の需要標準
　特許：ライセンス,クロスライセンス,パテントプール,開放技術のみ無償実施(RF)

③需要側(市場重視の全開放)論理の標準化ビジネス
　対象:民間市場または公的市場(標準依存)
　材料:形状(互換＝量)→外部構造対象
　供給:需要側(開放)論理の供給標準
　需要:需要側(開放)論理の需要標準
　特許:ふつう実施(RAND),無償実施(RF)

　例外になるが,民間企業のビジネスでも,最初から供給側と需要側の両方を開放にして,市場拡大を目指すものがある。それがインターフェース標準である。例えば,ソニーが開発したステレオミニプラグがある。特段の技術は必要ないが,その形状規格を他社に公開し,業界標準にして互換性を確立することで,小型オーディオ・ビデオ製品の市場拡大を実現している。同じく例外になるが,最初から公共の利便性を求めて,国際整合のためにデジュール標準化されるものがある。例えば,純粋な公共財としてのネジ,用紙サイズ,度量衡などの規格である。

④供給側の独占が法律で許可され,需要側が関知しない標準化ビジネス
　対象:公的市場(法律依存)
　材料:法律(寡占＝大量)→社会インフラ的なネットワーク
　供給:競合(下請化された従属的な製品納入業者)
　需要:独占(供給側としては閉鎖。しかし,需要側としては公共物なので開放に見える)
　特許:無償実施(RF),オープンソフトウエア

　ここで企業規模に応じて対応するべき戦略モデルとして,標準と知財のデファクトとデジュールの関係を以下の3モデルにまとめる。技術力をもつ中小企業で,成熟企業として生き続ける企業にはモデル1が多い。しかし,化学関係など,特殊な分野の大企業を除いて,ふつうの中小企業が大企業へと成長を望むのなら,モデル1からモデル2への移行,またはモデル1からモ

デル3への移行が必然になる。さらに大きい市場を必要とするからである。

①**モデル1　（標準と特許の両輪離合型)**
　タイプ：技術指向（デファクト標準＋デファクト知財が基本）
　差別化：自社製品（特許内包を含む）を標準規格で評価する場合
　例：水晶発振子，光触媒，炭素繊維
　技術独占型：ノウハウ系中小企業

②**モデル2　（標準と特許の両輪嵌合型)**
　タイプ：商品指向（デファクト標準＋デジュール知財が基本）
　差別化：標準規格の製品に自社特許が埋め込まれている場合
　例：CD，DVD，Blu-ray，LTE（第4世代携帯電話）など
　市場独占型：開発・製造系大企業

③**モデル3　（標準と特許の両輪接合型)**
　タイプ：市場指向（デジュール標準＋デジュール知財が基本）
　差別化：標準規格に関連して自社特許製品が使われている場合
　例：MPU，デジタルカメラ，PDF，QRコード，OOXML
　権利独占型：情報・通信系大企業，その関連ソフトウエア企業

　モデル1はデファクト標準の選択が基本であるが，企業規模が大きくなると，（製品デファクト標準＋性能デジュール標準）の組み合わせになる。すなわち，自社製品はデファクト標準に保ち，自社製品の排他的な性能をデジュール標準化する。したがって，デジュール標準が，製品の標準や知財とは無関係に見える。素材メーカーや部品メーカーに向いた，「技術指向の離合型モデル」だといえる。まだ市場に競合相手が存在しない場合に選ぶべきモデルである。素材や部品のビジネスでも，企業規模の拡大につれて競合企業が出現してくる。モデル1の例では，自社製品自体の標準化ではなくて，自社製品の品質や性能の評価基準をデジュール標準化して，それで自社高性能

製品の市場優位性を保っている。また，知財はデファクトが基本だが，競合企業の出現を防止するのならデジュールにする。

モデル2はデファクト標準で市場を獲得しながら知財でも収益を上げるという，標準と知財の両方を素直に活かすモデルである。一般的な機器メーカーに向いた，「商品指向の嵌合型モデル」だといえる。これから市場で他企業と競合する場合に選ぶべきモデルである。知財はデジュールになる。

モデル3は競合企業がすでに存在するので他社製品との互換性が必要な場合や技術を自社で確保し製造を複数の他企業に任せる場合に見られる。エレクトロニクスのデジタル機器メーカーに向いた，「市場指向の接合型モデル」だといえる。すでに市場に競合相手が存在する場合に選ぶべきモデルである。標準と知財の両方がデジュールになる。同じ米国企業でも，歴史的な企業のIBMや旧モトローラとは違い，標準化に不慣れだった新興企業のアップルやマイクロソフトは，国際貿易障壁対応ツールとしてのデジュール標準化の重要性を看過していた時期があった。

経済産業省から2014年に発行された『知財と標準化の戦略事例分析』では，大企業の29の事業事例について，標準と知財の戦略モデルが分析されている。また，中小企業の17の企業事例について，同じく戦略モデルが分析されている。大企業は事業範囲が広く，事業部門ごとに個別の技術を標準化している場合が多く，事業種別ごとの標準化戦略として捉えなければならない。一方，中小企業は事業範囲が狭く，企業自体の標準化戦略として捉えることができる。以下に，その事業と企業の戦略モデル別事例数を企業規模に分けて示す。

① **大企業の戦略モデル別事例数（29事業）**

モデル1	8
モデル2	8
モデル3	7
モデル1+2	1
モデル1+3	2

モデル2+3　　　3

②中小企業の戦略モデル別事例数（17企業）
モデル1　　　10
モデル2　　　0
モデル3　　　7

　この事例からわかることは，大企業への部品納入またはニッチ市場での機器販売をビジネスにする中小企業に，モデル2は存在しないことである。大企業においても，モデル1は部品メーカーに多く見られ，モデル3は情報通信関連メーカーに多く見られる。また，衰退しない中小企業および経営基盤が堅固な大企業は，技術力，特にノウハウを武器にビジネスをしているといえる。

　次に標準と知財のデファクトとデジュールの特徴および中小企業がとるべき標準と知財の戦略（いずれもデファクトとデジュールの選択）をまとめる。

[標準と知財のデファクトとデジュールの特徴]
　①デファクト標準：閉鎖市場＝参入障壁
　②デジュール標準：開放市場（閉鎖を維持する開放の戦略）
　③デファクト知財：秘匿技術＝参入障壁（ノウハウを含む）
　④デジュール知財：公開技術（秘匿を維持する公開の戦略）

　以上の分析から，標準と知財のデファクトとデジュールの活用モデルは，技術または市場の優位性に応じて以下のようになる。ただし，デジュール標準とデファクト知財の組み合わせ｛②×③｝モデルは存在しない。なぜなら，標準化に入る前に知財の権利化をしておかなければならないからである。標準と知財は利益獲得という同じ車の両輪だが，標準は市場拡大による利益獲得のツールで，知財は技術確保による利益獲得のツール，それが基本だとい

う原則を忘れないようにしたい。

[中小企業がとるべき標準と知財の戦略]
(標準と知財のデファクトとデジュールの選択)
(1) 技術優位かつ市場小（中小企業）①×③を選ぶ。
(2) 技術重視から市場重視へ（成長）①×④を選ぶ。
(3) 技術優位かつ市場大（大企業化）②×④を選ぶ。

標準と知財のデファクト／デジュールの時間的な選択のステップは，企業（または事業）の成長に応じて次の図表5-5のようになる。誕生期の小企業がステップ1に相当し，成熟期の大企業（特に公営系のNTT，NEC，三菱，日立，東芝など）がステップ3に相当する。多数の企業が該当するステップ2では，デファクト型デジュール標準化が望ましい。成長期の企業であれば，企業規模に関係なくステップ2に相当する。ただし，成熟期の中小企業もステップ2に相当する。企業規模が小さくてデジュール標準化に対応しにくいこと，市場の成長よりも事業の安定を望むこと，それが理由である。

図表5-5 事業の成長で変わる標準と知財の手法選択

	標準	知財	
ステップ1	デファクト／デファクト	誕生事業
ステップ2	デファクト／デジュール	成長事業
ステップ3	デジュール／デジュール	成熟事業

(4) 身の丈経営

企業（組織）は，事業計画を立て，予算計画を立て，事業収入を仮確定し，それで経営される。しかし，堅実な企業経営には，身の丈に合った事業計画が求められる。大企業または中小企業，零細業者すべてにいえることだが，

堅実な企業経営の基本は利益を先に確定することである。

以下に経営手法を「経費確定経営」、「経費不定経営」、「利益確定経営」の3種類に分けて示す。「経費確定経営」は、行政や団体、大企業の本社や事業部など、収入（予算）が先に確定している種類の事業にしか適用できない。収入が確定しているので、目いっぱい費用を計上して、期末には予算消化に努めて利益をゼロにする、ばかげた経営である。

ふつうの企業は「経費不定経営」である。一般的な自立経営型の商店と同じで、目いっぱい稼ぎながら経費を抑える努力をして、それで利益を確定する。努力に応じて報われるが、経営に気を抜くと経費が収入を超えてしまう。

一般的な従属型の中小企業にとって、堅実な経営には「利益確定経営」が望ましい。サラリーマン家庭の家計簿と同じ考え方で、先に利益を確定しておけば、経費節減が現実的になり無駄な費用が発生しない。ただし、一般家庭の家計簿と違って、すでに確定している前年の収入から利益を確定し、それから今年の費用を確定する。人材が中心の中小企業型経営なので、技術で企業を興した社長でも、良い後継者を育てないと、企業が一代でつぶれてしまう。

[3種類の経営手法]
①**経費確定経営**：　収入 － 経費 ＝ 利益（ゼロ）
　　収入を確定して、無利益にして経費を確定する。
②**経費不定経営**：　収入 － 経費 ＝ 利益（不定）
　　収入を想像して、要望に応じて経費を計画する。
③**利益確定経営**：　収入 － 利益 ＝ 経費（確定）
　　利益を計上して、収入に応じて経費を計画する。

①経費確定経営はルール依存度が高いビジネスになり、③利益確定経営はルール依存度が低いビジネスになる。その中間が②経費不定経営である。①は文書ベースのビジネスになり、③は労働ベースのビジネスになる。別な言葉でいえば、前者が座して稼ぐ資本ベースの収入になり、後者が汗して稼ぐ

労働ベースの収入になる。間接部門と直接部門の両方をもつ②は，その中間になる。

　残念な事実だが，人も組織も無意識のうちに座して稼ぐことを望むようになる。経営者がしっかりしていない企業なら，やがてルールづくり（本社）のビジネスがモノづくり（現場）のビジネスを翻弄するようになる。経費不定経営をする企業に求められることは，ルールづくり（文書重視の本社間接業務）とモノづくり（労働重視の現場直接業務），その両者の適度なバランス（モノづくりに重点を置くこと）を忘れないことである。それが逆転すると，労賃に収益が追いつかなくなり，企業が衰える。

　ルールづくりについては，必要なときに必要なだけ，ヒト，モノ，カネを投入する——それが原理原則だが，企業にとってその必要度の判断が難しい。さらに意義の理解も難しい。モノづくりをビジネスにする企業にとって，標準や知財は汗して（商品を売って）稼ぐツールである。決して，座して（権利を使って）稼ぐツールではない。標準や知財というルールづくりビジネスにも，ルールづくりとモノづくり，その両者の適度なバランスを忘れないことである。

(5) 企業の生命を決める G（技術） H（品質） K（価格） 経営

　近年，台湾や韓国，中国など，人件費の安い発展途上国の躍進に危機感を覚える日本企業，特に製造業が多くなった。しかし，何も心配することはない。過去，東京に工場を構えていた製造業は，労賃の安い東北へ工場を移転した。その東北地方の工場を買収した台湾OEM製造業は，やがて労賃の安い台湾へ工場を移し，さらに労賃の安い中国へ工場を移した。中国のOEM製造業は，その人件費高騰に困り，中国西部やミャンマーへの移転を考えている。もし，ミャンマーが富裕化し，その労賃が高騰したらどうなるのだろうか。

　すでに富裕社会に至った日本では，開発，製造，販売業の本来のあるべき姿がすでに見えるようになった。日本語を話す極東の黄色人種が国際ビジネスへ進出する……その源泉は技術にしかない。労働は労賃の安いところから

高いところへ移動し，製造は労賃の高いところから労賃の安いところへ移動する。それが原理原則だが，それも永遠には続かない。

次に，同じ中小企業でも，成熟して安定したビジネスをしている企業と成長して大企業になろうとしている企業の特徴を示す。また，機械依存のビジネス（組立）と人間依存のビジネス（開発）をしている企業の特徴も示す。本章の事例として取り上げた2社は，どちらも独自海外進出をしているが，栄通信工業が成熟持続型に相当し，IDECが成長持続型かつ事業発展型に相当すると思う。標準と知財のビジネスモデルに関しては，両社とも両輪嵌合型モデルを採用しているが，安定企業の栄通信工業は技術指向のウエイトが高く，成長企業のIDECは市場指向のウエイトが高い。

［成熟企業と成長企業］
　　成熟した中小企業（部品，ソフトウエア製造）
　　　　大企業の下請型（公営または民営）
　　　　大企業の下請型＋自立販売型（独自海外進出）
　　成長する中小企業（部品，ソフトウエア，機器製造）
　　　　大企業の下請型＋自立販売型（独自海外進出）
　　　　事業発展型（異分野参入）
［機械ビジネスと人間ビジネス］
　　衰退する中小企業（商品＝量を追求する）
　　　　機械重視型中小企業
　　持続する中小企業（技術＝質を追求する）
　　　　人間重視型中小企業

図表5-6に製造販売業のモノ（技術）指向からカネ（商品）指向への移行を示す。円の上部中央は，開発業から組立業へという，製造販売業の質的な分岐点を示している。同図表は，開発，製造，販売の身体的な役割分担も示している。この三役には，それぞれ国によって向き，不向き，というものがある。

図表5-6 製造販売業の立場を変える分岐点

分岐点で、質から量に変わる技術

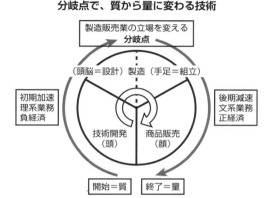

海外に居住してビジネスを経験したことがないとわかりにくいと思うが，国際ビジネスに限っていえば，商品販売に向いているのが欧米人（白人）である。それにくらべて，技術開発は国を選ばない。頭脳を選ぶ。だから，その担当はベトナムでも，日本でも，中国でも，もちろん欧米でも構わない。発展途上国の企業でも，技術が特段に優れていれば，それだけで技術開発から商品販売まで，通しのビジネスが可能である。

その技術開発と商品販売の中間にある製造だが，この製造に使う装置には2種類がある。1つが技術開発に繋がる頭脳的な製造装置である。つまり，他社にとって真似ができない，真似が難しい，真似したくない，自家製造装置になる。もう1つが製品の大量生産に繋がる手足的な製造装置である。つまり，他社や製造装置企業から購入できる汎用的な製造装置になる。頭脳製造が日本の役割なら，手足製造は人件費や設備費の安い韓国，中国，台湾の役割になる。

中国が得意とする受託製造業をモノづくりの一環として捉えている人は多いが，その実態はモノづくりではない。銀行業と同じくカネづくりである。つまり，安い労賃を高い製品に変えているだけのビジネスである。現在の中国の役割は円の右上60度の範囲だが，円の左半分全体がモノづくりのビジネ

スで，円の右半分全体がカネづくりのビジネスだと捉えるべきだろう。台湾や中国，韓国の企業の多くは，カネづくりのビジネスの一部を担っているに過ぎない。

　富裕社会に至ると，人々は考える行為（円の左半分）を止めてしまい，質的な成長をしなくなる。図表5-6は，各事業段階別の身体的担当に加えて，製造販売業の技術開発と商品販売の事業トレードオフと，自社事業売却のタイミングも示している。

　工業発展途上国（韓国や中国）と工業先進国（日米欧）を同一視してはいけない。ソニーとサムスンや，ソニーとアップルを比較してもいけない。敗戦国で，非白人国で，かつ先進国になってしまった日本の企業には，それなりのビジネスの方法がある。

　組織を永続させるには，ビジネス分野の定期的なたな卸しが必要である。技術開発を伴わない製造業は，すでに単なる組立業である。その組立業を使うのは，単なる商品販売業である。

　すでに述べたように，製造装置には2種類がある。1つが設計中心の「頭脳製造装置」であり，もう1つが組立中心の「手足製造装置」である。その特徴を次に示す。国内企業にとって重要なことは，ビジネス分野のたな卸しをして，使っている製造装置の種類で事業の継続または売却，移転のトレードオフとタイミングを見極めることである。

<u>頭脳製造装置と手足製造装置の特徴</u>
頭脳製造装置＝自家製造装置
- 頭脳（設計）の役目をする。
- 自分で造って育てながら使う。
- 陳腐化したら，柔軟な頭脳を外して，残りを機械（手足製造装置）として売る。

手足製造装置＝市販製造装置
- 手足（組立）の役目をする。
- よそから安くたくさん買う。

・使えなくなったら，良いものに買い換える。

　本章の最後に，開発，製造，販売を事業にする企業の生命を決めるＧ（技術），Ｈ（品質），Ｋ（価格）について説明する。これらは完全に独立した要素である。

　品質を上げれば価格が上がるという話があるが，間違っている。品質と価格は，互いに無関係である。技術とも無関係である。商品の価格は，ゼロから無限大という量（数）の問題であり，商売の事前トレードオフの対象であり，市場で決まる。だから，自社と市場の諸条件を考慮して，最大利益が得られるように事前に設定する。一方，商品の品質は，販売の結果で知る質の問題であり，商売の事後トレードオフの対象である。自社と市場の諸条件を考慮して，最大の顧客満足が得られるように事後対応する。すなわち，品質の入れ込みにかかるコストとアフターケアにかかるコストのトレードオフの問題である。

　ところが技術にはトレードオフがない。その有無という二進数で結果が決まる。価格はすぐに目に見える。だから，価格を決めるのは一年の計になる。品質は時間が経ってから目に見える。だから，品質を決めるのは十年の計になる。技術は短期では目に見えない。だから，技術を決めるのは百年の計になる。そして技術は，商品として可視化できて，初めてビジネスとしての価値を生む。

　製造販売業では，商売の強みを労賃という量（価格の価値）に置くか，技術という質（商品の価値）に置くか，という選択も必要になる。価格で勝負する企業の生命は一年，品質で勝負する企業の生命は十年，技術で勝負する企業の生命は百年，それが妥当なところであろう。中小企業といえども，価格で勝負せずに優れた技術で勝負するならば，その企業生命は長くなる。

　企業は，量的に肥大して滅ぶ。質的に変化して栄える。企業の成長戦略を語るときに忘れてはならないこと，それは成長における現象と本質の違いである。成長の現象は，誰にでも見える量から量への移転である。そして量（企業規模）の拡大を続けて，節度を失い企業が滅びる。成長の本質は，自分に

しか見えない質から量への遷移である。そして質と量の相互遷移（開発技術の商品化と，その商品販売収益の技術開発への投資）を続けて，節度を保ち企業が栄える。

　間接部門や直接部門にかかわらず，むやみに組織を大きくしてはいけない。量の拡大が無限に続かないことは自明の理である。いつか迎える肥大化の問題を忘れてしまい，社員を大量採用して組織を大きくして，自分が偉くなって喜ぶ人はたくさんいる。しかし，組織が肥大化すると，やがて組織内の人と金と仕事のバランスに矛盾を抱えることになり，そこで働く人を不幸にしてしまう。ちょうどよい大きさの組織，小さいなりに幸せな組織，それが人を幸せにし，企業活動を永続させる。

参考文献

経済産業省「知財と標準化の戦略事例分析2014年版」。
原田節雄（2014）『本質と現象の両輪経営戦略：ヒト，モノ，カネを活用する！』日本規格協会。
原田節雄（2014）『標準と知財の両輪経営戦略：ヒト，モノ，カネを支配する！』日本規格協会。

ISO経営の意義と新潮流への対応

この章は4つの領域で構成されている。1つ目は，経営に資するISOマネジメントシステムの現状と課題について，中小企業経営者の視点から述べる。次に，筆者が構築と運用に携わったISOマネジメントシステムと，経営品質およびバランススコアカードとの融合に関する取り組みの振り返りを行った。そして3つ目は，ISOマネジメントシステムを品質経営に有効に活用したグローバルニッチトップ企業取材情報や，経営品質向上に取り組む中小企業におけるISOマネジメントシステムの新潮流を探ってみる。近々予定されている規格の改定に関する新潮流も，この領域に含めてある。最後は本章の内容を俯瞰し，中小企業の経営者が抱えるISOマネジメントシステムの課題に対するソリューションとしての提案である。大企業とは異なる中小企業ならではのアプローチを模索する。

1 国際標準規格としてのISOマネジメントシステムの現状と課題をめぐる論点

(1) ISOマネジメントシステムと経営品質やバランススコアカードとの融合での関わり

ISOマネジメントシステムの認証取得が，グローバルなビジネス活動に不可欠と言われ始めてから久しい。企業のみならず，公共の組織のホームページでもISOマネジメントシステムの認証取得をアピールする情報がアップされているし，街を歩けば企業の建物や工場に認証取得を示す看板が掲げられている。大規模物流を担うトラックにも，ISO9001やISO140001の認証マークが誇らしげに張られているのも，珍しい光景ではなくなった。

筆者がISOマネジメントシステム規格に初めて出会ったのは，およそ20年前のことである。勤務していた企業の日本法人に，欧州の本社からISO9000シリーズの導入と認証取得をするよう指示が出たため，日本法人では半導体事業部が真っ先にISO9002の認証取得をした。その直後に，家電事業部が設計開発を含むISO9001の認証を取得したと記憶している。画期的であったことは，当時の日本で初めて販売会社として家電事業部が製品品質ではなく，販売機能（サービス）をプロセスと考え，本社で開発された新商品を日本市場で導入する工程をマーケティング企画の立案等として設計開発のプロセスに入れ込んで品質マネジメントシステムを構築したことであった。非製造組織でISO9001の認証を取得したというのが話題となってマスコミにも取り上げられ，統括管理責任者だった筆者にも複数の学術団体から講演依頼があったことは，今では懐かしい思い出の1つとなっている。その後，医療機器や照明機器などの他の事業部も，続々とISO9000シリーズの導入・構築と認証取得を進めたことはいうまでもない。

　2000年のISO9000シリーズ規格改定を機に，事業部ごとに認証取得していたISO9001を日本法人で1つの認証書に統合する試みが始まった。そして，次に挑んだことは，ビジネスエクセレンスモデル（欧州品質賞：EFQM）やバランススコアカード（Balanced Scorecard：BSC）との融合であった。ビジネスエクセレンスモデルは，アメリカが先陣を切ってマルコム・ボルドリッジ米国国家品質賞（当時）を創設し，その流れを汲んで欧州品質賞（European Foundation of Quality Management）が欧州の主要企業が中心となって策定され，日本でも，当時の社会経済生産性本部（現日本生産性本部）が日本経営品質賞を主宰していることはよく知られている。

　そのような背景から，ISOマネジメントシステムという仕組みと取り組み活動が，企業や公共の組織において経営品質向上や組織目標達成，さらにはリスク予防に貢献する経営ツールとして，どのような役割を果たし企業価値向上につながっていくのかという点に興味をもつようになった。

(2) ISOマネジメントシステムとの関わりで知った経営者の想い

　ISOマネジメントシステムの認証取得をしている企業経営者とお会いすると，特に企業の創業者や中小企業の経営者の方々が必ず話されることは「経営への熱い思い」である。それはまさに，ご自身の企業経営への「夢」や「信念」を語っておられることが多く，大変に感銘を受けることが多い。同時に，ISOマネジメントシステムへの期待も大きく，いかにして品質や環境のマネジメントシステムの運用を，経営の成果に直結できるかに心を砕いている。

　それらの企業経営者の方々のお話しを通じて感じることは，ISOマネジメントシステムを導入し，認証を取得し継続する中堅企業経営者の方々には，大きく分けて4つの目的をもつ傾向があるのではないかということである。その1つは，経営や管理の仕組みをしっかりさせて事業継続（あるいは事業継承）を実現すること。2つ目は，管理の「見える化」をして効率や生産性の改善を図り事業競争力を高めること。3つ目としては，海外取引拡大には国際標準規格認証取得が不可欠という認識があること。そして4つ目として，顧客からISO認証取得を取引条件として要望されていることであろう。

　ビジネスのグローバル化が進み，日本の顧客も海外に進出し，海外との取引や競合が増えてくると，日本の顧客からもISO9001（品質マネジメントシステム）やISO14001（環境マネジメントシステム）の認証取得を求められることが一般的になった。そのため，ISO国際標準規格の認証取得は，新規顧客との取引開始のみならず，既存の顧客との継続取引にも必要な条件になってきているといえる。また，某大手電機会社の合併のケースでは，新会社が取引条件にISOマネジメントシステムの認証取得を加えたために，取引業者に改めて認証取得を求めるようになったという。あるいは，取引が減少した中堅企業が海外の顧客と取引を始めようとしたとき，ISO認証取得をしていたのでスムーズに商談が進んだ，などという経験談もよく聞くようになった。マネジメントシステムは，企業やその他の組織における経営の活動や仕組みの改善活動を促し，消費者や顧客のみならず，地域・社会や取引先といったステークホルダーに便宜をもたらす手段として世界で広く普及し，その

種類も多くなってきた。

(3) なぜ静的な組織と動的な組織ができてしまうのか

　その代表的な規格は品質のISO9001，環境のISO14001であるが，日本においても品質管理や環境管理の活動に整合させ包含させる仕組みとして，1990年代の初めから導入と運用を進めてきた。日本工業標準調査会の調べでは，2000年代に入って日本を含む先進諸国のマネジメントシステム認証数はピークを迎えてきているが，現在は新興国における認証が増える傾向が見られる。

　前述したように，経営者はISOマネジメントシステムの役割に大いに期待をしている点が多々ある。例えば，経営方針の浸透，経営基盤の強化，社内統制体制の強化，業務プロセスの改善，営業力の強化，顧客ニーズの発掘，リスクマネジメントの強化，顧客満足向上，コスト意識の向上，コストの削減，企業や官公庁の調達基準の充足，ステークホルダーに対する透明性向上，社員1人ひとりの能力向上，プロセス思考の定着（目標管理意識の向上），などが考えられる。

　事実，筆者らが訪問インタビューをした某歯車製造販売会社では，ISO9001認証取得の成果としてリスク対策（製造物責任法：PL法），製品の識別（ロット管理やトレーサビリティ記録），安心安全（売って安心・買って安心），企業の組織化（体制・体質改善），自主的レベルアップ，顧客満足をあげており，また，ISO14001では，環境にやさしい企業イメージ，法規制遵守，環境という切り口でのコストダウンや生産性向上，等の成果を強調していた。

　一方，物事には表があれば裏もあるもので，ISOマネジメントシステムに関しては，それらの期待される成果に懐疑的な意見も聞かれてきた。日本工業標準調査会の事業競争力ワーキンググループの報告書によれば，多くの企業等の組織では，ISOマネジメントシステム規格の認証を単に取引要件を満たすためだけの動機のみで取得していることから，認証取得の維持のみに留まり，認証費用等も単なるコストとして捉えられているという指摘がある。同報告書では，このような義務的・一時的な活動を行っている組織を「静的

第6章　ISO経営の意義と新潮流への対応

図表6-1　動的な組織と静的な組織におけるISOマネジメントシステムの位置づけの違い

出所：日本工業標準調査会（2013）。

な組織」と名づけており、ISOマネジメントシステムそのものを活動目的として位置づけている組織と規定している。

むろん「静的な組織」があれば、その対極に「動的な組織」も存在するわけで、企業やその他の組織におけるISOマネジメントシステムを、本来の経営課題解決のための有力な経営ツールとして、あるいは継続的改善の活動ツールとして活用している組織は「動的な組織」であるとし（図表6-1）、事業競争力強化のためにISOマネジメントシステムが有効活用されていると規定している。事業競争力強化のためには、より多くの組織が「動的な組織」になるよう目指してもらいたいところである。

(4) なぜ経営に役立つISOマネジメントシステムになっていないのか

ISOマネジメントシステムの認証を取得している企業の経営者がISOマネジメントシステムについて語るとき、おそらくほとんどの経営者の方々が口にするのは「経営の役に立つISOマネジメントシステムにしたい」ということだろう。

三菱UFJリサーチ&コンサルティングが2010年に中部地区の企業111社を対象にして行った調査によれば、ISOマネジメントシステムが経営に大変役

に立ったと回答した企業数はおよそ30％近くあった。少し役に立ったと回答した数を加えると，肯定的な回答数は９割を超えている結果だった。逆に，あまり役に立たなかったという回答は９％にとどまり，役に立たなかったという回答はなく，ISOの意義を全面的に否定された組織はなかったという。そのような結果に対して同報告書は，ISOマネジメントシステムの新規取得が頭打ち傾向であることや，認証返上も発生している現状においても，ISOマネジメントシステムの取り組みにより，一定の成果が得られているのではないかとしている。

　大変役に立ったとの回答の内訳を見てみると，最も多かったのが「リスク対応」で，およそ３割を占めた。次いで，変革意識，品質向上，顧客評価がほぼ同じ２割強で並んでいる。一方，売上向上やコストダウンについては，大変役に立ったという回答は少なく，むしろ役に立たなかったという否定的な意見の方が多かった。これは，ISOマネジメントシステムが経営そのものではなく，不良削減，苦情対応，環境保全，法令遵守など経営の一部分での活用に止まっていることを示しているものとしている。

　ここで重要なことは，経営のどの部分にISOマネジメントシステムを役立たせるのかをはっきり定義することであろう。ISOマネジメントシステムの規格そのものは，マネジメントの枠組み（フレームワーク）を示しているに過ぎないので，組織活動に本来必要となる目標管理，運用管理などの項目については自分たちで考えて構築していくことが必要となる。そのため，ISOマネジメントシステムにかかわる活動が，どれほど経営成果の実現に寄与するのかは，組織自身が決めていく必要があるにもかかわらず，組織戦略やマーケティングの視点，コストを含めた財務管理の視点，部門間連携や組織内業務の視点，がほとんど含まれていないというのである。したがって，経営の視点における組織活動全体の仕組みと連携させる必要があるという同報告書の指摘には，耳を傾けるべき注目点と思われる。

　いずれにしても，ここでも前述した「動的な組織」と「静的な組織」の存在を伺うことができよう。同報告書には，ISOマネジメントシステムを攻めの仕組みとして活用すべきことをポイントの１つとしてあげられている。

ISOマネジメントシステムの認証を継続するためだけの目的として，規格要求事項で求められる必要なことだけしか行わないのであれば，経営者が目指す経営の成果を実現することは難しい。ISOマネジメントシステムを，組織の経営目標である利益の実現，売上向上の達成，顧客満足やコストダウンの目標達成などの価値向上活動の目的として位置づけ，それを実現するには何をどうすればよいのかといった具体的な活動テーマを選び集中していくことが，有効なISOマネジメントシステムの活動といえるはずである。したがって，売上向上やコストダウンを含めた財務目標達成の視点も，ISOマネジメントシステムの活動に入れ込んで「攻め」の仕組みとして活用することが不可欠と考えられる。筆者の個人的な意見ではあるが，経営者の方々が「経営の役に立つISOマネジメントシステムになっている」と納得できる状況を実現するためには，それらの活動成果が，組織のどの財務や経営の成果指標の達成につながっていくのかという因果関係くらいは，あらかじめ想定して目標や指標を策定していくことが，経営者の視点から見れば必要ではないだろうか。

(5) なぜ経営者と管理責任者の意識に差が生まれてしまうのか

　経営に役立つISOマネジメントシステムにしたいという経営者の想いと同様に，経営者の目指す姿を実現したいという願望も，多くの経営者が口にすることである。そのためには，ISOマネジメントシステムを実際に維持・運用する管理責任者が，いかに経営者の理念や考えを理解し咀嚼できているか，そして，それをいかに実際の維持・運用で実施できているかが，重要な成功要因となる。
　一般財団法人日本品質保証機構が，2012年にISOマネジメントシステムの認証取得をしている顧客約400社から得られたアンケート調査（以下，JQA調査）の結果がある。その中の自由回答情報について，テキストマイニング分析を行ったところ，経営者と管理責任者のISOマネジメントシステムに取り組む姿勢や意識に微妙な差があることがわかった。
　その分析によると，経営者と管理責任者の回答結果には，両者の組織の中

のポジションの差が反映されていることが確認されたという。具体的には，経営者は「顧客」，「市場」，といった外部に関する語を多く用いる傾向があるのに対して，管理責任者は「組織」，「研修」，「教育」といった内部に関する語を多く用いる傾向が見られた。この結果をもって，直ちに「日本企業の経営者は外部志向が強いのに対して，管理責任者は内向きである」と結論づけるのは危険ではあるが，もう少し詳しく結果を見ていくと，なかなか面白い傾向が見えてくる。

　まず1つ目は，ビジョン策定・展開上の課題についてである。「貴組織のビジョンを経営の中で策定・展開するにあたり，どのような課題をおもちですか。また，それらの課題解決のために，どのようなお取り組みをされていますか」の自由記述回答について，経営者と管理責任者の頻出語を比較すると，「顧客」と「組織」の順序について，経営者と管理責任者とで頻出語の数が逆転している点が，両者の回答の顕著な差として観察された。「顧客」は経営者に多く，反対に「組織」は管理責任者に多いのである。また，「顧客」と同様に「変化」，「市場」，「見直し」は経営者に多く見られるが，管理責任者では少なく，むしろ，管理責任者では「実施」，「社員」，「展開」といった頻出語が上位を占めている。経営者は，顧客をはじめとした外部に関心が高く，管理責任者の関心は組織内部に向かう傾向が読み取れる。

　次に，2つ目として戦略展開・実践上の課題についてである。「貴組織の経営戦略の展開や実施にあたり，どのような課題をおもちですか。また，それらの課題解決のために，どのようなお取り組みをされていますか」の自由記述回答について，経営者と管理責任者の頻出語を比較すると，「顧客」，「変化」，「人材育成」の順序について，経営者と管理責任者で異なる点が興味深い。経営者では「顧客」，「変化」，「人材育成」の順序で上位にあるのに対して，管理責任者ではその逆の順序になっている。また，「市場」，「見直し」，「経営方針」が経営者の頻出語に現れていることに対して，管理責任者の頻出語には入っていない。一方，「組織」が管理責任者に多く見られるのに対して，経営者の頻出語には入っておらず，経営者は，事業環境や顧客といった外部に目が行くのに対して，管理責任者は，内部の課題への関心が高いと

いう傾向が読み取れる。

　3つ目は，経営組織の構築・運営上に関する課題についてである。「貴組織の構築や運営にあたり，どのような課題をおもちですか。また，それらの課題解決のために，どのようなお取り組みをされていますか」の自由記述回答についての頻出語の比較であるが，この項においても，前述した2つの課題「ビジョン策定・展開上の課題」，「戦略展開上の課題」と同じような傾向が観察できたという。経営者では「変化」，「対応」，「（組織体制の）見直し」といった用語がかなり多く出現しているに対して，管理責任者では，「人材育成」，「教育」，「参加」，「OJT」，「研修」，「目標管理」，「資格取得」といった具体的なISOマネジメントシステムの運用に必要な人的関連の語が多く見られる。経営者と管理責任者の組織内のミッションやポジションによる差が出ているのが原因かと思われる。

　そして，4つ目は業務運営・実践上の課題についてである。「業務運営や実践にあたり，どのような課題をおもちですか。また，それらの課題解決のために，どのようなお取り組みをされていますか」の自由記述回答についての頻出語の比較では，経営者も管理責任者も「新規事業」や「新製品」といった前向きの課題を重視している点は共通しているが，経営者では「コストダウン」や「開発」，管理責任者では「教育」がかなり多い。経営者は収益性により関心が高いという，ここでも組織内のポジションによる意識の差が現れている。

　結論を急ぐわけではないが，以上の4つの課題における分析結果を見ていると，ISOマネジメントシステムにおける経営者と管理責任者のマネジメントシステムの戦略展開の考え方に大きな違いがあるのではないかと思われてくる。それは，ISOマネジメントシステムという仕組みや活動そのものの位置づけが，経営者では経営目標を達成するプロセスの一部と認識しているのに対して，管理責任者の多くは，単に運用管理の対象として取り組んでいることに原因があるのではないだろうか。ここに，経営者が管理責任者に期待する「あるべき姿」と，管理責任者がもっている「自分のやるべきミッションの姿」の乖離が浮き彫りにされている想いがするのである。これは，例え

ばISOマネジメントシステム運用における経営者の課題認識と管理責任者への期待と言い換えれば，経営の現場で起きている経営戦略実行における「経営者の課題認識とミドルマネージャーへの期待」とも通じるものがありそうである。

(6) 経営者とミドルマネージャーとの関係に似ているトップと管理責任者との関係

ところで，事業トップの問題認識とミドルマネージャーへの期待と，ISOマネジメントシステム運用におけるトップマネジメントの問題認識と管理責任者への期待の共通点を探るデータの1つとして，株式会社富士ゼロックス総合教育研究所が2012年2月に発行した「人材開発白書2012」がある。この白書には，事業トップの問題認識とミドルマネージャーへの期待という調査研究の結果が報告されている。事業戦略を策定し，成果をあげる責任を担う事業トップは，戦略実行においてどのような問題を感じているのか，また，ミドルマネージャーには何を期待しているのかについて，調査対象の各社における問題点やミドルマネージャーへの期待を考えていく複数の情報が提供されているのである。

同白書で紹介されている情報提供の1つ目は，トップインタビューからの示唆である。2つ目は，事業トップ37人へのインタビューの分析結果である。さらには，これらの調査で浮かび上がった問題への対応を考えるべく，3つ目に学術領域での識者の寄稿が紹介されている。「カジノのルーレットで賭ける数字を決定することと，戦略を決定することでは，何が違うのだろうか」という問い掛けで始まる同白書は，ルーレットは賭けてしまえばそれで終わりであるが，戦略は決定したときが始まりである，と喝破している。事業トップの目線から，事業戦略を実行するためにミドルマネージャーは何をすべきなのか，そして彼らミドルマネージャーが直面しているコントロールが難しいさまざまな障害の中で，何をどんな方法で事業トップが取り除いてあげるべきなのかという事業トップの役割についても言及している。

まず，同白書の調査研究で興味を引かれるのは，事業トップの多くは，自分の掲げた戦略が現場メンバーに伝わってはいないと思っていないことであ

ろう。伝わってはいるにもかかわらず，行動していないと感じている，という記述である。そして，その要因として，制度や組織構造といった仕組み面をあげるトップは少ないという。多くは「ソフト」な側面に，特にミドルマネージャーのマネジメントに課題があると考えていると結論づけている。

　戦略が伝わっているにもかかわらず行動が起こされていないことに，事業トップは悩んでいると解釈ができ，「頭では理解していても，なかなか行動に移さない」，「困難に立ち向かわず，安易に妥協してしまう」「やるべきことが，末端のメンバーに徹底されない」という意見が多いことも，この解釈を裏づけているものとしている。

　2つ目には，事業トップは，組織間のネットワークを作ることで組織の総力を発揮させることを部長に求めており，課長にはメンバー1人ひとりを理解することで個々人の力を引き出すことを求めている。言い換えると，「経営的・全体最適の視点で考えること」であり，上位戦略に現場特性を加味して戦略を策定し実行することが期待として多いのであろう。

　3つ目としては，戦略実行を停滞させないために，自己を過信せずにメンバーを活かすことをあげている。その中で，事業トップは従来のやり方に固執することを問題視していることが調査の分析結果でも明らかになり，絶えず新しいやり方をメンバーとともに考えることが求められているのだろう。自分の成功体験からのある程度の脱却も必要である。

　そこで同白書は，提言の1つとして，戦略の伝え手と受け手は，同じ言葉を同じように理解しているとは限らないこと，たとえ同じように理解をしていても，それで行動を起こすとは限らないとしている。やるべきかどうかを自分の中で考え，納得して行動に移すからである。戦略を行動に結びつけるまでには，正しく理解させることと，納得させることの2つのハードルを乗り越えねばならず，このハードルを高くしている要因の1つが，戦略の受け手の変化である。正しく理解させ納得させるためには，さまざまな価値観や利害関係のある社内外の組織や人々との意思疎通が不可欠になるが，その意思疎通がうまくいっているとはいえず，事業トップが部門間の意思疎通や協力体制が欠如していると感じる点と考えられよう。

実際問題として，同白書のトップインタビュー記事では「実績をあげている人は，組織図上の権限で仕事をするのではなく，影響力で仕事をしている」と述べているし，「トップが立てた戦略を，自分のグループの問題にあわせて翻訳し，自らの表現で熱く語って現場をその気にさせることを期待」「戦略を軌道修正するためにボトムアップの提案をする」期待を明らかにしている。

(7) 管理責任者に求められるISOマネジメントシステム運用における経営者の視点

こうして見てみると，株式会社富士ゼロックス総合教育研究所発行の「人材開発白書2012」と，テキストマイニングによるJQA調査の分析結果には，いくつかの共通点が観察されよう。

まず1つ目の考察点としては，トップマネジメントは自分の掲げた戦略が伝わってはいるにもかかわらず行動していないと感じているのはミドルマネージャーのマネジメントに課題があると考えたり，戦略の伝達が途中の段階で途絶えたり，異なる意味で伝えられるといった危惧もあるという課題は，JQA調査結果のビジョン・戦略の策定・展開上の課題において，経営者は外部要因に大きな関心を示しているにもかかわらず，管理責任者は組織内部の要因に焦点を当てた行動をとっていることから，白書と同じような戦略不全が起こっている可能性が示唆されよう。

2つ目の考察点としては，事業トップはミドルマネージャーに対して経営的・全体最適の視点で考えることを求めており，上位戦略に現場特性を加味して戦略を策定し実行することを期待していることである。また，事業トップは従来のやり方に固執することを問題視し，絶えず新しいやり方をメンバーとともに考えることを求めているのであるが，JQA調査結果の経営組織や業務運営において，経営者の想いとは異なり，変化への対応，見直し，コストダウン，収益性などを重視するというよりは，人的側面や組織内部に関心を置いた傾向が強く，経営者が管理責任者に期待する姿とは異なった方向に乖離しているように思われる。

そのような考察点から鑑み，ISOマネジメントシステムの運用では，トッ

プマネジメントはISOマネジメントシステムに期待する本音を管理責任者に率直に伝達し納得してもらう努力をより強力に発揮することが必要である。一方，管理責任者もISOマネジメントシステムを単なる業務分担の対象とするのではなくて，トップマネジメントの経営目標と期待を理解し，もっと経営や全体的な視点からISOマネジメントシステムを意識的に再構築し，運用していくことが求められることが重要な成功要因といえよう。

以上に述べた考察点から明らかなように，ISOマネジメントシステムを経営マネジメントシステムに役立つよう運用するためには，管理責任者が経営の視点に立って（極論すれば管理責任者が経営者になったつもりで）ISOマネジメントシステムを経営していくことが不可欠である。そのためには，管理責任者の意識変革と経営マインドの強化が重要な対策となってくるはずである。例えばISO9001では品質管理担当部門（あるいは出身者）だからという単純な理由で管理責任者に任命しては意味がないということになろう。そのような背景から，①経営者と管理責任者との間で経営目標およびISO目標の再共有と整合を図ること，②経営者による管理責任者の経営的視点の強化を図ること，③管理責任者の経営的視点強化を確実にする再教育を実施すること，などの取り組み課題が見えてくるのではないか。今後のISOマネジメントシステムの発展を推進する，重要な取り組みになるのではないだろうかと思われることを提案としたい。

2 ISOマネジメントシステムの活性化と事業競争力強化のスタンス

(1)「事業競争力強化モデル事業」プロジェクトの検討

2012年後半から2013年前半まで，ISOマネジメントシステムの業界誌に「経営品質を高める仕組みや活動に学ぶISOの役割と活用事例」という連載記事を書いたことがある。2回目の連載記事が掲載された号が出版された直後に，経済産業省の方から連絡をいただき，連載記事の内容に興味があるので話を聞きたいとのことから，早速同省に伺ったことがあった。ちょうどその頃，

経済産業省では前述した「事業競争力強化モデル事業」のプロジェクトの検討段階にあり，その検討情報として筆者の連載記事が目にとまったという。それに加えて，日本国内におけるISOマネジメントシステムの普及が頭打ちになってきている現状も踏まえてモデル的な取り組みを実施し，わが国全体の事業競争力等の強化を図ることを目的として，マネジメントシステム（MS）をどのように活用してゆくべきなのかという，あるべき姿の模索も議論されていたのであろう。

　その訪問で話題になったのは，株式会社システム規格社発行の月刊「アイソス」の2012年10月号と11月号に掲載された筆者の連載記事だった。その連載記事の内容は，日本経営品質賞受賞企業におけるISOマネジメントシステムの活用レポートや，筆者が勤務していた企業での経営改革のフレームワークとして使われた欧州品質賞（ビジネスエクセレンスモデル）におけるISOマネジメントシステムの運用方法に関するものであった。それらの記事から，ISOマネジメントシステムに言及した部分をピックアップしてみると，当時の経済産業省の方々が興味をもっていたと思われるテーマが，浮かび上がっ

図表6-2　経営品質（ビジネスエクセレンスモデル）の1例（EFQM）とISOマネジメントシステム（9001）の主要規格との関連図

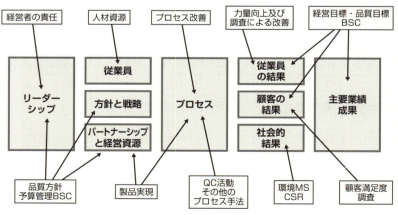

出所：EFQMをもとに筆者作成。

てくるのではないだろうか。

　まず1つ目としては，筆者が勤務していた企業が，欧州品質賞（EFQM）のフレームワーク（図表6-2）やバランススコアカードを用いた経営品質向上活動を組織内に展開し，その活動の中ではISO9001やISO14001の導入も含まれていたことがあげられる。ISOマネジメントシステムにかかわる方々の中には，このフレームワークがISO9001の構成と似ている印象をもつ方々がおられるのではないかと推察されるが，やや乱暴な言い方をすれば，ISOマネジメントシステム規格が経営品質賞のフレームワークや考え方に近づいてきている印象がある。

　ちなみに，「経営品質向上プログラムアセスメントガイドブック」によれば，経営品質向上プログラムのミッションは「経営革新を目指す人と組織に対して，経営革新を確実に実現できるように支援すること」であり，経営品質向上プログラムは，こうした人と組織に「革新のための変革思考と革新プロセスという価値を提供しようとしている」とある。また，「クオリティ」という言葉は日本では「品質」と訳されることが多く，製品としての機能や特性を示す「もの」の質だから品質と呼ばれてきたが，これはどちらかといえばクオリティの狭い定義と考えられ，むしろ品質は「状態」を表している言葉と考えるべきで，目的に対して適切さの度合いが「状態」であり，経営品質とは価値革新を生み出す組織の状態を高めようという考え方と定義している。

　したがって，「適切さ」とは，ある目的に対して決まるのであるから，適切か不適切といったような簡単に判定できるものではなく，目的を実現するために行っていることと，その状態をさらに良くするために行っていることを，きちんと見ていくことが重要といえよう。

(2) ビジネスエクセレンスモデル（経営品質賞）の中で明確になっているISOマネジメントシステムの位置づけと役割

　2つ目としては，ビジネスエクセレンスモデル（経営品質賞）の中では，ISOマネジメントシステムの位置づけが明確になっていることである。世界的な規模で基本的な考え方として使われているマルコム・ボルドリッジ国家品質賞や欧州品質賞（EFQM）を例にとって見てみると，まずマルコム・

ボルドリッジ国家品質賞の審査基準書（2011-12年版）の冒頭にある商務省国立規格技術研究所が紹介している「ボルドリッジ・パフォーマンスエクセレンスプログラム:なぜ今ボルドリッジがあなたにとって重要なのか」と題する挨拶文には，「この審査基準は，ISO9000，（中略）などの経営手法を決定するのに役立ちます」と，いきなりISOマネジメントシステムを登場させている。また，「組織プロフィール:組織の戦略的状況」を問う項目にも，「ボルドリッジのフレームワークによって提供されるシステムアプローチと両立できるパフォーマンス向上へのアプローチは，組織のニーズと関係しているはずであり，それらには（中略）ISO標準（例えば，9000または14000）の使用，或いは他のプロセス改善や革新ツールの採用などが含まれます」とある。そして，「戦略の立案」のクライテリアの項には，「主要な挑戦課題と優位性を扱う戦略課題には，（中略）品質や環境システムのISO認証取得，（中略）などを含みます」とも書かれており，さらには，「業務プロセス」のクライテリアの項にも，「プロセスのパフォーマンスを向上させ，ムラを小さくするために，（中略）ISO 品質システム標準，プラン—行動—チェック—アクトやその他のプロセス改善ツールなど手法を取込むことも考えられます」と活用を推奨していることがわかる。もう1つ紹介するとすれば，「7．1 製品とプロセスの成果:何が製品のパフォーマンスとプロセスの有効性の結果ですか」という問いの解説の部分に，「ISO9001の審査のような第三者機関のアセスメント結果といった事業特有のものを含めることができます」といった具合に引用しているのである。

　なお，欧州品質賞（EFQM）のクライテリアでは，「プロセス」の中のサブクライテリアに，「プロセスマネジメントに，ISO9000のような品質システム，環境システム，職場の健康・安全システムのような標準化システムが適用されている」という記述が見られることを報告しておきたい。このように，ビジネスエクセレンスモデル（経営品質賞）において，ISOマネジメントシステムは戦略やプロセスに関連する領域で，そのマネジメントシステムとしての役割と活用が望まれていることは明らかなのである。

第6章　ISO経営の意義と新潮流への対応

(3) 経営品質向上に取り組む企業や組織での ISOマネジメントシステムの活用

　3つ目としては，経営品質の向上を目指してきた日本の企業では，実際にISOマネジメントシステムを取り込み，活用してきたという事実である。その手掛かりとして，日本経営品質賞委員会が発行している日本経営品質賞受賞組織の「経営品質報告書（要約版）」を見ると，受賞組織の多くがどのようにISOマネジメントシステムを活用して，経営品質向上を目指してきたかがよくわかる。ちなみに，環境マネジメントシステムのISO14001は，当然ながら「経営における社会的責任:社会要請への対応」に該当する記述に多く見られ，一方，品質マネジメントシステムのISO9001は，そのフレームワークの性格上，方針展開や業務の標準化での活用が目立つ。

　そして4つ目には，筆者が勤務していた企業で実際に担当した，経営品質（ビジネスエクセレンス）を高める取り組みとしてグローバル展開された「BEST」（Business Excellence through Speed and Teamwork の略称）と命名されたクオリティ向上のプログラムの紹介であった。BESTプログラムは，欧州品質賞であるEFQM（European Foundation for Quality Management）というTQMモデルをベースにし，経営や業務のスピードとチームワークを通じて卓越した競争力を実現していくことを目的としていた。

　ちなみに，BESTプログラムのS（スピード）は，財務のキャッシュフロー，在庫管理，日常業務も含めて市場に対するリアクションの早さを示し，T（チームワーク）は情報の共有化，つまりナレッジマネジメントを通じて新しいビジネスの価値創造や問題解決に役立てていくことを目指していた。また，当時のBESTプログラムでは，経営品質向上活動として2つのことを行い，1つは欧州品質賞のクライテリアを用いてセルフアセスメントしながら経営の質を高めていくこと（その仕組みや活動の中にはISO9001が含まれていた），そして，もう1つは，バランススコアカード（BSC）を使って，事業目標や経営品質改善目標の設定と達成につなげ，下位レベルへの展開，つまり一種の方針展開のツールとしていた。言い換えると，欧州品質賞でのセルフアセスメントを基本とし，ISO9001やバランススコアカードを用いて

PDCAサイクルを回すことで，事業目標とビジネスエクセレンス向上の実現を目指すものだった。

3 ISOマネジメントシステムを巡る企業の動きと規格改定に見る新潮流

(1) 事例研究にみる新潮流

　次に，特色あるグローバル経営を展開している中小企業および中堅企業において，ISOマネジメントシステムをどのように活用しているのか，その新潮流について触れたい。

　まず，その対象としたのは，2014年度に経済産業省が顕彰したグローバルニッチトップ企業100選に選定された中小企業で，事例研究として取材を行った。ISOマネジメントシステムを品質経営のベースにしたグローバルニッチトップ企業といえる。

　加えて，日本経営品質賞を受賞した中小企業のISOマネジメントシステム活用を紹介したい。ISOマネジメントシステムのマネジメントレビューや品質目標を経営品質向上の仕組みに取り入れたモノづくり企業であり，事業戦略の軸足をより高付加価値製品に移すことに成功した事例である。

　あわせて，コラム記事として，ISOマネジメントシステムとバランススコアカードを融合させて独自のマネジメントシステムを構築し経営品質向上に取り組んだ病院経営，そして，ISOマネジメントシステム活動の業績評価指標を経営に資する指標に結び付けようとする，言い換えると，無形資産価値を有形資産価値に見える化する試みを始めた企業を紹介する。

　最後は，近々予定されているISOマネジメントシステム規格を巡る新潮流である。規格改定で，これまで指摘されてきた課題を解決することができるのかについて簡単に触れたい。

事例研究⑧ 株式会社冨士製作所

ISO9001を品質経営のベースにしたグローバルニッチトップ企業に見るISOマネジメントシステムの新潮流

1 会社の概要

　ISOマネジメントシステムを品質経営のベースにしたグローバルニッチトップ企業として，株式会社冨士製作所を取材した。関越自動車道路と上信越自動車道路が交差する群馬県の藤岡ジャンクションの近くにある同社は，群馬県藤岡市に立地し，世界の食品メーカーと取引する麺製造機械，プラントの世界的メーカーで，即席麺の生産ライン，スナックや菓子の搬送・包装等，食品関連の機器を中心とした製品を製造・販売する従業員数およそ90人の革新的中小企業である。研究・開発や機器製造のみならず，食品の加工方法や省力化に関するアイデアや技術を顧客に積極的に提案する顧客提案型メーカーとして，2014年のグローバルニッチトップの会社100選にも選ばれた。以下に同社の概要（図表6-3）と製品の１例（写真⑧-1）を紹介する。

図表6-3　株式会社冨士製作所の概要

創　　業	1947年8月8日に櫻澤製作所として創業
設　　立	1964年2月17日に株式会社冨士製作所を設立
資 本 金	3,000万円
代 表 者	代表取締役　櫻澤　誠
売 上 高	48億円（2014年2月期）
従業員数	91名
事業内容	製麺プラントの製造，販売
主要製品	その他食品製造設備および工業用省力機械の製造・販売，即席麺製造プラント，生麺・乾麺製造設備，各種食品の定量供給，充填およびシール用設備，各種省力機械出所

出所：同社ホームページを参考に筆者作成。

2 同社の経営の特徴

　近年，世界の食糧事情は人口の増加，食生活の高水準化，自然環境の悪化等により危機的ともいえる状況下にあり，限られた資源を効率よく食糧・食品に活用することがますます重要になってきている。そこで同社ではこのことを念頭に置き，さらに高い歩留り，安定した品質と稼動を，より少ないエネルギーで実現する機械の開発を目指している。

　同社の創業は1947年にさかのぼる。現社長の祖父（志磨夫氏）が創業した櫻澤製作所では，工場自動化機器および配電盤等の製作を行っていた。1961年に親友の食品問屋の社長から即席麺製造の機器開発の協力を求められ，コンベア式フライヤーを開発し，1964年に株式会社冨士製作所が設立され，即席麺ライン，各種コンベヤの生産を開始した。それ以来，国内の食品メーカーのニーズにきめ細かく対応する過程で，技術革新を次々に行う，研究開発型のオンリーワン企業に成長，世界に知られる存在となった。即席麺製造技術において革新的な進歩を果たし，連続ミキサー，たて型麺機，バスケット式多段蒸機，多段フライヤーからなる省力・省スペース型の即席麺ライン

等を市場に提案し，アキュムレーターは開発後，商品化されて世に送り出され，多くの納入実績につながった。そして，高崎市の産業振興貢献企業表彰，日本食糧新聞社「戦後50年・食品産業貢献賞」受賞，群馬県より中川威雄技術奨励賞受賞，など輝かしい業績を残している。2014年には，経済産業省グローバルニッチトップ企業100選にも選ばれた。1998年にはISO9001（品質マネジメントシステム）認証を取得し，輸出第1号としては，単体の機器は1969年頃に台湾向けに，製造ラインとしては1971年に行われている。

3 同社の製品の強み

　同社の製品は，即席麺一貫製造ラインを開発し，積極的な海外展開により，事実上の世界標準化を成し遂げたことである。きめ細かな顧客対応で国内食品メーカー30社の信頼を獲得し，国内でオンリーワン企業としての地位を確立したことも，卓越した事業競争力の実現につながる重要な成功要因である。その領域は，製造ラインの据付・メインテナンス・改造・修理はもちろんのこと，即席麺の製法等のソフトの開発・提案・提供，顧客の要請のみならず，自社案による即席麺等の新製品の試作まで行っているという。その結果，国内のほとんどの即席麺メーカーが同社のユーザーとなっており，およそ90人の会社の製品が，国内市場シェアの60％，そして世界市場シェアの実に40％，つまり国内外あわせて50％のシェアを有するという事実に驚かざるを得ない。

　前述したように，最初は，インスタント・ラーメンの中間工程のフライヤーの開発からスタート。その後，上流・下流の自働化を進め，「小麦粉と水の混合・製麺・蒸し・油揚げ・冷却」までの製造工程をライン化し，効率化マシンを次々に開発。1970年には，現在の原型となる即席麺用一貫製造ラインの開発に成功。1977年には，ノンフライ麺用乾燥機を開発した。この領域では，即席麺ラインに自社で製作した乾燥機を組み込んで一貫したノンフラ

写真⑧-1　冨士製作所の製麺プラントの例

イ麺ラインとして供給しているのは，カップ麺ライン用の充填コンベア同様，同社だけの独占商品である。1997年にアキュムレーター（蓄積装置）を開発。それまでは，連続自動ラインの包装工程でのトラブルにより「ちょこ停（一時的なトラブルで設備が停止すること）」が頻発して，包装工程の手前でオペレーターや排出装置による製品の一時取り除き（包装機械が停止しているので，主流から流れてくる製品を取り除く必要がある）不良品が発生していたが，その問題を解決し顧客の信頼を不動のものとした。

　1980年代以降は，カップ麺ライン用連続充填コンベアや高速乾燥機を開発。さらに，同社の開発した高速乾燥機（あるいは高速乾燥という製法［工程］）は，従来1時間程度を要していたノンフライ麺の乾燥工程（時間）を，高速（高風速）・高温の熱風を用いることにより，製品（麺）にもよるが，乾燥時間を3〜5分程度に短縮した。かくして，同社は後発メーカーながら，新製品開発に取り組み，業界トップメーカーに成長したのである。

4 積極的な海外展開による事実上の世界標準化

　同社の強みの1つに，積極的な海外展開により事実上の世界標準化を成し遂げたことはすでに述べた。ここで，その海外展開の挑戦について触れてみたい。1970年代に全国の即席麺メーカーからの受注に成功した後，海外からの注文が増えてくる。海外向けビジネスでは，すでには累積800ライン以上を納入。その輸出先は東南アジア，東アジアが中心だが，アメリカ合衆国やカナダ，中南米，中東，欧州，アフリカにも広がってきている。

　売上高が50億円に迫る中で，海外への輸出比率はおよそ50％に及んでいるという。海外ビジネスでは常にコピー対策というリスクが伴う。海外特許の申請はある程度しているが，諸事の理由で実効を伴う特許の有効活用ができていない状況から，「効率・歩留り・安定性」で常に一歩先を行く技術で勝負をしている。今後の方向として，コマツ方式の導入の可能性（通信衛星を利用した遠隔監視による自動監視，メンテナンス，部品交換などの稼働サービス）も検討していくという。

5 ISOマネジメントシステムが品質経営を支える

　このような同社の事業活動を支えているのが，品質マネジメントシステムISO9001の積極活用である。1998年に認証取得をし，はじめの10年間は，ただ運用の維持をしていただけで，思ったほどの効果は少なかったという。トップダウンの指示待ち体質といった社風という背景もあったようだが，ここ5～6年前からISOマネジメントシステムを活かす経営に転換した。その理由としては，計画性の向上とミス撲滅への対策があったようである。顧客情報の有効活用，内部監査を活かした改善活動，社員の能力の向上，等も視野に入れた活動を続けている。

第3部　中小企業のグローバル化と成功要因—中小・中堅企業編—

事例研究⑨

西精工株式会社

マネジメントレビューや品質目標を経営品質向上へ取り入れる
中小のモノづくり経営に見るISOマネジメントシステムの新潮流

1 会社の概況

図表6-4　「西精工」株式会社の概況

創　　業	1923年
設　　立	1960年
資 本 金	3,000万円
代 表 者	代表取締役社長　西　泰宏
売 上 高	44億9,200万円（2013年7月）
従業員数	237名（2014年9月）
事業内容	ナットを中心としたファインパーツの製造・販売 　　　（自動車，家電・弱電，住設機械，建設機械，ゲーム機）
経営特性	ひとづくりを基点に徳島から世界へファインパーツの極みを発信，日本経営品質賞中小企業部門（2013年度）を受賞

出所：西精工のホームページをもとに筆者作成。

2014年2月20日と21日の2日間，都内のホテルで開催された「顧客価値経営フォーラム」には750名を超える参加者が集まり，その日本経営品質賞表彰セレモニーの檀上には，受賞企業代表者の1人として西精工株式会社代表取締役社長の西泰宏氏の晴れがましい姿があった。以下に同社の概要（図表6-4）と製品群（写真⑨-1）を示す。

写真⑨-1　製品群
出所：同社ホームページより。

日本経営品質協議会（日本生産性本部内）のホームページによると，西精工株式会社は，1923年創業者の西卯次八が，徳島市で当社の前身である「西製作所」を創業。切削加工でボルトを製造し大阪の流通問屋に販売したことに始まった。終戦を境に，プレス加工による欧米輸出用ナット製造に転換。1960年，「西精工株式会社」へ改組を機に，ベアリング事業へも参入，国内の弱電・家電業界の復興には，高品質な小径の四角，六角ナットを量産してきた。また，日本のモータリゼーションの発展には，鍛造加工による自動車用溶接ナットの草分け企業として，大量製造・安定供給を行い，国内めねじ業界において小径六角ナット製造第1位，溶接ナット製造第2位のメーカーに成長することができた。

2　経営革新の動向

2000年頃からユーザーのアジア諸国への生産移転が進み，2004年に創業以来のベアリング事業から撤退する。既存製品も価格見直しによる商権維持が続き，組織は新たな方向を模索していたという。

そこで，2006年，「経営理念」により存在価値を示し，2009年，「経営ビジョン」で目指す姿を明らかにした。大量製造・安定供給から高精度・高機能・極小のファインパーツ（FP）による価値創造へと見直してきたのである。冷間鍛造技術と提案活動を核とし，「お役立ち」という顧客価値を提供するために，現状とのギャップを認識し戦略的に活動している。

朝礼における対話を活用し，創業の精神や経営ビジョンといった価値観や方向性を共有することで，社員の協働と自主性に対する意識が高まり，他部門との協力関係が自律的な相互連携にまで至っている。そして，部課長・経営会議でのMR（マネジメントレビュー：ISOマネジメントシステム規格の要求事項の１つ）や半期に１度の係別面接など，振り返りのための仕組みや場づくりを数多く実施することで，より高い価値を創るための学習に目が向けられ始めているという。

　また，FPの定義である「高品質，高精度，極小」を実現させるために，FPを創造する工程で必要な製造設備や金型を，メーカーから取り寄せるのではなく，自社で開発する技術力を備えており，自社で製造設備を開発することで，微妙な調整が可能となり，顧客がもつ，より特殊な要望に対応することを実現することを可能にしている。また，機械を大切に扱うという価値観が定着し，機械設備のオーバーホールも自社で行っていることで，機械や設備に関する知識と技術力がさらに高まり，新たな設備開発に活かすといった好循環が保たれている。

　さらには，「お役立ち」という顧客価値を起点とした業務プロセスの革新がある。FPをとおして「お役立ち」という顧客価値を提供するという考え方が組織内に浸透し，顧客満足度調査チームによる対面でのお客様満足の把握，営業技術者を中心としたVA/VE提案活動など，顧客との対話を増やす取り組みを強化したことで，安定したユーザー同行率や提案率を維持している。その結果，成約率も同業他社より高く，増加傾向にある。また，出張報告書やカスタマイズ表を活用して顧客情報をまとめ，グループウエアで一元管理し，必要に応じて社員が情報を引き出している。さらに，新製品に関する情報をレビューし，気になったことをコメントとして書き込むなど，全員が顧客の声に耳を傾けることができる仕組みを構築していることも，革新性が高いといえよう。

3　ISO経営の追求

　日本経営品質賞委員会と同社が発行する「2013年度経営品質報告書（要約

第6章　ISO経営の意義と新潮流への対応

図表6-5　同社の戦略展開イメージ

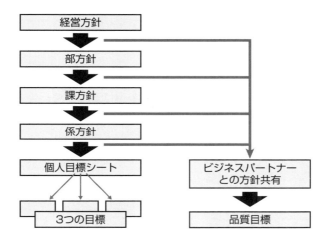

版)」には，ISOマネジメントシステムの活用事例が紹介されている。ISOマネジメントシステムの要であるマネジメントレビューを経営活動や意思決定に直結させた取り組み，製造業における基本活動の1つとして5S活動の積極的推進，品質保証部によるISO9001・顧客対応とフォロー等の側面支援，総務部による職場環境の維持・構築・BCP（事業継続計画）・ISO14001および社員モチベーション等の側面支援が，経営品質向上に貢献していることはいうまでもない。ビジネスパートナーとの方針共有による品質目標設定までの戦略展開イメージ図を図表6-5に紹介する。

【コラム　6-①】

病院経営でも注目されるISO9001とバランススコアカードを融合させて経営品質向上に取り組むISOマネジメントシステムの新潮流

　日本経営品質賞を受賞した福井県済生会病院の同病院の運営方針には,「患者さんをはじめ,病院内外のあらゆる要求事項に適合していくため,組織運営の仕組みであるクォリティマネジメントシステム（QMS）をバランスト・スコアカード（BSC）とともに推進し,病院がより良いサービスを提供できるようにこれらのシステムを職員全員の熱意と知恵で継続的に改善する」とある（同病院ホームページより引用）。

　また,日本経営品質賞受賞の同ホームページによれば,福井県済生会病院は,「患者さんの立場で考える」理念の浸透を最優先と考え,経営幹部が率先して組織の継続的改善と成長を続けるために,品質のISOマネジメントシステムであるISO9001とBSCなどを融合させた独自の「済生会クオリティマネジメントシステム（SQM）」（図表6-6）を2005年より導入したとある。経営や業務の目標はBSCで,プロセスのインフラはISOマネジメントシステム

図表6-6　SQMのモデル図

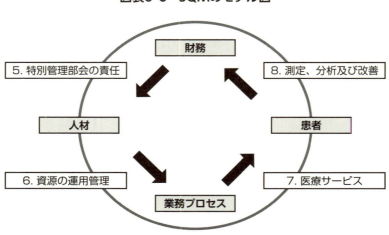

第6章　ISO経営の意義と新潮流への対応

で，といった融合がSQMを生み出した。つまり，飛行機でいえば，BSCは操縦席のコックピットであり，ISO9001はエンジンという例えができよう。

本事例ではグローバルビジネスへの言及はないが，今後の日本医療業界の方向として，医療観光（ツーリズム）への参画を視野においた病院経営の「国際化」（グローバル患者対応化と言い換えてもよいかもしれない）を考える上で，同病院のマネジメントシステムは参考になるものと思われる。実際，医療観光は成長市場として注目され，外国人患者の誘致に積極的な病院も出てきた。また，旅行業界も注目し，検診ツアーの販売や医療観光を専門に手がける部署も登場してきている。

【コラム　6-②】
統合したISOマネジメントシステムの活動目標を経営の視点で捉える試みを始めたビジョナリーカンパニー──ISOマネジメントシステムの新潮流

静的な組織と動的な組織については本章のはじめに触れたが，ISOマネジメントシステムの活動目標と財務（経営）指標とを明らかにしながら，目標の妥当性を確認していこうと試みている「動的な」企業がある。京都に本社を置く某グローバルカンパニーがその1つ。同社は，経済産業省が主宰したプロジェクト「事業競争力強化モデル事業」に参加した機会に，ISOマネジメントシステムの価値を可視化する目的で，IMS（統合マネジメントシステム）の目標設定やKPI（重要業績評価指標）の策定ガイドを開発したのである。

そのプロジェクトにおいて，同社は，すでに運用しているISO9001（品質MS），ISO14001（環境MS），OHSAS18001（労働安全衛生MS）の統合マネジメントシステムに，ISO22301（事業継続MS）を加え，より強靭な企業"耐質"の構築を目指し，あわせて，無形資産であるマネジメントシステムの価値を可視化できる重要業績評価指標の策定ガイドラインを作成・実践することで，マネジメントシステムと経営指標とのつながりを明確にする体制を構築したと，その成果を経済産業省産業技術環境局基準認証ユニット国際標準課が報告している。

(2) ISOマネジメントシステムの改定（共通テキスト）に見るISOマネジメントシステムをめぐる新潮流

ちょうど本書が出版される時期には，ISO9001やISO14001の来年の改定に向けた説明会が，多くの研修会社やセミナーハウスで行われていることであろう。改定の骨になる部分は，「共通テキスト」，「付属書SL」などとも呼ばれるもので，組織によっては「共通要素」（図表6-7）と命名しているところもある。

図表6-7　共通テキスト（HLS、共通要素）・各規格・PDCAの関係

0 序文 1 適用範囲 2 引用規格 3 用語及び定義 4 組織の状況 　4.1 組織及びその状況の理解 　4.2 利害関係者のニーズ及び期待の理解 　4.3 XXXマネジメントシステムの 　　　適用範囲の決定 　4.4 XXXマネジメントシステム 5 リーダーシップ 　5.1 リーダーシップ及びコミットメント 　5.2 方針 　5.3 組織の役割、責任及び権限 6 計画 　6.1 リスク及び機会への取組み 　6.2 XXX目的及びそれを達成するための 　　　計画策定	7 支援 　7.1 資源 　7.2 力量 　7.3 認識 　7.4 コミュニケーション 　7.5 文書化した情報 　　　7.5.1 一般 　　　7.5.2 作成及び更新 　　　7.5.3 文書化した情報の管理 8 運用 　8.1 運用の計画及び管理 9 パフォーマンス評価 　9.1 監視、測定、分析及び評価 　9.2 内部監査 　9.3 マネジメントレビュー 10 改善 　10.1 不適合及び是正処置 　10.2 継続的改善

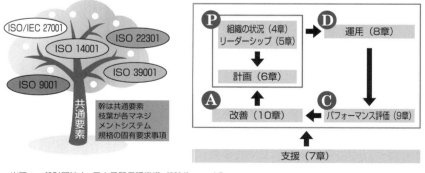

出所：一般財団法人　日本品質保証機構（2014），pp.4-5。

第6章　ISO経営の意義と新潮流への対応

　本章では「共通テキスト」の用語を使って筆を進めていくことにするが，この共通テキストは，今後ISOマネジメントシステム規格を開発する際には，必ず使用しなければならないと決められたものである。発行の背景としては，多くの種類のISOマネジメントシステムが出現した現在，それらの規格の総合的に共通化できるところはしていく方がよいという考え方が出てきたためである。ここでは，共通テキスト誕生の経緯や内容についての詳細を語るのが目的ではないので，その役割は専門資料に譲るが，2006年ごろから本格的な検討に入っていたようである。

　ISOマネジメントシステム規格の改定と聞けば，構築や維持・運用に携わる経営者や管理当事者の脳裏には，2つの大きな関心事が浮かぶのではないだろうか。その1つは，改定によって現在のマネジメントシステムのどこをどのように変えていけば，新たな規格要求事項に対応できるのか，という実務的な関心事である。もう一方は，今までの問題点や課題点が改定によって解決あるいは低減される効果を期待できるのかといった経営の視点に立った関心事であろう。前者の関心事については，すでに専門家による多くの研修やセミナーがそのテーマを掲げて開催されているので，そちらに譲ることにし，本章では後者の関心事について考えてみたい。

(3) ISOマネジメントシステムの改定はこれまでの課題を解決できるのか

　『マネジメントシステム規格の現状・課題・展望～社会・適用組織にとっての意義，そして有効活用』[1]によれば，危惧される状況の1つに「負のスパイラル」が発生していることである。その発生原因としては，組織側の認証さえとればよいという考え方，審査側の安く簡単に認証すれば儲かるという考え方，審査側における審査の質の低下，質のよい審査員の採用・維持・確保が困難，組織側から審査コストに見合う利益が必ずしも得られていないという評価，経営者の姿勢，などをあげている。また，コンサルティング側の力量や登録審査との関係にも問題がありそうで，こうした課題を抱えたま

---

1) 飯塚（2006）。

まISOマネジメントシステム認証制度が大きく広がってしまったというところに基本的な問題があるという。もう少しマクロの観点から見ていくと、認証によるある種の社会制度の機能への認識不足、経営において「品質」をどう位置づけるかの認識不足、組織能力向上・技術を生かすマネジメントシステム・パフォーマンス評価・勝利のシナリオ、等を想定したマネジメントシステムになっていないということも考えられよう。なお、前述した「経営において「品質」をどう位置づけるかの認識不足」についての関連記述部分を筆者なりにまとめると、以下のようになる。①バランススコアカードでは、最終的な財務指標達成に向けた製品やサービスの満足度向上を目指し、そのためにシステム、プロセス、組織の学習能力、リソースを整備することをモデル化していることに注目したい。②その意味で、顧客志向を中心思想として品質に焦点を当てることが経営の要諦となり得ると考えられる。③品質を広義に解釈すると経営のほぼすべてをカバーできる機能があるにもかかわらずISO9001はその機能を有効に活用していない。これらの点に、バランススコアカードとISOマネジメントシステムの整合性を見ることができる。

　一方、環境マネジメントシステム（ISO14001）が抱える課題について見てみると、『環境マネジメントシステムが抱える課題と対応策』[2]によれば、①成果の頭打ち（「紙ゴミ電気」削減では2，3年で削減効果は頭打ちに；組織の成果につながるものよりPDCAが回しやすい項目を目標にする傾向か），②成果が見えない（環境活動や取り組みには定量的に把握し難いものが多く目的目標の到達点設定も曖昧になり成果も見えない），③当事者意識醸成不足で，環境担当の仕事と思われている（責任・目標・役割が現場当事者に落し込まれていない），④適切なフィードバックの実施不足（環境取り組みの意識低下やPDCAが機能不全に），⑤EMS運用の負担感，⑥第三者審査制度の信頼性向上，などがあげられている。

　そのような課題を抱えるISOマネジメントシステムに、共通テキストはどのように課題解決の機会を提供してくれるのだろうか。ISOマネジメントシ

---

2) 米倉（2010）。

ステム改定のポイントを整理してみると[3]，①マネジメントシステムの成果と適用範囲決定の明確化（組織の「意図した成果」に向かった活動が促進される；組織の課題・利害関係者の要求事項を考慮して適用範囲を決定する），②事業プロセス運営ツールとしてのマネジメントシステム（組織の日常業務に要求事項を組み込むことにより，効果的で効率的なマネジメントシステムの運用となる），③あらかじめリスクを考慮したマネジメントシステムへ（リスクをベースとした考え方の導入により，マネジメントシステムの運用が事前に想定し得る事態に対して，必要に応じた対策をとることを意図したものとなる），④文書・記録の概念の共通化（マニュアルや手順書などの形式にとらわれず，自由な形の文書化した情報でMSを運営することができる；紙媒体にとらわれず，利用目的に即してその他の情報媒体（画像・音声など）を使用することで，管理の効率化を図ることができる），⑤有効性評価の明確化（「パフォーマンス」と「マネジメントシステムの有効性」という，2つの視点から評価することにより，マネジメントシステムを効果的に改善することが可能になる），となる。そのように考えてみると，前出のレポートから垣間見られる課題解決の可能性としては，以下のようになるのではないか。

　課題①：マネジメントシステムの成果と適用範囲決定の明確化 ➡ 成果志向へ改善
　課題②：事業プロセス運営ツールのマネジメントシステム化 ➡ 経営と整合へ改善
　課題③：リスクを考慮したマネジメントシステムへ ➡ 勝利のシナリオ実現への活用
　課題④：文書・記録の概念の共通化 ➡ マネジメントシステム維持運用の負担感改善
　課題⑤：有効性評価の明確化 ➡ コストとリターンのバランスの見える化

3）　一般財団法人日本品質保証機構（2014）。

有効性重視とリスク考慮による計画・運用で，経営に資するISOマネジメントシステムに脱皮できるのか。今後の動きに注目をしたい。

(4) 経営に資するISOマネジメントシステム活用への１つの提言

これまでに紹介した，ISOマネジメントシステムを巡る中小企業および中堅企業の経営者の想いや期待，それに現場での構築や運用の取り組み事例や識者の意見や新潮流について経営の視点から総括してみると，およそ以下のようなキーワードに集約されるのではないか。

- 中小企業経営者，とりわけ創業者の経営に対する熱い想い，夢，信念を実現したい
- 経営に役立つISOの有効的運用により経営成果に直結できる取り組みを実現したい
- リスク対応，品質向上，意識変革，顧客評価のみならず，売上や利益向上も実現したい
- 静的な組織でいるよりも，動的な組織になりたい
- マネジメントシステムと経営指標とのつながりを明確にできる体制構築と運用をしたい
- 経営者の期待を管理責任者が正しく共有し体制構築と運用に落とし込んでもらいたい
- 経営品質向上活動におけるISOマネジメントシステムの有効活用と整合を図りたい
- オンリーワン企業の実現で事実上の世界標準化を成し遂げる企業を目指したい
- 既存製品ビジネスの見直しから新たな価値創造の挑戦と実現ができる企業を目指したい
- BSCとISOマネジメントシステムの独自融合による経営品質向上を目指したい

それに加えて，ISOマネジメントシステムの成果志向，経営（事業プロセス）との整合，勝利のシナリオ，負担感軽減，コストとリターンのバランス，

それに，リスク管理を考慮した経営の取り組みについても大いに興味があると理解できよう。

本章では，経営資源や時間にあまり余裕がない中小企業が，上記の経営課題を網羅的に解決できるリスク考慮型経営目標策定手法による「経営戦略展開表」の作成と活用を提案したい。

この経営戦略展開表の作成と活用は，大企業はもとより，組織の部門数や階層が少なく，コミュニケーションと意思決定が速く，それに経営の結果がすぐに出る中小企業にも適している。以下に，その方法を紹介する。

(5) なぜISOマネジメントシステムの認証取得企業は「経営戦略展開表」に高い関心を示したのか

あるマネジメントセミナーでのことである。経営戦略展開表のフレームワークを使って，ISOマネジメントシステムの認証を受けている組織の経営者アンケート結果の報告をしたところ，マネジメントセミナーに来られた多くの方々から，経営戦略展開表に高い関心が寄せられた。経営戦略展開表は，バランススコアカードのフレームワークをヒントに，筆者が使い勝手のよいテンプレートにして「経営戦略展開表」（図表6-10）と名づけて広く活用の事例を紹介してきた。この経営戦略展開表を，例えば，ISO9001品質目標にしてQMSの仕組みに乗せて達成へのPDCAを回せば有効活用できることから，多くの方々に経営戦略目標の展開に活用をお薦めしてきた。

経営戦略展開表は，「経営理念・ミッション・ビジョン→経営方針→経営目標→4つの視点で構成された重点目標→成果尺度（指標）→目標値→目標達成への実施施策」という構成で作られ，経営のマネジメントシステムをISOマネジメントシステムに連動させる試みには，非常に有効なツールとなる。経営戦略展開表を使って目標を作っていくと，例えば品質マネジメントシステムの運用と連動させることができることを検証してみたい。

ISO9001の規格要求事項の順番で，経営戦略展開表の構成項目と相互関係を照らし合わせてみるために，まずは，「4.2 文書化に関する要求事項」を取り上げてみる。品質マネジメントシステムの文書には，品質方針および品質目標の表明が求められており，もし，品質方針や品質目標をそのままの意味

図表6-8　経営戦略展開表のイメージ図

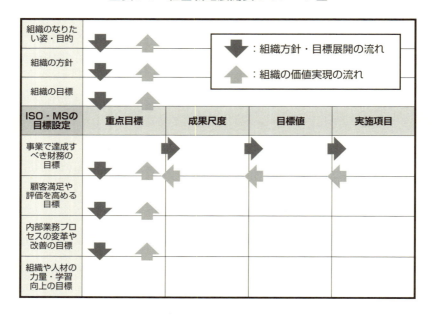

に捉えてみれば，経営戦略展開表の「経営方針」の中の品質にかかわる記述を品質方針に適用してもよい。重点目標の中の顧客満足や評価を高める目標，内部業務プロセスの変革や改善の目標，組織や人材の学習と成長への目標，等を品質目標として表明してもよいと思われる。

次に，「5.1 経営者のコミットメント」ではどうか。トップマネジメントは，法令・規制要求事項を満たすことは当然のこととして，顧客要求事項を満たすことの重要性を組織内に通知すること，品質方針を設定すること，品質目標が設定されることを確実にすること，などが求められている。経営戦略展開表作成例の最下段にある「経営者と社会的責任の目標」にはコンプライアンスについて触れることになるし，顧客要求事項を満たす重要性や品質方針・品質目標は経営戦略展開表そのものを組織内で説明することによって，組織内の人々に理解浸透させることができるし，また，マネジメントレビューは，この表に書かれている内容を経営会議や，ISOマネジメント関連会議でレビ

ューすると，経営とISOのマネジメントの有効な運用ができることであろう。

「5.2 顧客重視」も同じことがいえる。「5.3 品質方針」では組織の目的に対して適切であることが求められているので，経営理念やビジョン・ミッションから導き出される方針は間違いなく組織の目的に対して整合させているし，品質目標の設定およびレビューのための枠組みを与えるきわめて分かりやすいフレームワークになっていることも特筆すべきことで，組織全体に伝達され理解されレビューされる良きツールにもなることだろう。それぞれの目標も指標や数値で設定されていので，品質目標は，その達成度が判定可能で，品質方針との整合がとれるように作成されている。そして，繰り返すようだが，経営戦略展開表はきわめて優れた内部コミュニケーションのツールになるので，「5.5.3 内部コミュニケーション」も概ね満たすことにもなる。そして，マネジメントレビューでは，顧客からのフィードバック，プロセスの成果を含む実施状況および製品の適合性，予防処置および是正処置の状況，改善のための提案，などにも言及できる性格も持ち合わせている。

「6.2 人的資源」でも同様であり，教育・訓練または他の処置の有効性の評価が求められているが，組織の要員が，自らの活動のもつ意味および重要性を認識し，品質目標の達成に向けて自らがどのように貢献できるかを認識することも，重点目標の因果関係を考慮して作られていることを考えてみれば，頷けることであろう。「7.製品実現」はそれぞれに重要な取り組みの流れが規格要求事項として述べられているので，あまり詳細に触れることは避けるが，その中でも関心のあるのは，「組織は，供給者が組織の要求事項に従って製品を供給する能力を判断の根拠として，供給者を評価し，選定しなければならない」という点である。選定，評価および再評価の基準を定めている背景としては，質の高い供給者を確保できれば自分たちの仕事や製品の質も上がるということ。その項目は「内部業務プロセスの変革や改善の目標」にあるべきだろう。

そして何よりも，「8.2 監視および測定」では，経営戦略展開表はそのもつ役割を大いに発揮することになる。例えば「8.2.1 顧客満足」。組織は，品質マネジメントシステムの成果を含む実施状況の測定の1つとして，顧客要求

事項を満たしているかどうかに関して顧客がどのように受けとめているかについての情報を監視することが必要だし，顧客がどのように受けとめているかを把握するには，インプットとしての顧客満足度調査提供された製品の品質に関する顧客からのデータ，ユーザーの意見調査，失注分析，顧客からの賛辞，等を「顧客満足や評価を高める目標」に該当する目標や指標で示されるものになる。

「8.4 データの分析」は，組織は品質マネジメントシステムの適切性および有効性を実証するため，品質マネジメントシステムの有効性の継続的な改善の可能性を評価するために適切なデータを明確にして収集し分析することが求められているが，それは経営戦略展開表の重点目標に記述される指標や目標が該当するデータとなる。顧客満足，製品要求事項への適合，なども含め，有効性は「計画した活動が実行され計画した結果が達成された程度」とすれば，経営戦略展開表の重点目標の結果は有効性を示す1つのツールといえるのではないか。

(6) リスクマネジメント規格ISO31000：2009の登場

リスク考慮型経営目標策定手法による「経営戦略展開表」の作成という本題に入る前に，リスクマネジメントのISO規格と，リスクに対する考え方について触れたい。

外資系企業で30年近くを過ごし，その間に経営企画・経営品質のプログラムや事業計画立案と達成支援の仕事に関与してきた。それらの仕事を通じて，いつも頭をかすめたテーマは，事業における「リスク」とはどのようなもので，そのリスクにどう対処していけば最もよいのだろうか，ということであった。実際には，いったん事業計画を作成すれば，各事業の責任者たちは目標達成に向けて，特に財務目標の結果を出そうと懸命の取り組みを始めるのだが，戦略や戦術に沿った事業活動が進められていくとはいえ，リスクそのものを体系的に捉えてリスクをコントロールしながら成果をあげていくといったような活動は，あまり十分とはいえなかったように思う。

そのような中で，2010年に『リスクマネジメント-原則及び指針』（以下，

第6章　ISO経営の意義と新潮流への対応

リスクマネジメント規格という）が，JIS Q 31000:2010（ISO 31000:2009）として財団法人日本規格協会から発行された。私たちの所属している企業や非営利団体（以下，組織という）のみならず，私たち自身の毎日の生活においても，リスクは常に存在し影響を与え続けている。事業の目標を設定し達成する活動では，市場の動きや顧客の意向は想定から大きく乖離することも多く，その情報把握と対応に追われる毎日であることは言を待たない。ほとんどすべての業界や組織では中期事業計画を作成し，自分たちが決めた目的や目標の達成に向けて日々の取り組みが行われているのだが，組織の外部での動きのみならず，ときによっては予期せぬ内部の事情で組織の目的や目標の達成が左右されることが少なくない。むしろ，想定外の事情や障害などが起こる「不確かさ」の方が多いのが実情で，実は，この不確かさこそが，私たちの会社や組織が達成したい事業目的や目標に影響を与える「リスク」と呼ぶものではないでないだろうか。

　組織が毎日取り組んでいる活動には，常にリスクがある。私たちは目的や目標を達成するために，どんなリスクがあるのか，それらのリスクがどのように影響を与えるものなのか，そして，どのように対応すべきなのか，を議論しながら事業活動を進めているが，その運用管理は，ややもすると場当たり的（部分最適）な印象が拭えない。抽出し分析されたリスクの1つひとつが個別に対応され，場合によってはその後もさらなるリスク対応が新たに必要になってしまう事態が起こることもある。そのようなことにならないように，私たちはリスクそのものや，リスクを低減する仕組みをつくり，組織の経営活動に織り込んでいく必要がある。リスクを把握し，分析し，対応策を立案し，実行し，モニタリングとレビューをしていくPDCAを回せるプロセスをもつことが，組織の事業を成功に導く重要な成功要因になる。

　リスクマネジメント規格によれば，リスクとは「不確かさが組織の目的に与える影響」とある。リスクを考える場合には，期待に対して好ましい方向，または好ましくない方向に乖離（かいり）することの両方を想定するべきであり，好ましい影響を最大化することと，好ましくない影響を最小化することを同時に考えることが必要と訴えている。したがって，期待や目的がはっ

きりしていることがリスクを考える場合には不可欠で，目的を明確に設定しないと，リスクは定まらない。

リスクマネジメント規格は，組織の目的を事業計画の達成と置けば，リスクマネジメントは，事業計画の達成を支援する仕組みと位置づけることができる，としている。事業計画を達成する活動において，その達成に影響を与える可能性をリスクと特定し，好ましい影響を促進し，好ましくない影響を低減させ，あるいは回避させるなどの取り組みをすることにより，事業計画達成への確率を高めることができるはず。そのためには，内外の状況を検討することによって，目的や目標を達成する既存の仕組みに入れ込んでいくことが必要となる。事業計画のみならず，その他の既存のプロセスやシステムにも活用できるはずで，例えば，ISO9001（品質マネジメントシステム）をはじめとするマネジメントシステム，危機管理（BCP:Business Continuity Plan），安全分野，内部統制，等への活用も十分可能性があるし，現にISO14001（環境マネジメントシステム）における環境側面の影響評価と特定には，リスクマネジメントの手法そのものが広く利用されているという事実が多く見られている。

(7) リスク考慮型経営目標策定手法による「経営戦略展開表」活用の提言

次に，1つのケースを想定して標記の作成方法の説明を進めていく。仮に，B社という電動バイクを製造販売する会社があったとする。規模も小さく資本力も弱いベンチャー企業であるが，電動バイクの開発にはかなり以前から着手し，数年前に本格的販売に踏み出した。安全性テストのノウハウも確立し，販売を開始したときには，すでに電動バイク事業の顧客リストも準備されていた。B社が電動バイクの事業に参入した背景には，エコ・スローライフの浸透や環境意識の高まりを受け，電動バイクは大きく伸張するとの判断があったからである。最初は大手のバイクメーカーに勝てるかと疑問に思い不安にかられていたが，調べていくうちに，ベンチャー企業にも十分勝機があり，それに加えて，海外にはもっと大きな市場があると考えたからである。

そうはいっても小さなベンチャー企業ゆえに，いろいろな不安要素も抱え

ている。企業ブランド力が弱く，信用力が不足しているし，新規事業のための資金力も不足している。

　懸念されることはたくさんあっても，心配しているだけでは物事は解決されるものではなく，そこでB社の経営陣は，まずB社の直面しているビジネスのリスクを明らかにし，それらの軽減やコントロールを考えながら，経営の方向や目標を達成する取り組みをしようと思いたった。

　まず，はじめに着手したことは，ビジネスエクセレンスモデルを用いたチェックリストに照らし合わせて，自分たちの会社がどうなっているのかを把握することであった。この作業を通じて，自分たちの仕事の計画や実行に解決すべき問題や課題が多くあることが分かってきた。そして，それらの項目は「戦略的なもの」はSWOT分析に，「その他のもの」は個別のリスクとして，評価表を用いて評価して対応策を明確にし，社内で適切に処置していくことにした。

　そして，次は，いよいよ戦略的なビジネスリスクに触れていくステップである。事業戦略的なリスクを考慮しながら，「ビジネス環境分析」を行い，ビジネス環境分析が終わったら，今度はSWOT分析で内部の強みと弱み（内部要因リスクに好ましい影響を与える不確かさと好ましくない影響を与える不確かさ），外部の機会と脅威（外部要因リスクに好ましい影響を与える不確かさと好ましくない影響を与える不確かさ）の洗い出しを行った。

　さらに，戦略の方向を明確にするために，クロスSWOT（図表6-9）に落とし込んで分析・策定を行う手順とした。クロスSWOT分析について若干の説明をしておくと，広く一般に使われているSWOT分析は,「強み」「弱み」「機会」「脅威」の4つの窓で構成される現状把握のコミュニケーションツールだが，クロスSWOTでは，SWOTで抽出された4つの窓を外側に転記していく。

　転記された記述，すなわち，SWOTで分析された現状の事実や想定をじっと睨みながら「強みを生かして機会をモノにする」にはどうしたらよいのか,「強みに乗じて脅威を切り抜ける」手段はないのか，といったような検討を進めていくことができるのである。そこで創られる4つの検討領域は内

図表6-9　クロスSWOT分析モデルの１例

【クロスSWOT分析】 ・（外側：SWOT分析）事実を列挙し打ち手を考える土台を作る分析手法 ・（内側：クロスSWOT分析）シンプルSWOTの結果から打ち手の方向性仮説を導く分析手法		・エコ・スローライフの浸透による電動バイクへの関心が向上。 ・電動バイクを販売している競合会社が少ない。 ・家電量販店も販売取扱いに前向き。 ・インターネット通販の浸透。	・法改正による電動バイクに対する販売規制。 ・競合他社が当社の電動バイクの販売価格を下回る可能性。 ・電動自転車の事故発生などによる消費者の購買意欲の低下。
		機会	脅威
・電動バイク事業の成功という安心感を消費者にアピール。 ・電動バイクの開発技術が自社内にあるため低価格が実現。 ・電動バイクに対する安全性テストのノウハウを確立。 ・電動バイク事業で獲得した顧客リストが１万件ある。	強み	（強みを生かして機会を物にする） 【電動バイクの積極的なネット通販】 関東エリアの専門店などへの卸売を基本として，特にインターネット通販で積極的な宣伝販売活動を展開することで高利益体質を作り上げる。	（機会に乗じて脅威を切り抜ける） 【広告宣伝による収益源確保】 電動バイクに関するウェブサイトを構築。 顧客リスト１万件を活用した広告宣伝による収益源を確保する。
・企業ブランドが弱く，まだまだ信用力が不足。 ・新規事業のため，資金力が不足している。 ・人材不足による脆弱な企業体質。	弱み	（機会で弱みを克服する） 【ネット活用でコスト最小化】 業務の有効性および効率性を高めて最小限のコストで事業展開するためにインターネットを活用する。	（弱みと脅威で最悪の状態を作らない） 【コンサルサービス提供】 電動バイク業界における認知獲得を見据えて，他社に対する電動バイク販売のコンサルティングサービス開始の準備を進める。

側の４つの窓に書かれ，それぞれが「積極攻勢」「競争差別化」「弱点克服」「沈黙防衛」と呼ばれている戦略の方向を示すものとなる。

　クロスSWOT分析で戦略の方向を決めたならば，その戦略の方向を実現する具体的な重点目標（戦略目標）を決めていく。その作業をバランススコアカード（戦略マップとスコアカード）の考え方で行い，その結果を目標達成の確率の高い「経営戦略展開表」（図表6-8）として完成させるのである。「目標達成への現時点のベストなシナリオ」となれば，経営戦略展開表による経営（事業）目標の策定は，ビジネスリスクを最小化する目標達成のシナリオづくりとも考えられる。経営をしようと思ったら，そこにISOマネジメントシステムと経営戦略展開表があるではないか，と考える組織が多くなる

ことを期待したい。

参考文献

『アセッサージャーナル』「組織としてのリスクマネジメント：ISO31000を紐解く」第18号，2011年。

飯塚悦功（2006）「マネジメントシステム規格の現状・課題・展望」『予防時報』227号。

一般財団法人日本品質保証機構（JQA）「JQA顧客アンケート自由回答情報におけるテキストマイニング調査分析結果報告書」社内資料。

一般財団法人日本品質保証機構（JQA）（2005）「統合はマネジメントシステムと経営を直結させる」『ISO NETWORK』。

一般財団法人日本品質保証機構（JQA）ホームページ（http://www.jqa.jp/）。

一般財団法人日本品質保証機構（2014）『ISO Network』Vol.26。

株式会社西精工ホームページ（http://www.nishi-seiko.co.jp/company/message/）。

株式会社冨士製作所会社案内，およびホームページ（http://www.fuji-mfg.jp/）。

グローバルクオリティフォーラム「欧州品質賞（EFQM）翻訳資料」。

経営品質協議会アドミニストレーション（日本生産性本部内）（2011）「経営品質向上プログラムアセスメントガイドブック2011年度版」。

経済産業省（2014）「グループ単位で事業競争力を強化 新たなMS（マネジメントシステム）活用：事業継続等の新たなマネジメントシステム規格とその活用等による事業競争力強化モデル事業報告書」。

経済産業省ホームページ（グローバルニッチトップ100選）（http://www.meti.go.jp/press/2013/03/20140317002/20140317002.html）。

坂本雅明（2012）『人材開発白書2012』富士ゼロックス総合教育研究所。

高橋義郎（2012-2013）「経営品質を高める仕組みや活動に学ぶISOの役割と活用事例」『アイソス』No.179-184。

高橋義郎（2004-2005）「フィリップスマネジメントオープンセミナー講演資料」。

日本経営品質賞委員会（2012）「マルコム・ボルドリッジ国家品質賞2011-12年パフォーマンスエクセレンスへ向けての審査基準書（対訳版）」。

日本経営品質賞委員会および受賞組織（1996-2013）「経営品質報告書【要約版】」。

日本経営品質賞ホームページ（http://www.jqaward.org/index.html）。

日本工業標準調査会（2013）「事業競争力ワーキンググループ中間取りまとめ」（標準部会・適合性評価部会 管理システム規格専門委員会）4月。

日本工業標準調査会（JISC）ホームページ（http://www.jisc.go.jp/）。

日本工業標準調査会審議（2004）『環境マネジメントシステム―要求事項及び利用の手引』（JIS Q 14001:2004）日本規格協会。

日本工業標準調査会審議（2008）『品質マネジメントシステム―要求事項』（JIS Q 9001:2008）日本規格協会。

日本工業標準調査会審議（2010）『リスクマネジメントシステム―原則及び指針』（JIS Q 31000:2010）日本規格協会。

堀尾明寛・浅井太郎（2010）「ISOによる活動成果と今後の経営課題に関する調査アンケート分析結果報告書」三菱UFJリサーチ&コンサルティング株式会社。

米倉寛人（2010）「環境マネジメントシステムが抱える課題と対応策」『Issue9』（損保ジャパンリスクマネジメント）。

経済産業省ホームページ（ISO・MS規格とその活用等による事業競争力強化モデル事業）（http://www.meti.go.jp/policy/economy/hyojun/group-ms/index.html）。

アジアでの成功条件

1 事例研究

　第7章は事例研究である。主として，2008年のリーマン・ショック以降に強まった海外展開を進めている背景の下で，いち早く経営改革に乗り切り，アジアで稼ぐ経営戦略を打ち出して成功を収めている株式会社コスモテックと2014年3月経済産業省により「グローバルニッチトップ企業100選」に認定され，グローバル市場での成長を自社の事業拡大につなぎ焼き鳥などの特定分野の世界市場で高いシェアを誇るオンリー1企業として注目されているコジマ技研工業有限会社の事例を取り上げながら探ってみることにする。

事例研究⑩

株式会社コスモテック

アジアで稼ぐ―日本・中国の生産分業に活路

1 会社の概況

　2008年のリーマン・ショック以降に強まった海外展開を進めている背景の下で，株式会社コスモテック（以下，コスモテックという）は経営改革に乗り切り，自らの経営判断でいち早くアジアで稼ぐ経営戦略を打ち出した企業の1つである。日本・中国の生産分業に活路を開き，自社の技術力の強みを発揮して，規模にあった市場でオンリー1を目指し，コスモテックオリジナルブランドである「COSMOTAC®」[1]を武器に差別化市場で勝負をつけている。近年，多数の特許出願，技術・製造部門奨励賞，ブランド大賞を受賞するなど大いに注目されている。

　コスモテックの高見澤友伸現社長の父親がニチバン，中小・中堅企業など

---

1) 独自の高分子化学技術を駆使し開発された機能性フィルムが「COSMOTAC®」である。同社は日本・台湾・韓国・中国にて登録商標「COSMOTAC」の認可取得し，中国にて商標登録「COSMOTEC」の認可を取得した。

を経験し1989年50歳でコスモテックを立ち上げた。高分子が専攻だった創業者は時計文字板用粘着剤の開発から始まった。現社長は大手IT企業に勤務した後コスモテックに入社した。彼は早稲田大学商学研究科で学びながら研究してきた経営学を現場で実践し，激しい競争の波の中で持続的にイノベーションを起こし，企業の発展に力を注ぎ込んできた。

　機能性フィルムの分野で，中小企業ならではの機動力を活かして海外展開を行っているが，下請けを脱却し，自社製品を販売する営業力を身につけて成長を遂げ，最後まで挑戦していく。携帯電話の小さな粘着テープの加工から液晶テレビの反射シートの大きな加工までの機械設備を備え，素材の開発から加工品までを社内技術で対応できる体制をもった「開発型企業」と称されている。

　コスモテックの概況は次の図表7-1のとおりである。

　会社設立当初は，液晶産業の創生期であったため，液晶産業の成長とともに企業成長を果たしてきた。しかし，日本の液晶産業が落ち込むと同時に国内取引は減少し始め，その中でコスモテックは，アジアで稼ぐという戦略の

図表7-1　株式会社コスモテック概要

本社所在地	〒190-0022 東京都立川市錦町5-5-35
設立年	1989年11月
資本金	6,000万円
経営者	代表取締役社長　高見澤友伸
従業員数	50名
事業内容	粘着製品の印刷・加工・開発および製造販売 粘着シート・テープの開発および製造販売 印刷インクの開発製造 転写シール（熱・溶剤・感圧）の開発および製造販売 上記に関するコンサルティング
工場床面積	521m^2
品質管理体制	ISO9001，ISO14001取得，グリーンパートナー取得
クリーン環境	179m^2

出所：会社案内および企業調査により筆者作成。

転換によって輸出で売上を伸ばし，売上に占める海外事業のシェアが連結ベースでは7～8割までになった。

　海外展開のきっかけは，日系企業の仕様書を見た台湾企業からの問い合わせから始まる。当時，台湾では国策として国が液晶事業を育成するために積極的に投資を推奨していた時期であった。こういう状況下で台湾への輸出をするようになり，何度も訪台し商談を繰り返していくうちに，台湾に営業拠点を設けるという話まで進んでいく。しかしそのとき，当時のメインのクライアントの中国への進出に従い中国現地で生産工場を造ることを考え，コスモテックはクライアントとともに中国に進出（江蘇省蘇州市）することを決めた。業界の成長に従い，日本と中国のビジネスは拡大していったが，このビジネスモデルはリーマン・ショックで終わりを遂げた。

　日本でのクライアントの製品が売れなくなり自社の生き残りを最優先にしなければならず，下請企業のことは構っていられなくなったという厳しい状況に直面しつつあった。まさに，クライアントは生産拠点を海外に移したが，そのときは一緒に移転しようという話はなく，移転先の現地企業と取引をするという状況であった。

　そのような状況下において，縮小均衡で待ちの選択をする企業もあるが，コスモテックは違った。仮に待ったとしても，国内の液晶事業のこれ以上の成長は見込めないと判断したからであろう。コスモテックは自社の技術力の強みを発揮して，自社ブランド「COSMOTAC®」の開発を強力に進め，自力での海外展開を進めてきた。技術力の強みを活用して，多くの海外のお客様のニーズに合わせて，ビジネスを進めていたわけである。中小企業の弱みは，規模が小さいところであるが，考え直すとこれも利点であり，小さい需要でも柔軟に対応することが可能である。大量生産が必要な大規模な事業はできないが，ユーザーの多種多様なビジネスをサポートでき，そこから多様な可能性が生まれてくる。

　クライアントの海外進出に伴い中国進出を実現し，2002年11月に中国江蘇省蘇州市に生産拠点（独資）を設立し，現在2つの工場が稼働している。図表7-2は同社の海外生産拠点である開思茂電子科技（蘇州）の概況である。

図表7-2　海外生産拠点「開思茂電子科技(蘇州)有限公司」

所在地	〒215164 江蘇省蘇州市呉中区胥口鎮霊山路東欣工業小区7棟
設立	2002年11月22日
法人代表	高見澤友伸
資本金	120万米ドル（独資経営）
総経理	翁武和
従業員数	300名
事業内容	粘着製品の製造販売/粘着シート・テープの製造販売/販社シート・絶縁シートの製造販売
工場床面積	5800m^2
クリーンルーム	10000クラス760m^2/1000クラス240m^2
品質管理体制	2005年7月：ISO9001取得 2007年11月：ソニーグリーンパートナー取得 2012年7月：ISO14000取得

出所：会社案内および聞き取り調査により筆者作成。

　2002年蘇州工場を設立以来，2006年には台湾，韓国で登録商標が認可され，現在はコスモテックのオリジナルブランドである「COSMOTAC®」は日本国内のみならず，台湾・韓国・中国にて登録商標を取得している。なお，2011年11月に多摩ブルー賞，技術・製品部門奨励賞，2013年11月に多摩ブランド大賞を受賞している。確かに海外で自社製品の販売を広げ，アジアで稼ぐ優良中小企業である。

2　事業の特徴

　コスモテックの発足から現在までの技術革新を振り返ってみると[2]，1991年には，カラー液晶パソコン用各種粘着シート部材の製造を開始し，1992年には磁石用滑り止め特許出願，実用化され，1993年には再剥離可能粘着シート特許出願，実用化，肌用転写シール（タトゥーシール）特許出願，実用化を実

2）　同社のHPおよび聞き取り調査によりまとめ。

現した。1994年にはシリコーンゴムの成型法の特許出願，1997年にはフィルム電極用特殊シリコーンテープの開発，製造開始，1998年にはカラー液晶パソコン用各種反射シート部材の実用新案取得，1999年には艶消しタトゥーシール用原紙「転写基板及び転写シール」の特許出願，実用化，商品化を実現した。

2000年には2層金属蒸着による遮光テープの特許出願と商品化，2001年にはキズ防止およびムラ防止機能付き反射シートに関する特許出願および直下型のランプ近傍のみ劣化防止処理をしたコストの安い反射シート作成の特許出願し，2002年には白色反射シートに対する黒色フィルムの積層に関する特許出願と商品化，2004年にはミシン目ハーフ加工の特許出願と商品化，2005年にはFPC固定用特殊テープの特許出願と商品化，2007年にはアルミ2層蒸着の特許取得，2008年には導通結合加工に関する特許出願，2009年には密着防止反射フィルム特許出願と難燃性接着シート特許出願と商品化およびキズ防止およびムラ防止機能付き反射シートの大型液晶TVへの採用，2011年には汚染性ゼロの保護フィルムがタッチパネルに採用，2012年には自己修復塗料の開発，など後を絶たない技術革新，知財創造でコスモテックは中小企業として強い競争力を発揮している。

ここでは，コスモテックの主力製品である機能性フィルムを取り上げる。

機能性フィルムとは，プラスチックフィルムにコーティングや機械的な加工を施したもので，単に包装用の材料としてだけではなく，ガラスに代わる透明材料として，普段の日常生活の中で多様な製品を利用している。耐熱性や防湿性，非粘着性，高反射率などの機能を持っているが，例えば，スマートフォンやタブレット端末の液晶画面やタッチパネルには，いろいろな機能をもったプラスチックフィルムがさまざまな場所で使われている。日本全国の2010年の機能性フィルム製品の販売実績は約1兆7,000億円となり，特にフラットパネルディスプレイ（FPD）用途の売り上げは1兆3,000億円弱の規模に達し，フィルム市場全体の76％を占めている[3]。

コスモテックはATT社と共同でこすり傷が1秒以内に消える表面保護シ

---

3) 第一工業製薬株式会社（2012）『拓人』No.561。

ートを開発したが[4]，傷が付くと同時に消えていくため，傷が付いたことが分からなく，表面の光沢を維持でき，保護シート表面をポリウレタン系の軟らかな膜で覆い，硬いものとこすれても膜が吸収して力を分散させる機能をもっている。膜表面に凹凸ができても平らに復元するため，光沢が消えないが，膜の厚さは15マイクロメートル（マイクロは100万分の1）で，膜がはがれないかぎり，傷は修復され続けることができる。コスモテックの機能性フィルムは，銀色で細かい凹凸のあるシートである。液晶のバックライトを反射して，画面を均一に照らすために使われ，従来の液晶には反射シートなど6枚必要だったものがこの銀色のシート1枚で済むようになり，パソコンの小型化・薄型化に貢献している。また，加熱すると粘着力が無くなる特殊な粘着テープであるが，細かな電子部品を加工する際の部品の固定に用いられ，作業が終わったら加熱して逆さまにすれば部品を簡単に回収できる。

　コスモテックが扱う製品は，電子機器の内部で部品として使われる機能性フィルムやシート，顧客の製造現場で運搬中に傷がつかないようにする保護フィルムなど，日常生活の中で目にすることのないものが多く，陰で支える縁の下の力持ちとして活躍している。

　競争力がある上記製品は持続的な発展に伴うコスモテックの技術革新に関係するが，高度化する次世代製品の開発現場において，コスモテックオリジナルブランドである「COSMOTAC®」と高度な加工技術を融合し，競争力の向上に努めてきたが，同社における素材，加工の両面よりニーザーの用途に最適な提案を行い，ユーザーのニーズに合わせ，スピーディーに機能性フィルムを開発する。また，豊富なアイデアと匠の職人技術を融合させた独創的な加工技術，ネットワークを活かしたグローバルな製品を供給し，高い技術力と品質管理体制が高品質のものづくりを支え，ユーザーの生産工程に至るまでトータルコストの低減を実現し，「環境対応先進企業」を目指した製品開発を進めている[5]，などの面で徹底したコスモテックの技術革新が行われている。

---

[4]　『日刊工業新聞』2012年12月5日。
[5]　同社のHPおよび聞き取り調査によりまとめ。

③ 経営構造改革とグローバル展開

　2008年のリーマン・ショックにより経営が劇的に変わってきた。2008年から2012年にかけて円高の急進によって，中小企業はもちろんのことで，ソニー，シャープ，パナソニックなどの大手企業の経営も危機に直面してきた。とくに主力製品の液晶テレビ，パソコンなどのシェアが急減し，強まった海外展開を進める経営戦略などの背景下で国内部門の撤退が始まり，東南アジアへ生産移管せざるを得なかった。

　技術オンリーの町工場でさえも海外進出を考えざるを得なくなった点は新時代の幕開けを意味しているがコスモテックもこういう厳しい状況の下で，国内需要が減少，ユーザーの消失，国内の売上げが急減し，2006年設立した瑞穂工場の閉鎖も余儀なくされた。リーマン・ショックのあと，自社製品を納入していた大手メーカーが相次いで中国とASEANへ移転した。日本国内の経済全体が落ち込み，仕事が減る中で韓国と台湾は好調だったのでそれなら出てみよう考え，その後販売が順調に開始したため韓国と台湾に拠点を作った。

　リーマン・ショックが起きる直前に社長を交代し，当時は業績も好調であったし，事業継承もスムーズに行われてきた。友伸新社長は就任とともに新しいビジネスモデルの構築に専念してきたが最初は戸惑う社員ばかりで，社長自ら新事業に取り込まなければならなかった。社長が最初立ち上げたのが競争力ある自社製品の販売営業活動を海外でスタートさせ広げることであった。その後，やがて新しいビジネスモデル構築が社内から段々理解され，販売営業活動を事業目標として本格的に取り込むことができた。社内の人的資源を十分活用させ，社長と同期に入社した中国人スタッフを中国ビジネスの先頭に立たせ国情，文化，商慣習などによる日中両国間のギャップの解消に活躍させたことが上げられる。リーマン・ショック以降，国内の取引先が事業から撤退したり，生産拠点を海外に移したりするケースが相次ぎ，輸出に活路を見いだした。台湾企業を中心に新規顧客の獲得に成功してから，全社目標として「アジアで稼ぐ」を掲げた。現在の営業担当6人のうち，3人は中国とスリランカの出身である。友伸社長は「さらに外国人を増やすことも

第7章　アジアでの成功条件

考えられる」と話す[6]。

　従来と違うスタイルの販売営業活動を全面的に推進するために友伸社長が最初に力を入れたのが各展示会の活用であった。中国の上海，大連，韓国のソウル，台湾の台北などで開催される見本市，商談会，展示会は積極的に参加，出展した。これも法人会員登録をしていた協会からの中小企業に対する海外展開のサポートに対する一環として展示会への出展を促す連絡メールがきっかけでもある。さまざまな商談会，展示会での営業活動を通じて新しいビジネスのネットワークの構築と人脈作りができ，また自社製品の海外での販売に関しても取引のあった商社にヒアリングも忘れずに行われてきた。一連の努力のすえ，台湾では1年半くらいで自社製品販売の成果が出はじめた。段々正常の軌道に乗りつつ，ひいては協会のサポートなしでコスモテック独自で展示会などに出品したりするようになった。友伸社長は年間10件程度の展示会，商談会には参加したと語っている。

　図表7-2で示された2002年に蘇州工場の設立と中国での生産拡大ならびにアジア市場の開拓がまさにそうであった。

　コスモテックは，製品やサービスを顧客に提供するという企業活動を，調達／開発／製造／販売／サービスといったそれぞれの業務が，一連の流れの中で順次，価値とコストを付加・蓄積していくものと捉え，この一連の活動によって顧客に向けた最終的な"価値"が生み出されると考える。上流シフトを日本に置くが，主に設計開発，調達（PETフィルム），機能性フィルムの加工・製造，粘着剤，添加剤の塗布などを中心に，機能性フィルムの総合ソリューションプロバイダーを目指している。多品種少量品が中心で産業用途も多いが，量がまとまると大手企業か，ユーザーの内製にやられることをコスモテックは認識しながら随時対応している。中国には下流工程中心として，機能性フィルムの調達から打ち抜き加工，出荷しているが，中国本土，台湾，韓国向け電子部品用途が中心となっている。

　台湾での販路拡大につれて中国大陸，韓国に営業活動をシフトさせ韓国に

---

6)　The Yomiuri Shimbun（YOMIURI ONLINE），2014年4月10日。

販売拠点を作り，成長の期待ができる中国華南地区における販売実績が上がってきたため香港法人も作った。コスモテックは販売拠点を増やしていきながら生産拠点は日本国内と中国の蘇州だけに絞った。日本で生産された製品の半分は中国に輸出し，中国蘇州で生産している製品はほぼ中国現地の日系，台湾系，中国系企業が中心であり，いわば，中国，台湾，韓国向け電子部品用途が柱となっている。

4 グローバル経営の成功要因

　日本企業特に中小企業にとっては，国内市場の縮小傾向，海外との競争激化に伴い従来のサプライチェーンの中では十分に受注を確保することが難しくなってきている現状に置かれているのは言うまでもない。中小企業は産業構造の変化や激しい競争などの環境の中で，やむを得ず事業を縮小してゆくか大企業または得意先企業の経営行動に従って出て行くという経営環境の変化に直面している。この環境変化に対応する上で，自社のコア・コンピタンスを明確にし，事業領域の選択と経営資源の集中を通じて競争優位を確立するとともに，市場を広くグローバルに求めていくことで持続的成長への活路を見いだそうとしている。

　「粘着テープや機能性フィルム材料を選定・開発する"高分子技術"，それらをお客様にとって最適な形状でご提供する"加工技術"。お客様の様々なご要望に対して，"川上から川下まで"，材料から加工の両面から最適な提案を行う，これがコスモテックの強み」[7]である。

　友伸社長は「高分子（ポリマー）の技術開発一筋でやっていく」，ユーザーのニーズにもとづいて常に新しい機能性フィルムを生み出すことが，会社のミッションであると語った。技術力だけで勝つことはできないことを強く認識しているが，競争優位をどこに置くかが確かに重要である。技術に優位性をもつ企業もあれば，マーケティングに優位性をもつ企業もあるが，友伸社長は，コスモテックが強化していきたいのは，マーケティングであると断

7）　同社のHP。

第7章 アジアでの成功条件

言している。
　コスモテックのように，小ロットでも柔軟に対応でき，開発は自社で行い，生産を外部つまりアジアにシフトし，対外営業に力を入れている経営方式には，確かに動きが早く，いつもユーザーに近い，という面での強みがよく発揮されていることが示されている。しかし，市場が小さいうちは取引してもらえたとしても，市場規模が大きくなるとあっという間に大手メーカーに市場を取って代わられてしまうことは下請け企業としてコスモテックは痛感している。たが，規模が小さいけれど考え直すとこれも利点であるので，下請け体質を変革させ，自ら製品を開発し営業もできる力を身に付け，自社に合った市場を見極めることこそが成功要因であり，今後の成長を確かなものにするのであろう。
　海外展開について，「エリア（地域）」で仕事をする企業は国を選ぶが，コスモテックのように「業界」で仕事をする企業には国境は関係ない。中国の市場が大きいから中国へ進出というのは，B to C のビジネスモデルであるが，コスモテックのような B to B の場合は，納入先の大手メーカーに代表されるユーザーがものを作るところが「市場」になる。したがってこういうユーザーの経営行動の動向を見極めながら意思決定をすることが望まれる。国内外の市場を一体的に捉え，適切にマーケティングを行い，そのシェアを拡大し，ブランド確立とともに高水準の利益を確保し，トップとしての地位を築きながら成長を遂げている。
　グローバルに継続的発展を続ける企業は競争優位に繋がるコア・コンピタンスをうまく移転・融合させるシステムやしくみをもっている。コスモテックは，競争優位につながる技術などの情報資源は日本国内に，生産，販売などはアジアとりわけ中国に移転して行われている。原材料・配合・評価の擦り合わせ型技術で評価しているが，技術開発のベクトルは多種多様である。経営方針は自社のコア・コンピタンスをうまく生かして中国，台湾などアジアに機能分散させていく経営モデルともいえよう。企業経営環境の変化，グローバル化進展の中で，これからどのようにレベルアップを図りながら進めていくか課題が残されている。

事例研究⑪

コジマ技研工業有限会社

自動串刺機の世界シェア90％，
グローバルニッチトップ企業

1 会社の概況

　経済産業省は2014年3月17日，国際市場の開拓に取り組んでいる企業のうちニッチ分野において高いシェアを確保し，良好な経営を実践している企業を「グローバルニッチトップ企業100選」として認定しその結果を発表した。100社は自動車部品のほか，即席麺や菓子の製造ライン，医療機器メーカーなど多岐にわたり，日本企業の底力を見せている。100社のうち，大企業は6社に過ぎず，中小企業61社，中堅企業25社と圧倒的に中小企業が多いのが特徴である。その中に，焼き鳥などの特定分野の世界市場で高いシェアを誇る中小企業であるコジマ技研工業有限会社（以下，コジマ技研という）が選ばれている。自動串刺し機で国内9割のシェアを握り，世界に通じるモノ作りで注目を集めているコジマ技研であるが，その結晶が万能自動串刺機および卓上串刺機に集約されている。日ごろ私たちが何気なく使っている製品にも，これら日本企業の技術が使われ，しかも世界市場を席巻しているという

図表7-3　コジマ技研工業有限会社の概要

本社	神奈川県相模原市中央区中央5-3-14
設立	1981年5月
資本金	1,000万円(コジマ技研販売有限会社300万円)
代表取締役	小嶋實
売上高	1億7,000万円（2013年2月期）
従業員数	12名（コジマ技研販売を含む）
事業内容	万能自動串刺機および自動供給取出装置の開発．設計．製作・販売，竹串等関連資材の販売
経営特性	・世界オンリー1製品（MUVシリーズ，ちびすけシリーズなど） ・2000年から海外販売を加速（累積40台） ・販売構成（国内：80%，海外20%)

出所：会社案内，聞き取り調査により筆者作成．

ことである．

コジマ技研の概況は図表7-3のとおりである．

(1) コジマ技研の創業と発展

　社長の小嶋實は都内の大学の工学部を卒業後，大手のベアリングメーカー（旭精工）に入るが，10年目で脱サラし，知人らと3人で川崎市内に省力機械の設計・企画会社を立ち上げた．小嶋氏は技術担当として，11年目の初めまでは順調であったが，実印を預けていた社長の使い込みにより2,000万円の個人負債に陥り，やりきれない思いを抱き毎晩居酒屋へ足を運んだが洞察力が強い小嶋氏は，「焼き鳥は串刺しが大変．自動で刺してくれる機械を作ったらツケ代は相殺してやる」の店の主人からの言葉が，串刺し機の開発の発端となり，自動串刺し機の開発に挑戦したわけである．

　コジマ技研は1981年に創業されたが，本格的な自動串刺し機の販売に乗り出したのは1980年代後半であった．当初は「串刺し機は使い物にならない」と決めつけられ，全く相手にされなかったという．

　しかし，小嶋社長の粘り腰が奏功し成功へ導いた．機械をトラックに乗せ

全国を渡り歩きながらベテラン職人の技を取り込み売れ始めた。しかし，食品加工，機械の世界では模倣品がすぐに出始め，零細企業が多い食品加工機械の世界では，優れた製品の模倣品が出回ることが珍しくない状況下で，コジマ技研の串刺し機にもすぐに模倣品が現れた。1990年バブル期には提携委託先4社が図面を持ち出し，類似品を販売し始め，粗悪品のレッテル，技術流出などの"危機"にさらさせた。当初は特許などで技術を守ろうとしたが，「利益の大半が弁護士や弁理士の懐に消えていくだけだった」ので，ライバルが追随できない技術を常に生み出していれば真似もできなくなると腹をくくり，特許に頼るのをやめた。

　模倣品への対策として，コジマ技研はこれ以上の新製品を続々開発し市場に売り出すことで勝負をつけた。例えば，2007年に話題となったおでんの缶詰がそうであった。その中のコンニャクに串を刺しているのもコジマ技研の機械である。食品会社だけでなく，地元の海や山の幸を商品化したいという地方の生産者団体などからも次々に相談が寄せられ，「手で串を刺す辛い作業を敬遠する人が増えている」こともあり，需要が段々伸びつつあった。つまりヒット商品の誕生は社会のために貢献していることである。模倣品4社は結局倒産となり，模倣品で鍛えられるコア技術力で1時間に2万本の省力機械を，それ以降は1年に1回は新製品の投入など決して諦めない粘り強い経営で事実上のオンリー1企業にまで成長を果たした。

　結果的には上述の戦略転換が功を奏し，2003年頃までにほとんどのライバルメーカーが姿を消していった。小嶋社長は「模倣品が現れなかったら，我々の技術はここまで向上しなかった。ライバルがいたからこそ，負けまいと頑張り，全国のお客さんから声がかかるようになった」と振り返っている。

(2) 持続的な新製品の開発

　企業が持続的に成長するために，または企業の持続的な成長を考えた場合，ユーザーの需要に配慮した新製品の開発，つまり市場をターゲットとした新製品の開発をできるかどうかが重要な課題である。自社が持続的に成長するための研究開発のあるべき姿をどのように描き，何をイノベーションすれば

よいのか不確実性の大きい多様化した価値観をどう捉えたらよいのか，経営戦略と技術開発戦略の一体化への問題意識の共有化をどのように進めればよいのか，などさまざまな疑問を抱えながら中小企業として今後の持続的な発展をどのように進めて行くかはグローバル進展下の中で中小企業として模索すべき現実の課題である。

　グローバルニッチトップに選ばれたコジマ技研は市場をターゲットとした新製品の開発を持続的な発展を遂げるための重要な柱とし，全社が一丸となって総力をあげてきた。コジマ技研が持続的な成長のために推進してきた新製品の開発は以下のようにまとめられる[8]。

- 1977年，MA102（卓上型）を開発，発売。
  当時，小嶋社長がコジマ技研を創立前に焼鳥屋さんから依頼されたのがきっかけで開発した第1号の機種である。当時，巷ではマトモに刺せない串刺機が多かったが，さまざまなユーザーから好評を得て拡販した機種であった。
- 1981年，MA200（卓上型パレット式）を開発，発売。
  コジマ技研の創業とともに製作，販売された機種であるが，MA102の発展型として食材を置くトレーを5串単位のパレットに変更し量産を図った。
- 1983年，MA300（卓上型パレット式）を開発，発売。
  MA200の発展型として，5串単位のパレットを10本に変更し，さらなる量産を可能にした。
- 1984年，MX3000（卓上型コンベア式）を開発，発売。
  コンベアを利用した初の機種であるが，パレット式からコンベア式に変更して使いやすさと量産を実現した。
- 1985年，MX-3（大量生産型コンベア式），MX-6（大量生産型コンベア式）を開発，発売。

8）　同社のHP，聞き取り調査によりまとめ。

MX-3は，卓上型で信頼を得たユーザーからの強い要望によって生まれた大量生産型の大型機で，時間当たり2,500本を実現した。同年に，MX-6（大量生産型コンベア式）を発売。串刺し機構を2機並列させることで時間当たり5,000本の串刺しを行えた。
- 1990年，MYシリーズ（大量生産型コンベア式）の現行機として開発し，1990年にシリーズ1号機を発売。

　　以来，改良を重ね後に鉄砲串を使用できるタイプも発表され，常に改良を重ね現在も販売される実績と信頼のベストセラー機となっている
　　2012年には機構に大幅変更を加えさらに使いやすくなった新型MYシリーズを発表した。
- 1995年，MWAシリーズ（大量生産型コンベア式高速空圧駆動）の現行機として開発，発売。

　　新設計の高速空圧駆動方式を採用しユーザーからのさらなる大量生産の要望に応えたシリーズである。
- 2008年，MUVシリーズ（大量生産型　新設計連続式コンベア）の現行機として開発，発売。

　　新たに連続式コンベアを採用し低騒音低振動少電力となったモデルである。コンベア部を脱着し洗浄を楽にしたSタイプやMYシリーズ同様に鉄砲串を使えるモデルもラインナップされている。
- 2009年，ちびスケシリーズ（卓上型）の現行モデルとして開発，発売。

　　ユーザーから要望の大きかった卓上型のMA102の復刻版である。もちろん設計も新たに"ちびスケシリーズ"として発表されている。

　　小嶋社長は常に生産労働現場の主力となっている「パートのおばちゃん」にやさしい機械の開発を目標として，毎年1機種の開発を目指しているが，開発新機種の基本構想は社長自ら出している。例えば，絵にかき，ドラフターで設計し，CADの設計事務所に外注する。熟練の職人の手の動きに注目しその動きを再現している。例えば，串の先に近いところに縫い針で縫うように串刺す動作の再現，食材・串の押さえつけから食材を置くトレーの底面

を波打つようにする，マグネット式着脱方式などの食材に合わせた多様なトレーの開発などがあげられる。独自のトレーの開発を徹底している。

　近年のハイテク企業に見られる傾向である製造にはファブレス企業に委託しているが，同社は3～4社の外注会社に委託し製造を行っている。例えば，板金1社，引き物2社，プラスチック成型1社などである。最後の組立・調整はコジマ技研で行う。12名従業員の中，技術者が2名である。

　同社には，60万円の単体機械から2,000万円のシステムまでの多様な製品ラインを備えているが，製品の用途としては，焼き鳥の串刺しが50％，その他（ソーセージ，アメリカンドッグ，農作物，水産物，団子など）が50％を占めている。

2 事業特徴

　"何でも刺せる機械—自動串刺し機の製造・販売で夢を貫く"がコジマ技研の事業特徴ともいえる[9]。ここでは主に，オンリー1企業へ成長および世界に通じるモノ作り—万能型自動串刺機と中心に取り上げる。

(1) オンリー1企業へ成長

　高い技術と生産能力をもつ日本企業には規模が小さく，知名度が低くても，産業界に欠かせない製品や部品を作る中小企業が全国に数多くある。コジマ技研は，鶏肉からコンニャク，小魚まで，刺せない食材は何一つなく，「何にでも刺せる」を合言葉に，さまざまな食材に挑戦してきた。多くの改良を重ねた結果，食材ごとに異なる900種類以上のトレーを開発したが，例えば，波形に加工した専用トレーに食材を並べ，具材を上から押さえて凸凹を創り出したところに串を送り込む仕組みになっている，などである。コジマ技研は確かに焼鳥業界の自動串刺機は使い物にならないというイメージを払拭し，国内シェア90％以上を占める。熟練職人の手の動きを再現し，見栄えよく抜けにくい串刺しに成功し，この分野における国内シェア90％以上を占めてい

---

9)　『日経ビジネス』2009年3月19日号。

る企業に成長を遂げた。

　日本の食文化に欠かせない居酒屋だが，少なくない店では食品会社から串に刺した状態の食材を仕入れ，調理だけを行っているが，そんな店の大半が間接的に恩恵を受けているのが「自動串刺し機」といっても過言ではない。

　実は，串料理が定番なのは何も居酒屋だけではない。コンビニエンスストアで売っているソーセージやアメリカンドッグ，観光地の屋台などに並ぶ新鮮な海産物や野菜の焼き物，遊園地で売られる飴細工など，串に刺した状態で出される食べ物などはたくさん見られ，手を汚さずに好きなだけ食べられる手軽さが串料理の魅力である。焼鳥のように串に刺す食材は多数あるものの，生産する加工機械は世界を見渡してもほとんど見られない。これは食材には柔らかさの違いや筋などがあるほか，竹や木でつくられた串を，正確に手作業に負けない仕上がりで刺すことは非常に難しく，機械化が困難であったためである。それまで世に出た串刺し機は，刺すことはできても仕上がりがよくなかったが，ここでコジマ技研の串刺機は，それらの問題点を解決した製品で，さまざまな食材をさまざまな串で刺すことの機械化を可能にし，上述の世界シェア9割を占めるまで成長を遂げ，手作業でしかできなかったような仕上がりの串刺しの機械化の実現は，単純に突き刺すだけの串刺機とは一線を画している[10]。

　同社の自動串刺機は，食肉・水産・農産物・菓子等あらゆる食材の中心に竹串を刺すことができ，曲がった竹串でも刺すことができるという優れものとして，人の手で串刺しするのと同じようなウェーブをかけて刺すことで，30回振ってもコンニャクが抜けないという世界唯一の万能型自動串刺機を開発した。いわばこの分野におけるオンリー1企業まで成長を遂げている。当然ながらGNT（グローバルニッチトップ）企業となっている串刺機の強みの理由はよく分かる。

10）　経済産業省（2014）。

(2) 世界に通じるモノ作り―万能型自動串刺機

　効率化の実現により1時間当たり約2万本の串刺しも可能となった。通常，熟練の職人の手でも1時間に刺せるのは100本が限界とされているが，万能型自動串刺機の最も早いものでは，作業者が1人で1時間当たり約2万本の串を刺すことも可能となった。しかも，トレーは丸洗いで大丈夫，マグネットで装着するため着脱も簡単にできる。自動串刺機は，自己診断機能付きでメンテナンスフリー，刺しこみスピードの変速が可能など，使う人の利便性にも配慮されている。自動串刺し機の仕組みはシンプルで，食材をプラスチック製のトレー（型）上に並べ，ベルトコンベアーで流すだけである。トレーに載った食材が串刺し機の前に差しかかると，食材を上から固定する「押さえ」が下がり，モーターに押し出された串が食材を一気に貫き通していく。

　万能自動串刺機を使えば，1時間に2,000～4,000本の串を刺せる。最も速い特別仕様の機械では，1時間に1万9,200本，約2万本もの串を刺すことができるという。肉といっても，豚か鶏か，同じ鶏でもブロイラーか地鶏か，部位はどこかなどによって，食材の硬さはまるで異なる。1つの肉の塊でさえ，軟らかい部分と硬い部分とが混在している。こうした特徴をもつ肉に串を刺そうとしても，串が軟らかい部分に流れて，なかなか真っすぐには刺せない。万能自動串刺機の特徴は，串を食材の中心にさす，串から抜けないようにする技がライバルの追随はできない。実は，過去4件真似られるものの，持続的な新製品開発で突破をはかり，分解しても分からない工夫がある。

　串の材質にも問題点がある。竹は表面に近い側が硬く，内側に行くほど軟らかくなる。このため，竹を削って串を作ると，軟らかい部分に偏って削れるため，串の先の重心が微妙にずれてしまう。このような串を真っすぐ打ち出すのは，非常に難しい作業である。職人は串の先に近いところを短く持ち，縫い針で縫うように食材を波打たせながら串を刺していることと，串を短く持つことで肉の硬さや串の先の精度にかかわらず，真っすぐに刺すことができる。また，肉を波打たせることで，肉が串から抜けにくくなる。小嶋社長は串刺し機の開発にあたって，熟練の職人の手の動きに着目し，この動作を

機械で再現しようと以下2つの工夫を試みた[11]。

1つは，串を打つ際に食材を押さえるだけでなく，串自体も，食材に打ち込む直前の位置で押さえるようにした。この串用の押さえをつけることで，職人が串を短く持ち，ぶれを防ぎながら力強く刺す動きを再現した。

もう1つは，食材を置くトレーの底面を波打つような形にし，押さえで食材を固定したときに食材が波打つ形になるようにした。これで，縫うように食材を刺せるようになった。

このトレーは，食材の種類によって異なる。鶏肉，コンニャク，ジャガイモ，飴，小魚，海老など，食材の広がりとともに種類が増え，現在は1,000種類近くにもなる。トレーはベルトコンベアーに磁石で装着しており，簡単に着脱できる。したがって，トレーを交換すれば同じ串刺し機で焼き鳥もおでん種も作ることができる。

総じて，コジマ技研の「自動串刺し機」はパートに優しく，使いやすいのみならず自動診断システムの装備で，フリー・メンテナンスの作業者にやさしい機械として認められている。機械は故障しにくく，故障しても修理の部位がわかりやすく修理が簡単などの特徴で評判が高い。

(3) グローバル経営の成功要因

経済産業省の「グローバルニッチトップ企業100選」は，①世界シェアと利益の両立，②独創性と自立性，③代替リスクへの対処，④世界シェアの持続性などに着目して100社を選定したが，コジマ技研の「GNTとなっている製品・サービスの名称」は"万能自動串刺機及び卓上串刺機"である。100社の中に52社が機械・加工部門の企業であるがコジマ技研はこの中の1社である。

12名の従業員規模のコジマ技研は中小企業として独創性，自立性あり，代替リスクへの対処ができ，"万能自動串刺機及び卓上串刺機"の90％以上のシェアを占めながら"万能自動串刺機及び卓上串刺機"のオンリー1企業と

---

11) 『日経ビジネス』2007年12月24・31日号。

して，持続的な発展に勤め，シェアと利益の両立がはかられている。

　経済のグローバル化が進展している今日，国を越えてビジネスを行うことは不可欠となっている。2011年の東日本大震災以降，国内需要の減少の状況下でグローバル経営への転換とともに海外に積極的な展開をはじめている。日本市場の縮小傾向，欧州米国の不透明な状況，新興国市場の成長鈍化やコスト増など，海外戦略を進める際の課題は多種多様である。自社の強みを前面に出して競争優位を築き上げながら海外のシェアを段々増やしていくコジマ技研のグローバル経営戦略がうかがえる。

　同社の売上げの内訳は国内が80％，海外が20％であるが海外市場の拡大に伴い海外のウェートがさらに伸びていくと予想される。評判は海の向こうにも広がり，東アジアをはじめ日本食ブームのアメリカ，食品工場の多い東南アジア，アルゼンチン，オランダなどからも注文が舞い込んでいる。単独で米国で展示会，欧州のオランダの商社，シンガポール等でも行われクローバル経営がより鮮明になっている。小嶋社長は，「米国と南米，それにアジア，中東，欧州…。串刺機のニーズは世界中にあるんです。これからは，世界にもっと売っていきたい」と未来を見据えている。社長は，人件費ベースでも採算がとれ，どんな食材でも対応できるアジア向けの連続万能型自動串刺し機を1台435万円程度におさえ，進めて行く考えである。

　グローバル市場の成長を，いかに自社の事業拡大につなげるかは，製造業が直面する課題となっている。上述の米国，欧州はもとより，増加する新興国の中間層をいかに顧客化するかはどの製造業企業にとっても大きな課題であり，新興国市場で未来の顧客層を早く開拓するためには海外転換への戦略の策定，構築が望まれている。グローバルニッチトップ企業の1社になっているコジマ技研における競争力ある製品・サービスとその内容からも同社の強みはよくわかる。しかし，日本でも先駆者の厳しい評価，中国の後を絶たないコピー機，今後アジアでどういう評価が出されるかに懸念を抱えるが，今後海外展開の課題としてその行方を見守る必要がある。

2 中国ビジネス成功の要因

　2011年の東日本大震災以降，日本企業は国内需要の減少の状況下でグローバル経営への転換とともに海外に積極的な展開をはじめた。日本企業を取り巻く経営環境は競争相手としてのアジア，とりわけ中国企業などの成長を受けて，新しい日本企業の経営モデルの構築が迫られているが，21世紀の企業が解決をせまられている問題群の中には伝統的な経営の指導原理や経営慣行の変化を求めるような性質の問題が少なくない。この重要性はリーマン・ショック以降，グローバリゼーションの波で日本企業，特に中小企業の制度，理念，戦略，財務，組織などさまざまな局面に多様な問題を一層提起していて，グローバリゼーションの中でそれらの問題に対していかに対応して行くのかその対応と課題が求められている。

　企業は顧客のグローバル化により，環境の変化に適しながら顧客の需要に応じた製品の開発，提供およびサービスの向上などが求められている。海外進出の場合，相手国の市場が大きいから進出するというのは，普通はB to C のビジネスモデルであるが，コスモテックのような B to B の場合は，納入先の大手メーカーに代表される顧客がものを作るところが「市場」になる。また，売上げの80％が国内，20％が海外であるコジマ技研は「世界オンリー1」型のビジネス展開を掲げ海外市場の拡大を積極的に図っている。いずれにせよ，事業の海外進出をはかり，海外で成功をおさめるために積極的に取り組んでいる姿勢がうかがえる。

　ここでは，アジア，とりわけ中国ビジネスの成功を成し遂げているコスモテックの中国蘇州工場で行われてきた調査，インタビューを踏まえてアジアでの成功条件，グローバルニッチトップの経営行動などを探ってみる。

(1) コスモテック蘇州工場の概況

　コスモテック中国蘇州工場の全称は「開思茂電子科技（蘇州）有限公司」である（以下，蘇州工場という）。事例研究10で示したとおり，日本本社の

グローバル拠点として2002年11月に中国の蘇州市に設立された。

蘇州工場の概況は前掲図表7-2のとおりである。

蘇州工場の役割は，日本の本社から粘着テープ，シート類を主とする"コスモタック"シリーズの設計・開発および材料の選定・材料開発・加工技術を引き受け，現地工場では主に，①加工技術・材料選定，②粘着シート・テープの製造，③反射シート・絶縁シートの製造を行い，ソフト・ハード両面から顧客に製品を提供していると同時に顧客のニーズにこたえる。

コスモテックは製品競争力の向上のために蘇州工場に重点的に生産加工の設備投資が行われてきた。整備されている加工設備は主として，高速自動プレス，精密平板プレス，ロータリー自動プレス，スリッター，スーパーカッター，ラミネーター，シートカッター，オートグレーブ（小，大型），オーブン，二，三次元測定器，自動検査器などであるが，これは蘇州工場における加工製品の品質の向上と競争力のアップに大きく寄与している（前掲図表7-2）。

例えば，小型LCD向けの光学シート類の打ち抜き加工とか携帯電話用などのテープ，シート類の加工の設備としては，小型高速自動プレスラインがそうである。主な製品としては，LCD向けの光学シート類の打ち抜き加工，バックライト用反射シート，モニター，TV用の絶縁フィルムなどがあげられる。他の加工製品の設備としては，中型・大型プレスラインが整備されているが，大型テレビ用反射シート，カーナビ用反射シートなどが加工されている。

また，テープ・クッション材加工ラインでは，中型・大型スーパーカッターが整備されている。主な製品としては，LCD向けの両面テープ，クッション材，絶縁テープ類の打ち抜き加工，その他特殊テープ類の打ち抜き加工などがあげられるが，アルミ電極粘着シートがその加工製品の1例である。なお，工場内のクリーンルームでは加工製品の組み立て・検査が行われている。各種シート類へのテープ貼り加工，フィルム，シート類の折り曲げ加工などは徹底した品質管理体制下で行われている。

蘇州工場における加工製品の80％以上が中国国内向けである。その中身は，

70％が中国進出大手メーカーへの納入となり，30％が中国ローカルメーカーへの納入である。残り20％弱が香港とタイ国への輸出となっている。上記の加工設備によって高品質，競争力の高い製品が加工されているが，2013年蘇州工場の売り上げは12億円で売上高営業利益率は10％に達している。

(2) 経営現地化

 日本の社長にあたる総経理は企業内の最高経営責任者であるため，中国進出日系企業を含む外資系企業の経営現地化の判断では総経理の現地化は非常に重要な意味をもっている。人の現地化というのは，本社の主導的な役割の下で現地人のニーズに応えながら本社の視点および現地社会，現地人の視点を導入して行われている。中国における日系企業の経営現地化に関する多くの研究では総経理の現地化率があまり高くないという指摘は少なくないし，筆者の調査でもそうであった[12]。「日本企業はグローバル経営を展開しているが，人事，労務面では依然として日本人が中心でグローバル経営意識が遅れている」[13]という指摘もあった。

 企業のグローバリゼーションのプロセスは，まずは国内で生産した製品を輸出する最初の段階，次は海外で生産と営業拠点を設置して活動する中間段階，さらに本社機能やR＆Dを含む企業の中心部門を海外の最適な場所に設置，活動できる最終段階，の3つに分けられる。中間段階までを国際化と称し，最終段階に至って初めてグローバル化された企業と称する[14]。中国進出

---

12) 筆者は2001（平成13）年から現在に至るまで，以下のようなプロジェクトで調査研究を行っている。①2001年4月～2004年3月，文科省科研費基盤研究（B）『中国の国有企業改革に関する調査研究：所有制・グループ化および企業統治を中心に』課題番号：13572020；②2004年4月～2008年3月，文科省科研費基盤研究（B）『市場システム形成下での中国西部地域の国内・国際的リンケージに関する調査研究』課題番号：16402013；③2008年4月～2009年3月メーカー受託研究『東北新興策に伴う日系企業の役割』；④2009年4月～2011年3月，文科省科研費基盤研究（B）海外中国西部地域農村近代化に関する調査研究―土地・労働力・産業化・インフラを中心に―課題番号：21405028，⑤2012年4月～2015年3月，文科省科研費基盤研究（C）『中国企業統治システムにおける独立取締役の役割についての調査・研究』課題番号：24530420，などである。なお，聞き取り調査22社の中，製造業が18社であった。
13) 金山（2011），p.82。
14) 金山（2011），p.73。

日系企業の国際化はかなり進んでいるが，グローバル化は欧米系進出企業に比べるとやや遅れているといわれている。

日系独資企業である蘇州工場の経営現地化は見事に進んでいる。これは，総経理である翁武和氏（42才）が中国の現地人であることが大きなポイントになる。事例研究でも取り上げたように彼は友伸社長と同期入社し，本社で貴重な経験を積み，2002年本社から蘇州工場の総経理に命じられ現地の最高責任者として経営に携わっている。グローバル化が進んでいる中，日本本社と中国子会社の双方に精通し，両者の調整ができることが経営者の能力をはかる重要な基準の１つである。中国進出の生産，加工のメーカーにとっては実はまれなケースでもある。ここでは前社長（現会長の）のすばらしい先見性と友伸現社長の翁氏への厚い信頼性があげられる。

蘇州工場における経営管理組織には６つの部が設けられている。営業部，技術部，資材部の３つの部の部長は本社のスタッフの担当となっているが，工場長，総務・人事部，製造部，品質管理部の部長すべては現地人で構成されている。なお，３名の日本人部長は皆が企業の業務，中国事情などに詳しいベテランであり，異文化コミュニケーションにはほぼ問題がない。

業務執行意思決定の責任者である総経理は，重要な議題についてはよく部長クラスの管理職と打ち合わせ会を開くなどで柔軟に討議し決める。中国市場に非常に詳しい翁総経理は本社とよくコミュニケーションを持ちながら現地経営に携わっているが，前述の如く，中国国内ローカルユーザー向けの30％の実績には翁氏が果たしている貢献は大きい。

(3) 従業員尊重の経営

蘇州工場で深く感じたことの１つは経営者が従業員に尊敬，信頼されていることであった。従業員から尊敬，信頼されていること自体はやはり従業員を尊重する経営に集約される。

人を重視した「従業員尊重」の経営は日本らしいきめ細かい人事運営を軸にしている。日ごろの人材育成や適所適材のポスト登用によって個々人の人的価値を高め，自分達の会社への信頼感を醸成し，帰属意識・当事者意識・

協働意識を会社の中に敷衍することが求められている。翁総経理は管理職とのコミュニケーション，生産現場で働いている従業員との意思疎通を大事にし，率先垂範の行動が従業員から高く評価され，「この会社で働くことで自分は成長できるし，本当によかった」，「この会社を辞めたくない」（実際離職率はかなり低い）などで帰属意識をもたせることが定着度を高めることにつながると考えられる。

　日本企業の中では，上司と部下，同僚同士，部門間などさまざまな場面で日常的に活発なコミュニケーションが行われ，情報の共有と協働意識の醸成がなされている。培われた知的熟練はコーチングやチームワークにより伝承され，チームで成果を産み出している。現場においては，「現場力」という言葉に示されるように，従業員が現場に対する知識と自発的な問題解決能力，変化に対する迅速な適応力をもち，自発的な改善が行われ，またそこから新しい技術やノウハウが多く生み出されてくる[15]。

　従業員の昇進，ベースアップは毎年行われ，従業員の給料，ボーナスは完全にオープンにされ，みなが納得している。1日2食の無料提供，社員旅行，従業員労働組合活動も活発に行われている。企業にとって大きな負担増となっている「五険一金」[16]などの福利厚生もしっかり整って実行されている。翁総経理は，成長している従業員が活躍することで会社全体も成長できるし，会社とともに発展できるので従業員みながこの会社に長く勤めることが，自分と会社の双方にとっていい選択ではないかといい，従業員に中長期的な帰属意識をもたせることが定着度を高めることにつながると考えている。従業員の平均年齢が25～26才で，日本と違って生産現場の社員募集は随時行われている。仕事に関してはきめ細かくマニュアル，手引きが用意され，社員研修制度が整っている。新入社員は新人教育を受けた後，生産の流れを体験させ，早く一人前になることが期待されている。このように新入社員の入社教

---

[15]　金山（2011），p.4.
[16]　「五険一金」とは"五険"と"一金"を指すが，"五険"には年金保険，医療保険，失業保険，労災保険，出産・子育保険の五つの保険が含まれている。"一金"は，住宅積立金を指している。「五険一金」は法律で定められ，企業にとっては納める義務となっている。

育，現場研修などの一連のトレーニングは随時徹底的に行われている。

　従業員尊重の経営を一貫して行われていることで，工場全体が一丸となって協力して行動するためのチームワークが重視されている。管理上では，段階ごとのチェック，持続的な改善などを工場の生命力として見なしている。

3　今後の展望

　アジア，とりわけ中国ビジネスの成功を成し遂げているコスモテックだが，経営戦略転換の主な中身は，納入先の大手メーカーに代表されるユーザーがものを作るところが「市場」になることを認識し，いち早く蘇州工場を立ち上げ B to B 方式で経営行動を行われている。

　経営現地化の重要なポイントの1つが上述のとおり現地企業の経営最高責任者の現地化である。この点でコスモテックは大きな一歩を踏み，よい結果が得られている。変わった角度から考えると，総経理は本社と現地の子会社との真ん中で"挟まれている"存在でもある。本社の経営方針，決定事項，緊急対応などへの理解，行動力が求められ素早い執行が必要となる。一方，現地の文化，環境，従業員の状況なども誰よりもよく把握しているが本社と現地の状況をどうやってうまく融合しながら本社の意思決定に従って進めていくかは翁氏にとっては容易ではないと考えられる。今までは順調に進められているがますます厳しくなっている競争環境下でどうやって持続的な発展を遂げていくかが終始考えている大きな課題であると話している。　総経理にとっては，継続的に既存の中国進出日系大手メーカーへ加工製品を納入しながら，3割となっている中国現地企業市場のニーズを維持し，拡大させるためには，日系企業は勿論，現地企業経営責任者との密接な協力が不可欠である。また，法制やシステムに変更が多い国・地域でもあるため，現地政府とのやり取りは煩雑であり，日系企業がビジネスを進める上で障害になることもある。したがって，このときも優秀な現地企業経営責任者による対応で問題が解決できる可能性が高く，安定されたビジネスチャンネルを保つこともできる。

いかに現地の状況に合わせ本社の方針等を貫いていくかは現地企業にとっては非常に重要である。従業員を安定させ帰属意識を向上させるかが常に念頭に置くべきことである。グローバル化の進展に伴い，日系企業間，同業種間，地元企業間の競争は繰り広げられていて，その対応・対策に関わるコストは上がる一方である。厳しい状況の中で持続的な発展を保ち，推進させるには現地経営者のみならず本社トップとのさらなる意思疎通が求められる。

蘇州工場のように日系企業が競争で勝ち残るためには，グローバルニッチトップの経営行動が注目されているが，アジアとりわけ中国市場におけるグローバル化に向けた激しい変化への対応策，中長期経営戦略の再構築とそれによる経営行動の向上が不可欠である。1日にしてなるものではないが，中小企業は変化の後押しを続けて欲しいと期待されている。

写真　コスモテック蘇州工場

参考文献

J-Net21 中小企業ビジネス支援サイト（http://j-net21.smrj.go.jp/expand/overseas/company/2014021210202.html）掲載日：2014年2月12日，2014年3月15日アクセス．

The Yomiuri Shimbun（YOMIURI ONLINE），2014年4月10日．

一般社団法人 首都圏産業活性化協会「ものづくり企業の魅力発見WEB」（http://www.tamaweb.or.jp/miryoku2012/7/）2013年2月15日アクセス．

金山権（2011）「中国進出日系企業の経営行動―今後の方向と課題―」日本経営学会編『新たな経営原理の探求』経営学論集81集，p.82．

金山権（2011）「日系企業の経営行動に対する中国からの評価―グローバル化向けた今後の方向と課題―」『桜美林経営研究』（桜美林大学大学院経営学研究科）創刊号，p.4．

菊池敏夫・金山権・新川本編著（2014）『企業統治論―東アジアを中心に―』税務経理協会．

経済産業省（2014）「グローバルニッチトップ企業100選」3月17日．

コスモテックHP（http://www.cosmotec.ne.jp/j/j_strength.html）．

相模経済新聞「コジマ技研工業，「人間不信」からの出発，逆境をプラスに成長」（http://www.sokeinp.com/?p=1969）2014年3月15日アクセス．

徐雄彬（2009）「中国における日系製造業企業の人材現地化に関する研究―経営管理者の現地化を中心として―」桜美林大学大学院国際学研究科博士学位請求論文．

第一工業製薬株式会社（2012）「拓人」（社内報）No.561．

田園（2009）「在中日系企業の人材育成に関する研究」桜美林大学大学院国際学研究科博士学位請求論文．

中小企業庁「元気なモノ作り モノ作り中小企業300社」（http://www.chusho.meti.go.jp/keiei/sapoin/monozukuri300sha19fy/3kantou/14kanagawa_14.html）2014年3月15日アクセス．

『日刊工業新聞』2012年12月5日．

『日経ビジネス』2007年12月24・31日号．

『日経ビジネス』2009年3月19日号．

日本経営学会編（2011）『新たな経営原理の探求』千倉書房．

第4部

中小企業のグローバル経営
―成功条件と今後の戦略―

中小企業のグローバル化の動向と経営特性

1 中小企業の環境脅威とグローバル化の動向

(1) 成長ベクトルの転換―エレクトロニクス不況

　日本の製造業にとって，2008年のリーマン危機と，その後の先進国不況や各国の金融緩和策が為替環境にもたらした影響は絶大であった。まず第1の問題は，先進国の不況である。米国の不況とそれに続く欧州の金融恐慌が続き，日本の製造業の輸出先である米欧先進国の景気が大きく落ち込み，先進国不況の影響をまともに受ける。一方で中国やASEANなどの新興国は，中間所得層が台頭し，国内需要が比較的好調であり，何とか世界同時不況の危機を回避することができた。

　第2の問題は，為替環境の変動である。リーマン危機後米欧の政策当局は，大規模な金融緩和による景気の立て直しに入る。各国の金融緩和のスタンスの違いが，日本の円高，ドル安のオーバーシュートを生み，各国間の比較優位の構造を激変させる。特に自動車と並ぶ2大輸出産業である情報家電や半導体などエレクトロニクス産業は，円高のオーバーシュートにより，韓国，台湾，中国に対する比較優位が低下する。パナソニック，シャープ，ソニーなどの業績は悪化し，国内工場の一部は閉鎖され大規模なリストラが行われる。それとともにアジアでの生産を拡大していくが，国内生産は急激に減少し，国内産業の空洞化が進行する。

　今回の事例研究では，エレクトロニクスを主力の顧客とする企業は相対的

に少なかった。多くは擦り合わせ型のアーキテクチャーをもつ事業が多く[1]，用途としては産業機械や自動車を顧客とする企業が多かった。また自社製品，ユニット部品，材料関連を生産している企業も多く，比較優位の変動の影響をストレートに受ける企業は少なかった。その中では液晶用の機能性フィルムを生産する「コスモテック」は，取引先の生産縮小の影響をまともに受け，国内の量産型の工場を閉鎖するとともに，多品種少量の国内顧客に集中していく。また顧客がアジア新興国に移動する中で，アジア市場の開拓を加速させることになり，事業の環境は大きく変動することになった。

(2) 中小企業のグローバル化の狙い

　中小企業のグローバル化の目的は，国内市場の成熟化を背景とした新たな成長機会の探索であり，海外市場の獲得が狙いである。アンゾフの「成長戦略ベクトル」の考え方に従えば，同一製品による異なる市場への展開のケースである。製品多角化とは対照的に，同一の製品で，市場を国内から海外に展開する「市場多様化」戦略の1つである[2]。

　ポーターは「グローバル戦略論」の中で，グローバル戦略の目的を活動の配置と調整により競争優位を獲得する方法と捉える[3]。バリュー・チェインの下流の顧客に近い活動は，海外に配置するのがよい。顧客のニーズは国によって異なるし，また販売やマーケティングは顧客に近くないと緊密な調整が取れないからである。したがって販売やサービス・メンテナンス活動は，現地に近いところで展開することが基本である。販売活動を強化していく場合には，国内の専門商社よりも，現地の商社，現地の販売代理店を通じて，輸出を拡大することが必要である。

　さらに国内と海外の活動の擦り合わせが必要な場合には，独資や合弁によって現地に販売やメンテナンス会社を設立する必要が出る。昭和精工は，少ない資源で，単独進出のリスクをカバーするために，同業の金型メーカーと

---

1) 藤本（2004），p.125。
2) アンゾフ（1977），p.136。
3) ポーター（1989），p.30。

連携してタイや中国にサービス拠点を展開している。

　事例研究では，海外に生産活動を展開している企業とそれ以外に分けられる。第2部の事例研究の中では，根本特殊化学，フジキン，南武は，海外に生産工場を建設し，日本と海外の工場を連携して，ものづくりの国際分業戦略を展開している。また第3部の事例研究では，IDECは台湾，タイ，中国のアジア3か国に生産拠点をもち，コスモテックは中国に生産拠点をもちアジアとの生産分業を構築している。

　一方で中小企業の多くは，大企業と異なり経営資源に限界があり，海外現地生産には消極的である。多くの企業は販売面での現地化を優先する傾向をもつ。第2部の事例研究では，共立理化学研究所と昭和精工は，販売面でのグローバル化を重視しており，共立理化学研究所は専門商社や現地の代理店

図表8-1　事例研究企業のグローバル化の狙い（その1）

企業名	主力事業・製品	環境脅威	主要顧客	グローバル戦略	グローバル動向
共立理化学研究所	・水質検査キット（簡易検査のデファクト標準）	・国内市場の成熟化	・製造企業 ・政府・自治体	・アジア市場の開拓 ・輸出（20%）	・代理店の活用
根本特殊化学	・蓄光性蛍光体（N夜光の世界シェア70%）	・国内市場の成熟化 ・世界市場への対応	・時計メーカー ・その他	・特殊化・多角化・国際化による持続的成長	・海外雇用936名 ・海外生産（欧州2工場，中国3工場）
フジキン	・精密バルブ（半導体製造装置用・国内シェア70%）	・国内市場の成熟化 ・世界市場への対応	・半導体メーカー ・航空宇宙用 ・各種産業用	・欧米（M&Aの活用〜CCI社） ・アジア（ものづくり共有体の構築）	・海外雇用1,450名 ・海外生産（米国，韓国，ベトナム2工場）
南武	・金型用油圧シリンダ（日系シェア70%） ・ロータリージョイント（世界シェア30%）	・国内市場の成熟化 ・アジア市場の拡大	・自動車用金型 ・鉄鋼用部品	・日本，アジアの製品間，国際工程間分業	・海外生産（タイ，中国） ・米国企業技術供与
昭和精工	精密金型（プルトップ国内シェア50%）	・顧客のグローバル化（自動車用）	・飲料缶 ・自動車金型（96%が国内販売，60%が海外工場）	・ニーズ先取り型開発 ・海外投資リスクの低減	・海外共同進出（タイ，中国） ・販売・メンテナンス拠点の設立

213

第4部 中小企業のグローバル経営―成功条件と今後の戦略―

図表8-2 事例研究企業のグローバル化の狙い(その2)

企業名	主力事業・製品	環境脅威	主要顧客	グローバル戦略	グローバル動向
IDEC	・スイッチ製品 ・制御機器(イネーブルスイッチ世界シェア86%)	・世界市場への対応	・世界の製造工場(米国・アジア:自社ブランド,欧州:OEM)	・差別化製品の開発 ・開発・知財・標準の三位一体戦略	・販売拠点(70か国) ・生産(台湾,中国,タイ)
栄通信工業	・精密ポテンショメーター	・国内市場の成熟化 ・世界市場への対応	・超精密品・カタログ品・特注品の仕分け ・多品種少量化	・輸出中心	・輸出比率70%(欧州60%,アジア・米国10%) ・代理店の活用
コスモテック	・機能性フィルム	・国内生産の空洞化 ・アジア市場の開拓	・電子部品(液晶用)メーカー	・国内新製品・新用途の開拓 ・アジア市場の取り込み	・販売拠点(韓国・台湾) ・生産拠点(中国)
コジマ技研工業	・自動串刺し(世界シェア90%)	・世界串刺し文化への対応	・焼き鳥店 ・食品加工	・世界の串刺し需要への対応 ・輸出の拡大(累積40台)	・輸出中心(国内80%,海外20%)
冨士製作所	・製麺プラント(国内シェア90%,海外40%)	・世界市場の拡大への対応	・製麺企業(国内,海外)	・事実上の国際標準化(累積700ライン納入)	・売上(国内70%,海外30%) ・販売方法(商社70%,直販30%)
西精工	・ナットを中心としたファインパーツの製造・販売	・顧客のグローバル化への対応	・自動車,家電,住設,建機など	・人づくり基点の世界市場展開 ・高精度・高機能・極小の追求	・輸出中心

と提携して,輸出の拡大を目指している。他方で自動車の精密金型の昭和精工は,完成品のほとんど(96%)を国内の取引先に収めているが,同社の製品は60%が海外の工場に持ち込み使われており,製品納入後のフォローアップに問題が出る。したがって同社は,海外の顧客ニーズを収集する必要性を強く感じ,タイ,中国に販売・メンテナンス拠点を構築している。

また第3部の事例研究では,唯一上場しており規模も大きなIDECや液晶用の機能性フィルムのコスモテックを除くと,販売面でのグローバル化が中心である。例えば栄通信工業,コジマ技研工業,冨士製作所,西精工の4社は,海外生産の実績はなく,いずれも輸出を基本に,商社や販売代理店,場

合によっては日本からの直販をミックスした販売戦略を基本としている。

　中小企業にとって，グローバル化の目的は強みをもつ自社の製品を，国内から海外に広げ収益を持続的に向上することが目的であり，販売面のグローバル化が優先課題である。

2　日独中小企業のグローバル経営特性

(1) 日本のグローバルニッチトップ (GNT) の選定

　経済産業省では，2013年度から「グローバルニッチトップ (GNT) 100選」を選定し，表彰を始めた。同省の選定の基準としては，業種分類として機械・加工部門，素材・化学部門，電気・電子部門，消費財・その他部門，ネクストGNT部門の5部門に分け，企業規模として大企業（6社），中堅企業（25社），中小企業（69社）の3部門に分割している[4]。選定企業には，大企業，中堅企業が31社含まれているとはいえ，大部分は中小企業が中心である。GNP選定のポイントとして，①世界シェアと利益の両立，②独創性と自立性，③代替リスクへの対処，④世界シェアの持続性，等があげられている。近年自動車，産業機械，エレクトロニクスなどの「ものづくり大企業」は，グローバル化が進み，貿易黒字を拡大する力が減退してきている。その点で中小・中堅企業を主体としたGNTの企業群への期待は大きい。

　われわれが分析してきた事例研究の中には，「GNT」がたまたま4社含まれていた。いずれも国際市場の開拓に積極的に取り組んでいる企業であり，ニッチ分野においては世界的な競争力をもち，高い世界シェアを獲得している企業でもある。東日本大震災以降，日本の貿易収支の赤字問題が浮上している。日本ものづくり企業は，リーマン危機後の円高のオーバーシュートにより，欧米先進国やアジアへの進出が加速しており，国内産業の空洞化が問題となっている。また自動車，産業機械とともに日本の貿易黒字をリードし

---

4)　経済産業省（2014）。

てきたエレクトロニクスは，比較優位そのものが低下し，海外生産への移行や国内工場の縮小の影響は深刻な問題となっている。

中小の「GNT」企業群は，グローバルなニッチ（隙間）領域を開発し，差別化した製品技術をもとに，日本から世界に向けて輸出のできる企業群である。またそれらの企業は，国内にものづくり組織能力の基盤を構築しており，地域社会と密接な関係を構築している企業群でもある[5]。したがってそれらの企業群が，今後さらに成長拡大を続ければ，従来の輸出型大企業のグローバル化による産業の空洞化をカバーする可能性も出てくる。

(2) 事例研究対象のGNTのグローバル経営特性

この度の事例研究の対象企業では，GNT100選の中に4社が選定されていることが，選定後わかってきた。そのうちの1社は，3月20日の雨の日にインタビューした相模原市の従業員数12名の「コジマ技研工業」である。同社の小嶋實会長から焼鳥の自動串刺し機の開発の話をお聞きしたが，2～3日前に経済産業省からGNPの受賞の知らせがあったことをお聞きし，感動したことを記憶している。また当日は工場内を案内してもらったが，テレビ局のスタッフが取材に来ていたことを思い出す。

今回の事例研究では，GNTとして南武，フジキン，コジマ技研工業，冨士製作所の4社が選定されている。一連の研究である2011年度の「現代日本のものづくり戦略—革新的企業のイノベーション」の研究の際に対象にしたエリオニクスを加えて，グローバル戦略の特徴を一覧表にまとめてみた（図表8-3）。

GNTの5社は，研究開発型の企業が多く，従業員100人前後の企業が多い。中にはコジマ技研工業のように，従業員数12名の焼鳥の自動串刺し機の研究開発型の企業もある。一方で精密バルブ装置のフジキンは，2006年に中小企業庁の「元気なモノづくり企業300社」に選ばれた企業であるが，現在では従業員数が国内1,000名，海外1,450名，合計2,450名の中堅に成長した企業で

---

5) 伊藤・土屋（2009, p.215）および土屋ほか（2011, p.196）を参照のこと。

第8章　中小企業のグローバル化の動向と経営特性

もある。共通していることは，差別化した事業領域を見つけ，他社に先行してデファクト標準を確立するとともに，知財の専有性を高めた「オンリー1」型のビジネスを開発し，特定の領域では世界で高いシェアを獲得している企業である。

例えば南武は，自動車や自動車部品メーカー向けに金型用油圧シリンダを開発し，日系自動車メーカーの世界の工場で70％のシェアを占めている。またフジキンは，半導体製造装置用精密バルブのシェアは70％，宇宙ロケット用の特殊バルブでは90％のシェアを獲得している。さらにコジマ技研工業は，

図表8-3　事例研究の中のグローバルニッチトップ（GNT）の特徴

企業名	主力事業・製品	環境脅威	主要顧客	グローバル戦略	グローバル動向
南武 （111名）	・金型用油圧シリンダ（日系シェア70％） ・ロータリージョイント（世界シェア30％）	・国内市場の成熟化 ・アジア市場の拡大	・自動車用金型 ・鉄鋼用部品	・日本，アジアの製品間，国際工程間分業	・海外生産（タイ，中国） ・米国企業技術供与（サービス拠点）
フジキン （グループ2,450名）	・精密バルブ（半導体製造装置用・国内シェア70％）	・国内市場の成熟化 ・世界市場への対応	・半導体メーカー ・航空宇宙用 ・各種産業用	・欧米（M&Aの活用〜CCI社） ・アジア（ものづくり共有体の構築）	・海外雇用1,450名 ・海外生産（米国，韓国，ベトナム2工場）
コジマ技研工業 （12名）	・自動串刺し機（世界シェア90％）	・世界串刺し文化への対応	・焼き鳥店 ・食品加工	・世界の串刺し製品への対応 ・輸出の拡大（累積40台）	・輸出中心（国内80％，海外20％）
冨士製作所 （91名）	・製麺プラント（国内シェア90％，海外40％）	・世界市場の拡大への対応	・製麺企業（国内，海外）	・事実上の国際標準化（累積700ライン納入）	・売上（国内70％，海外30％） ・販売方法（商社70％，直販30％）
エリオニクス （93名）*	・電子ビーム描画装置（世界シェア50％） ・電子線ディスクマスタリング装置（世界シェア80％）	・国内の成熟化 ・OEMから自社製品開発へ	・大学・研究機関 ・検査測定部門	・海外売上高20％	・輸出中心（北米，欧州，アジア他）

注：事例研究の対象企業の中のGNT100選の企業。＊の企業エリオニクスは，土屋ほか（2011）による。

焼鳥用の自動串刺し機で世界の90％を占めており，冨士製作所は，製麺プラントの国内シェア90％，世界シェア40％のグローバルなニッチトップ企業である。

　GNTの製品は，市場の中で競合するものがなく，他社が参入しにくいマーケットで活動している。また，特許やブラックボックスを駆使した知財戦略により高いシェアを維持しており，海外市場も「輸出」が基本となる。

(3) ドイツの中堅企業の経営特性

　ドイツは，日本とともに中小，中堅の企業が多く，それらの企業が国民経済の主要な役割を担っている。特にドイツでは，国際競争力のある中小企業（ミッテルシュタンド Mittelstand）が存在し，輸出主導型経済を下支えしているといわれている[6]。日本の中小企業は従業員数が300人以下，資本金3億円以下であるが，ミッテルシュタンドは，それよりやや大きく，従業員数500名以下，年間売上高5,000万ユーロ（68億円）以下の中小企業のやや大きめの存在であり，中小企業と中堅企業の中間に分類される存在であろう。通商白書2013年版がドイツのミッテルシュタンドを特集しているが，それらの戦略上の特徴として，「差別化された製品への特化，グローバル・マーケティング戦略，直販とアフターサービス，ブランド・品質重視，イノベーション・R＆D投資，従業員との長期的関係」[7]の6つをあげている。

　われわれが研究してきた「革新的中小企業」は，差別化された製品やオンリー1の製品の開発を重視する研究開発型の企業が多い[8]。それらの研究開発型の企業は，特定の企業との親密な取引関係や共同開発の経験をもつ。また多様な取引先との関係などを通じて技術基盤を構築するとともに，有力取引先（大企業が多い）を先導顧客（リード・ユーザー）としてイノベーションを起こし，飛躍してきた。経営資源が不足する場合には，大企業の開発力やブランド力を結合し，オープン・イノベーションの方法を使って新製品技

---

6)　JETRO（2012）。
7)　経済産業省（2013），p.134。
8)　革新的中小企業の戦略は，土屋ほか（2011, p.12），土屋ほか（2012, p.9）などを参照のこと。

術やビジネス・モデルを開発する。それとともに，新規開発した製品技術を国内だけでなく世界の有力顧客に販売し，持続可能な開発と経営を実現している企業群である。

ミッテルシュタンドの属性としては「B to Bが多い，比較的古い分野が多い，地方に分散，家族所有経営」[9]などをあげている。われわれが研究してきた革新的中小企業の属性としては，自動車，産業機械，エレクトロニクスなどを中心にあらゆる製造業に分布している。最終顧客は，B to Cの消費者もあるが，革新的中小企業の多くは，大企業の受託賃加工（下請）からスタートしており，取引関係はB to Bが中心である。下請けからスタートするものの，創業後比較的早い時期に自社製品や自社ブランドを開発し，自立経営に飛躍する企業が多い。

そして自社製品を開発する，自社ブランドを確立すると，特注品から汎用品ビジネスへ移行するなど，販売面でも飛躍する企業が多い。当初は特定顧客のニーズに即した「特注品」ビジネスが中心であるが，多様な取引先の経験をもとに独自の汎用品を開発する，また特注品の量販化（マスカスタマイズ化）に成功するなどの事例がでている[10]。それらの企業は，自社製品を開発しても，B to Bの分野が多く，B to Cはそれほど多くない。

さらに革新的中小企業の立地特性を見ると，戦後の高度成長経済の中で日本の各地に形成されてきた「地域産業・クラスター」と密接な関係をもつ。むしろ地域産業・クラスターの成長，発展や構造転換の中で鍛えられてきた企業の中から，革新的中小企業が誕生したのである[11]。それらの革新的中小企業は，市場面ではグローバルな観点から世界の有力顧客を開拓してきたが，一方でものづくり能力は，地域社会の中で取引先や協力会社など多くのステークホルダーと協力してものづくり能力を磨きあげてきており，地域社会にも大いに貢献してきた企業である。

---

9) 経済産業省（2013），p.134。
10) 土屋ほか（2011），p.179。
11) 革新的中小企業の属性は，伊藤・土屋（2009, p.213）を参照。

参考文献

JETRO（2012）「国際競争力のあるドイツ中小企業の戦略に迫る」『ユーロトレンド』5月。

アンゾフ，H. I.（広田寿亮訳）（1977）『企業戦略論』産業能率大学出版部。

伊藤正昭・土屋勉男（2009）『地域産業・クラスターと革新的中小企業群：小さな大企業に学ぶ』学文社。

経済産業省（2014）「グローバルニッチトップ企業100選」3月17日。

経済産業省（2013）『平成25年版 通商白書』勝美印刷。

土屋勉男・原頼利・竹村正明（2011）『現代日本のものづくり戦略：革新的企業のイノベーション』白桃書房。

土屋勉男・井上隆一郎・竹村正明（2012）『知財収益化のビジネス・システム：中小の革新的企業に学ぶものづくり』中央経済社。

藤本隆宏（2004）『日本のもの造り哲学』日本経済新聞社。

ポーター，M. E.（土岐大坤・中辻萬治・小野寺武夫訳）（1989）『グローバル企業の競争戦略』ダイヤモンド社。

第9章 中小企業のグローバル経営の狙いと戦略

1 中小企業のグローバル化と輸出拡大戦略

(1) 大企業で進む「多極分散型」のグローバル化

　中小企業のグローバル化は，多様であるとともに，大企業の場合といささか異なっている。大企業の場合には，トヨタ自動車やパナソニック，キヤノンのようなグローバル化を考えている。キヤノンの場合には，1950年代からグローバル化が進んでいくが，最初は海外市場開拓のための米国支店の開設からスタートする。60年代は，輸出を拡大するために米国や欧州で販売拠点を設立する。70年代は，欧州での輸出の拡大を目指して，域内の販売網を構築する動きがスタートする。一方でこの時代にアジアの中の台湾に生産工場を建設し，生産の海外展開がスタートする。アジア各国は国内産業の育成のため，輸入代替国産化を推進しており，それに対応する動きでもある。

　1980年代は欧州や米国へのものづくり（開発・生産）の現地化が進められ，90年代以降は地産地消の考えをベースに，生産機能だけでなく，開発機能の現地化も進んでいく。とりわけ巨大市場を抱える日本，米国，欧州，アジアでは，販売，製造，開発などの諸機能を，それぞれの地域の中でなるべく完結する「多極分散型」のグローバル体制を構築する企業が増えている。

　一方でアジアは，最近でこそ中国やASEANなどでも中間所得層が台頭し，市場面でも魅力のある地域が出現してきたが，以前はそれぞれの市場が小さく，日米欧の先進国とは異なる。そのためアジアに対しては，日本を基点と

図表9-1　キヤノンのグローバル化の歴史（中長期経営計画）

- 1950年代：海外市場開拓：「ニューヨーク支店」開設など
- 1960年代：販売拠点設立：「キヤノンU.S.A.」、「キヤノンヨーロッパ」など
- 1970年代：販売網の拡充：「キヤノンUK」など
  生産拠点の設立：「台湾キヤノン」など
- 1980年代：新興市場開拓：「キヤノンチリ設立」
  最適消費地生産：「キヤノンブルターニュ（フランス）」設立など
  研究開発拠点設立：「キヤノンリサーチセンターヨーロッパ（イギリス）」など
- 1990年代：グローバル優良企業グループ構想
  フェーズ1（1996～2000年）：全体最適と利益優先
  フェーズ2（2001～2005年）：全主力事業世界NO.1
  フェーズ（2006～2010年）：新たな成長への戦略
  フェーズ4（2011～2016年）：変革を続け成長を持続

出所：キヤノン株式会社ホームページ「キヤノンの事業戦略」をもとに作成。

する「ものづくり国際分業」の考え方が必要である[1]。例えば高級品を日本，中低級品をアジアで生産する製品差別化分業や，開発，部品生産を日本，組立をアジアで生産する国際工程間分業は日本を基点とする国際分業戦略の代表的考え方であろう。つまり大企業では，地産地消の考えをベースに，ものづくりの国際分業が高度に発達しており，とりわけアジアでは日本を基点とした製品間，工程間の高度な国際分業関係が構築されているのである。

（2）中小企業のグローバル化の特徴 ― 販売面のグローバル化が基本

　中小企業のグローバル化は，大企業のグローバル化と異なり，販売面のグローバル化が中心である。キヤノンの事例でいえば，1950年代から70年代までのグローバル化が行われていると考えてもよい。
　一方で比較的規模の大きな中小企業では，短期間のうちに販売や生産，開発のグローバル化が時間差をおかず，同時進行的に進められる場合もある。

---

[1]　土屋ほか（1999），p.183。

また中小企業は，少ない経営資源を補うため，欧米などではM&Aを行う場合もある。つまり中小企業のグローバル化は，複雑かつ多様な戦略がとられているように見える。

中小企業のグローバル化は，事例研究で見てわかるように，販売面のグローバル化が中心である。事例研究企業11社のうち海外工場をもたず，販売面でのグローバル化をとっている企業は6社である（共立理化学研究所，昭和精工，栄通信工業，コジマ技研工業，冨士製作所，西精工）。それらの企業は，グローバル化に関連して主として国内からの「輸出」を重視していることを示す。

栄通信工業は，欧州を中心に米国，アジア向けの輸出が多く，輸出割合は70％に達している。コジマ技研工業は，輸出の割合が20％であるが，今後はさらに拡大する可能性があるとする。冨士製作所は，国内70％，海外30％であるが，国内の人口が減少し成熟市場化してきた点を考慮すれば，今後輸出割合は高まっていくことが予想される。各社の輸出戦略は，商社，代理店経由が中心である。国内の専門商社にお願いするのが便利であるが，輸出の拡大には限界がある。共立理化学研究所を初め，多くの企業が代理店を活用している。また冨士製作所では，商社が70％，直販が30％であり，国内の顧客やリピーターでは直販納入を行う場合もある。

昭和精工は，海外生産の予定はなく，やはり販売面のグローバル化が中心であるが，タイと中国に他社と連携して販売・メンテナンス拠点を構築している。同社は，自動車向け精密金型を作っており，国内販売が96％であり，主として国内の企業に納品される。一方でそのうち60％は国内で販売した金型が，顧客の海外工場に設置され使われるとのことである。国内だけで事業を展開すると，製品販売後のメンテナンスや部品補給，新たなニーズへのフィードバック情報が途切れ，顧客ニーズから開発へのフィードバックが循環しない。昭和精工は，タイと中国に同業他社と連携してサービス，メンテナンスの拠点を構築することを決断している。

2 アジア大の生産分業戦略

(1) ものづくりの海外移転の必要性

　中小企業のグローバル化は，顧客に近い販売やメンテナンス活動が先行される。事例研究で，製造活動を海外に展開している事例は，根本特殊化学，フジキン，南武，IDEC，コスモテックの5社である。それぞれの企業の海外生産工場は，以下のように分布している。

- 根本特殊化学：欧州（ポルトガル・スイス）2工場，アジア（中国）3工場
- フジキン：米国（CCI社（M＆Aした企業））1工場，アジア（ベトナム）2工場，韓国1工場
- 南武：アジア（タイ，中国）2工場　CF. 米国販売・メンテナンス（技術供与）1企業
- IDEC：アジア（台湾，中国，タイ）3工場
- コスモテック：アジア（中国）1工場

　根本特殊化学は，欧州，米国の先進国向けの夜光塗料の製造拠点をポルトガルにおき，また時計メーカーの国産化要請を受けて時計向けの製造拠点をスイスに置いている。またフジキンは，半導体製造装置用精密バルブの製造拠点を米国においているが，同社にない大型のバルブに強みをもつCCI社を，M＆Aにより買収したものである。それらの2社の事例は，先進国向けの拠点であり，時計のスイスや半導体の米国のように，有力顧客がそれぞれの地域に集中しており，地産地消の考えにも沿う。またそれらの国は，生産面でも比較優位をもっており，先進国に進出，供給するための戦略であった。
　根本特殊化学，フジキンの例は，中小企業のグローバル化という枠を超えており，大企業に近い多極分散型の展開である。欧州，米国に進出する条件

は，先進国の製品に対して比較優位をもつこと，先進国に顧客を初め関連企業が集中すること，などが条件である。

　エレクトロニクス，自動車，産業機械などの大企業は，終戦後海外からの技術導入により国産化に成功し，国産技術力を磨き上げていくが，米国，欧州に輸出できる製品を開発することは1つの夢であった。根本特殊化学やフジキンの欧米事業を見れば，革新的中小企業は，世界へ輸出できる実力を十分備えていることがわかる。自社生産するか，現地の有力企業をM&Aで買収するかは，自社の経営資源，経営能力やコンペティターの状況を勘案して経営判断すればよい。根本特殊化学は，欧州の南部のポルトガルで自社工場を建設した。またフジキンは，同業者で半導体製造装置用の大型バルブに強いCCI社を取り込んで米国だけでなく欧州での生産拠点を確保したのである。

　いずれにしても根本特殊化学やフジキンの海外生産動向を見れば，必要があれば先進国の主戦場に乗り出す「中小の革新的企業」が出現する時期はそれほど遠くないことを暗示している。

(2) 組立メーカーのアジア進出の加速──アジア市場の開拓・生産

　事例研究の5社の海外製造拠点の動向をみると，根本特殊化学の欧州やフジキンの米国の例を除くと，海外工場の進出先はアジアに集中していることに特徴をもつ。アジアは，日本にとって欧米の先進技術を国産化し，それをもとに世界に輸出を始める最初の進出国でもある。またアジアの各国は，日本に続く雁行形態的発展が始まっており，輸入代替工業化をめざして，日本のものづくり企業の進出を求めている[2]。

　中小企業が対象とする部品，製品は，生産財が多く，市場規模も小さいことから国産化要請を受けるケースは少ない。むしろ顧客である自動車やエレクトロニクスの製品組立メーカーが，アジアでの国産化の要請を受けて，1970年代から80年代にかけて段階的にアジアに進出してきた。輸入代替工業化のために，組立メーカーは部品をコンテナに積んでノックダウン（CD）

---

[2]　土屋ほか（1999），p.30。

生産をとるが，最初はSKD（セミKD），次にはCKD（コンプリートKD）と現地化の度合いをあげていく。また部品の現地調達率も当初50％を下回っているが，その後60％，80％と現地化の度合いを高めていくのである[3]。

製品組み立てメーカーのアジア進出は，部品を納める中小企業にとっては，取引先の企業や工場が徐々にアジアに移転することを指す。今回の事例研究で分析している企業は，技術集約度の高い部品やユニット機器が多く，組立メーカーの海外進出が遅れる企業群であろう。昭和精工のように国内向けに出荷しても，同社の製品は60％以上が海外の工場で使われている事例も見てきた。

さらにいえばリーマン危機後の国内工場のアジア移転の動きは，激烈であった。2009年から12年にかけての円高のオーバーシュートのため，国内の組立工場は国内生産を中止し，海外生産に移行したことから，中小企業の受注環境は激変する。エレクトロニクス産業でその傾向が強い。中小企業は，国内は試作品開発のような多品種少量品の生産に集中するとともに，顧客を求めてアジアでの生産に乗り出していく。

(3) 部品メーカーのアジア分業戦略の2つの意義──アジアものづくり連携

中小企業の場合は，生産のグローバル化を進めるにあたり，国内と海外で効率のよい分業システムを構築する必要が起こる。中小企業は，事業の規模や広がりが大きくなく，海外に生産工場を進出したのはよいが，生産機能の海外移転が進みすぎ，国内のものづくり能力が空洞化する事例がないとはいえない[4]。

日本の国内は，ものづくり能力の持続的向上や進化を先導する役割を担っている。また日本の工場とアジアの工場は，製品間や工程間で国際分業する戦略が必要である。日本とアジアの間で，製品間や工程間の明確な国際分業

---

3) 牧野監修・三菱総合研究所編（1992），p.17。
4) 日本では，プラザ合意後（1985年），バブル崩壊後（1990～95年），リーマン危機後（2008～12年）に円高のオーバーシュートが生起するが，比較劣位化した産業では，アジアで生産する動きが加速する（土屋，1999，p.203）。

戦略を展開している企業は，金型用油圧シリンダやロータリージョイントで世界的なシェアをもつ「南武」である。南武は，製品間でいえば熱延鋼板巻き取り用に使う「ロータリージョイント」は国内生産を基本とする。売上高の2割程度であるが，その加工には熟練技能工による高度な溝加工が必要であり，日本以外で仕上げができる人材はいない[5]。一方製品間でいえば，特殊製品日本，標準製品アジアの製品差別化分業が行われる。特にタイは，工場が稼働して時間もたち，人材面での育成が進んでいる。高度なマシンを導入すれば標準品の加工は，日本と変わらない。また工程間でいえば開発・設計は日本，標準部品の製造はアジアの国際工程間分業であるが，高度なマシンの導入により部分的に開発・設計する力がついてきている。標準部品の加工や組み立ては労賃が安いアジア工場は，比較優位をもち日本に逆輸出し，トータルのコストを下げるメリットも出てくる。

　フジキンは，アジア工場をもつ強みを生かし，「アジアものづくり共有体」として磨き上げていく構想をもつ。同社は，アジアの韓国およびベトナムのハノイとバクニンの2か所の生産工場をもつ。また台湾，中国，韓国にサービス・センターをもち，日本と連携してアジアものづくり共有体として能力構築をはかる計画である。

　ベトナムのハノイには，2002年7月に投資のライセンスをとり，2005年には生産能力拡大のため新工場を建設している。またバクニンにも新工場を浚渫しており，ベトナムの生産は軌道に乗っている。ベトナム工場は，半導体製造装置用精密バルブの工場で，日本工場と同じレベルの精密加工ができることを目指してきた。日本から製造機械を持ち込み，日本並みの人材育成により「ものづくり能力」を強化しているが，ベトナム人の特性にも合い，軌道に乗りつつある。

　「アジアものづくり共有体」は，当面ベトナム工場を基点に，半導体の主戦場である台湾，韓国，中国メーカー向けの供給体制であるが，同社の海外生産比率は30％に達しており，将来は50％まで引き上げる計画をもつ。また

---

[5] 日刊工業新聞社南東京支局取材班編（2014），p.130。

今後「アジアものづくり共有体」は、日本・ベトナムを基点に、アジアから世界に展開するコンセプトとしての意味をもち、注目される。

3 中小企業の開発戦略

(1) 日本が技術開発を先導する

　革新的中小企業の特徴は、世の中にないまったく新しい製品技術を先行投入する事例がみられる。また他社に差別化した市場や技術領域で競争するため、独占に近い「オンリー1」ビジネスを展開する場合が多い。しかも製品技術の先行投入は、1回だけではなく、常に先行開発を持続することが重要である。多くの革新的中小企業は、経営理念や社是の中に研究開発の重要性をうたい、「持続可能な開発」の仕組みを構築している企業である[6]。

　事例研究ではフジキンの例が参考になる。フジキンは、歴代の経営者は国家褒章を授与されている企業である。特に同社は、経済産業省の「ものづくり日本大賞」やモノづくり推進会議・日刊工業新聞社の「超モノづくり部品大賞」に2004年の第1回から10回まで連続受賞している会社である。特許も獲得しているが、それ以上に他社が類似の製品を投入してきても、常に先行する研究開発型の経営風土をもち、研究開発が技術者の中に遺伝子（DNA）のように埋め込まれている企業でもある。

　根本特殊化学は、蓄光性蛍光体の開発で世界に先行し、N夜光の開発と国際標準の取得により世界オンリー1の地位を不動のものにする。同社の生命線は、原料調合がポイントであり、焼成、冷却（急冷）、粉砕を繰り返す中でN夜光の新製品の開発に成功している。N夜光の特許も間もなく切れるが、グループ本社は、知財の創造および収益化を推進する拠点であり、常に次世代材料の開発の先導役を担っている。

　グローバル化が進む中で、ものづくり能力の源泉としての日本の役割が、

---

6) 土屋ほか（2012），p.135。

問われている。日本と海外の役割が次第に不明確になり，低コスト化がグローバル経営の基本のように考えられてきた。日本の役割は希薄になり，技術の空洞化とともに輝きを失う企業も出ている。アイワ（Aiwa）[7]は，オーディオ機器のブランドとして有名で，ミニコンポを得意としてきた。海外生産比率が80％を超え，2002年ソニーに吸収合併され，アイワはソニーの１ブランドとなった。グローバル化が極限まで進み，日本国内の「産業の空洞化」が進み，日本の技術先導性が失われ，コスト競争力のみの会社になったことが原因とみられる。

グローバル化が進み，生産工場の海外進出が進む中で，日本の国内の技術開発の先導性が問われている。日本はものづくり能力構築活動の中核でなければならない。特に日本とアジアはものづくり国際分業関係が高度化していくが，日本が「アジアものづくり連携」の技術先導役でなければならない。

(2) 革新的中小企業のグローバル展開
―販売後の部品補給・メンテナンスの重要性

販売面のグローバル化をさらに一歩進めた革新的中小企業としては，根本特殊化学，フジキン，南武，IDEC，コスモテックの５社があげられる。それらの企業は，ターゲットの狭いニッチ領域では世界的なシェアを獲得し，GNT（グローバルニッチトップ）の企業群とも重なる。販売のグローバル化から生産のグローバル化に進み，海外に生産工場を建設した企業群でもある。基本的には，世界的に高いシェアをもつ企業は，国内・海外にコンペティターが少なく，輸出中心のグローバル戦略が有効なはずである。

革新的中小企業は，差別化した市場を見つけ，世の中にない製品開発で先行し，ほかに競合品が見当たらない。また他社が参入しにくい領域を主戦場にしている。したがって市場のニーズがあれば国内だけでなく海外にも輸出することができる。通常世界シェアが高い革新的中小企業は，販売のグローバル化が中心であり，輸出中心で事業を拡大すればよいということである。その場合でも，海外では類似の競合品が後から出てくる可能性もあり，「特

---

[7] 土屋ほか（1999），p.130。

許や商標」を取得することは必要である。海外で類似品で先行特許をとられ,特定国での輸出をあきらめた事例も出ている[8]。

　ところで研究開発型の革新的中小企業の場合,販売のグローバル化が中心であり,商社や代理店を使った輸出が中心である。一方で,商社や代理店方式で研究開発へのフィードバックが働くかどうかという問題がある。革新的中小企業の製品開発は,取引先である企業との信頼関係をもとに技術の基盤を作り,それらの基盤技術を生かして「リード・ユーザー」の顧客とともに一歩先の先端技術や先端類似市場へ展開する事例がみられる。それらの顧客や先導顧客[9]が海外に出た場合,国内中心の開発へのフィードバックが有効に働くかの問題でもある。今回の事例で先導顧客を見れば,

- 根本特殊化学:有力取引先(精工舎)〜N夜光〜先端市場の一歩先
- フジキン:取引先・航空宇宙用(IHI)〜半導体製造装置用精密バルブ〜先端類似市場
- 南武:取引先(トヨタ)〜金型用油圧シリンダ〜先端市場の一歩先

などリード・ユーザーとの関係を生かした開発や事業へのフィードバックが行われている。取引先の顧客との密接な関係,情報のやり取りは,次の開発のためにも必要である。事例研究では,ユーザーのニーズや問題解決策をヒントに次の開発を行う,「ユーザー主導型」の開発を得意とする企業も多い。その点でも顧客のグローバル化に対応することは,研究開発を持続するためにも必要である。南武や昭和精工は,自動車メーカー,部品メーカーが主要顧客であり,生産拠点やメンテナンスの拠点がアジアに拡散している。また根本特殊塗料は,時計メーカーが比較優位をもつ欧州に生産工場やメンテナンス拠点を置いている。

　革新的中小企業は,ユーザーからの問題,課題のフィードバックを重視し,

---

[8] 共立理化学研究所は,以前海外で類似品が出て提訴したが負けて,その国の市場を放棄した経験をもつ(第2部事例研究)。
[9] リード・ユーザー主導の開発は,土屋ほか(2011, pp.175-178)参照。

ユーザー対応型の開発をとる企業も多く，商社や代理店を通じて輸出するだけでなく，現地の企業にライセンスを供与するか，現地企業と合弁あるいは独資で「サービス，メンテナンス」機能をもつ販売会社や販売網を組織する必要も出てくる。

第9章1(2)で，昭和精工が最近タイや中国に他社と連携してサービス・メンテナンス拠点を設けたことを述べた。同社の自動車用精密金型は，国内販売が中心であるが，金型の多くが海外の自動車部品工場で使われており，取引先ニーズの開発情報への遮断を恐れての対策でもある。

4 中小企業のグローバル成長戦略

(1) 中小企業から中堅企業への成長──経営の持続か成長か

革新的中小企業は，基本的には差別化した技術を開発し，ニッチな市場領域の中で，規模の成長より「研究開発の持続」を可能にする経営を追及する傾向をもつ[10]。したがって差別化した技術を先行開発して，大企業が参入しにくい安定した市場を見つけ，デファクト標準を確立することにより，他社が参入しにくい「オンリー1」型のビジネスを追及する企業である。

図表9-2では，事例研究の中の革新的中小企業を経営特性やグローバル戦略により，4つの類型に分けた。各類型は，企業規模の成長にも対応している。革新的中小企業の中で，規模が最も小さな「δ型」は，国内生産が中心で，市場はやはり国内が中心であるが，次の成長をめざしアジアへの輸出に挑戦する，これから成長する企業群である。また「γ型」の企業は，規模も100人前後に拡大し，国内販売と輸出をミックスして，100人～200人の規模で持続可能な経営を確立している。研究開発力に優れ，特定の市場領域ではデファクト標準を獲得し，輸出が中心であるが欧米市場でも高いシェアを獲得している。「β型」は，「γ型」と異なり，海外工場をもち，製品間や工程

---

[10] 土屋ほか（2011，p.194）および土屋ほか（2012，p.155）を参照のこと。

間で国際分業戦略を展開しており，国内・海外を連結すると，中堅企業の規模に近い会社もある（フジキンの事例）。

「α型」は，革新的中小企業から一歩抜け出して，中堅企業の規模に到達している企業群である。それらの企業は，革新的中小企業のデファクト標準戦略から一歩抜け出している。つまり開発戦略に知財戦略や国際標準化の戦略をミックスして，日米欧の主要な先進国市場で戦い，高いシェアを獲得し

図表9-2　中小企業のグローバル戦略類型（事例研究のまとめ）

	経営特性	ビジネス戦略	グローバル戦略	事例
革新的 中小・中堅企業 （国際標準型α）	・やや広い領域へ展開 ・特定市場で世界ナンバー1	・国際標準化 ・ナンバー1ビジネスへの成長（圧倒的シェア）	・海外現地生産化（地産地消） ・日本は先導開発の拠点	・IDEC（ロボット用安全スイッチ） ・根本特殊化学（N夜光） ・フジキン（半導体装置用精密バルブ*1)
革新的 中小企業 （アジア 大分業型β）	・狭い領域 ・ニッチ市場 ・ニッチトップの追求	・顧客ニーズ重視の開発 ・アジア顧客の取り込み ・低コスト工場の開発	・アジア国際間分業戦略（タイ・ベトナム・中国工場） ・製品差別化分業（国内高級品）	・フジキン（半導体装置用精密バルブ*1) ・南武（金型用油圧シリンダ） CF.コスモテック（*2中国生産あり）
革新的 中小企業 （デファクト 標準型γ）	・狭い領域に集中 ・ニッチ市場の追求（GNTの追求）	・デファクト標準化 ・オンリー1ビジネスの持続（知財の専有可能性）	・輸出中心（国内中心のものづくり） ・販売・メンテナンス拠点を構築	・栄通信工業（精密ポテンショメーター） ・冨士製作所（製麺機械） ・昭和精工（自動車用精密金型）
革新的 中小企業 （輸出中心型δ）	・顧客の海外進出 ・産業の空洞化 ・アジア市場の拡大	・多品種小微量への特化 ・アジア輸出の拡大	・輸出中心	・共立理化学研究所（簡易水質診断キット） ・コジマ技研工業（自動串刺し機） ・コスモテック（機能性フィルム*2)

＊1・2：フジキンはα型・β型，コスモテックはβ型・δ型の双方の特性をもつ。

ている。国際標準化を組み込んで世界市場で競争する企業群でもある（IDEC，根本特殊化学）。この「a型」の開発，グローバル化の戦略は，次の第10章で詳しく分析する。

いずれにしてもグローバル化は，世界市場を獲得する成長戦略の手段であるとともに，グローバル化によって「新たな競争優位」が生まれ，その活用により持続可能な成長が生み出される点に注目すべきである。

参考文献

土屋勉男・井上隆一郎・竹村正明（2012）『知財収益化のビジネス・システム：中小の革新的企業に学ぶものづくり』中央経済社。

土屋勉男・原頼利・竹村正明（2011）『現代日本のものづくり戦略：革新的企業のイノベーション』白桃書房。

土屋勉男・三菱総合研究所アジア市場研究部編著（1999）『日本企業はアジアで成功できる：グローバル経営を実現する指針』東洋経済新報社。

日刊工業新聞社南東京支局取材班編（2014）『東京・城南のモノづくり企業「飛翔する」：光る技術をもつ製造業の現場レポート』日刊工業新聞社。

牧野昇監修・三菱総合研究所経済・経営本部経営開発部著（1992）『日本企業のグローバル戦略：〈海外事業〉転換期の課題とシナリオ』ダイヤモンド社。

グローバル経営の成功要因

1 国際標準化戦略——中堅企業への成長を目指して

(1) 革新的中小企業の「オンリー1」ビジネス

①デファクト標準で顧客の安定的確保

　革新的中小企業は,先行開発した製品や他社に差別化した製品を国内や海外の市場に投入し,市場を自ら切り開いていくことが多い。先行開発した製品は,当初特定顧客のカスタマイズ品からスタートする場合もあるが,多様な取引の中から汎用品を開発するか,特注品のマルチカスタマイズ化などにより自社製品化して自ら市場を拡大する場合もある[1]。通常製品の構造,機能や用途などが顧客に浸透するには時間がかかる。それらの先行開発した製品は,市場に拡販するプロセスで一時的に独占に近い市場が形成される。また類似製品との競争にも勝ち「デファクト標準」を獲得する。

　デファクト標準は,ISO（国際標準化機構）やIEC（国際電気標準会議）などで決められた公的標準（デジュール標準）ではなく,市場競争によって先行し,実勢上の標準を獲得する事例である。革新的中小企業の製品の多くは,国内,海外市場における競争に先行し,高いシェアを獲得した「事実上の標準」品である（共立理化学研究所の簡易分析ユニット,南武の金型用油圧シリンダ,冨士製作所の製麺プラントなど）。

---

1)　土屋ほか（2011）, p.179。

中小企業の場合は，先行開発した製品を市場投入するか，他社に差別化した製品を開発し，特定市場でデファクト標準を握る場合があるが，それがオンリー1製品として高いシェアを持続するかどうかは，参入市場や知財の専有可能性[2]に依存する。革新的中小企業のターゲット市場は，狭いニッチな市場に展開する場合が多く，コンペティターが参入する可能性が小さく，高いシェアを持続する傾向がある。特に「革新的中小企業」の市場は，多くの場合大手の参入が難しい「ほど良い」規模である，特異な市場や技術による隙間（ニッチ）を狙うなど，ターゲット市場の「領域（ドメイン）」そのものに特徴がある。ポーターは，競争優位の基本戦略を「コスト優位と差別化」においている[3]が，経営資源の少ない中小企業はターゲットの幅が「狭く」，技術的にも差別化した領域へ「集中」する傾向がある。

② 「オンリー1」ビジネスとしての持続
　革新的中小企業は，取引先との信頼関係をもとに，顧客との共同開発により従来技術の一歩・二歩先の開発に成功する場合がある。またそれまで蓄積してきた技術基盤をもとに，独自の構想で先端類似市場に展開し成功する事例もある[4]。国内，海外の市場投入で先行するとともに，「デファクト標準」を握り，独占的な利益を先行享受する。一方でそれらの市場は，特異なニッチ領域であり，大企業は参入しにくい。また海外市場に展開する場合には，製品特許や商標により，参入を阻止する戦略がとられる場合も多い。一方で製法面やコア部品ではブラックボックス化して容易に類似品が投入されないよう参入上の障壁を作り上げることができれば，開発戦略と知財戦略を有機的に結合し，「オンリー1」のビジネスを長期に持続することができる。つまり知財の専有可能性が長期間にわたり持続することになる。

---

[2] 専有可能性は，知財の特性だけでなく，知財戦略にも規定される（土屋ほか，2012, p.38）。
[3] ポーター（1985），p.16。
[4] 土屋ほか（2011），p.175。

③デファクト標準からオンリー１ビジネスへ──事例研究に学ぶ

　今回の事例研究では，共立理化学研究所が開発した水質検査の簡易分析キットが代表的である。同社は，公害が問題となってくる1970年代，80年代に自治体や企業の現場が迅速かつ簡易に水質検査したいというニーズに対応し，低価格で簡易方式の水質検査キットの開発に成功する。また同社は，その後顧客のニーズにきめ細かく対応する中で，69種類の水質検査キットのライン化に成功する。同社の製品は国内の90％を占め，簡易水質検査の「デファクト標準」になる。一方で国内の簡易水質検査の市場は，2000年以降は成熟市場であり，高度成長期のような成長は期待できない。また市場規模も大手企業が参入する規模がなく，結果として新規参入のない安定したビジネス環境が形成されることになる。さらにいえば共立理化学研究所は，国内市場の安定基盤をもとに将来的には潜在市場の大きなアジアの営業を強化する計画である。

　栄通信工業は，精密ポテンショメーター（精密可変抵抗器）のトップ企業であり，日本初の人工衛星「おおすみ」，南極観測船「宗谷」，深海用潜水調査船「しんかい2000」などの設備，機器に採用されているハイテク企業である。また同社は，輸出比率が70％と国内だけでなく，グローバルな顧客にも採用されている。特に日本，欧州では圧倒的なシェアをもち，同社の製品が世界の「デファクト標準」としての地位を獲得している。

　一方で同社は，海外を含めて210件の特許をもっており，特許を基本にした知財の囲い込みをはかる。また多品種少量生産を基本に，主要顧客を「超精密・カタログ品・特注品」の３つに分けて，世界の顧客に迅速に対応できる効率的な「ものづくり」の仕組みを構築する。またものづくり能力は日本に集中し，常に磨き上げており，それらの要因が相乗効果となり高い参入障壁が形成されているのである。

　いずれにしても革新的中小企業にとっては開発で先行し，国内，海外でデファクト標準の地位を獲得する。それとともに市場や技術の特異性を生かしニッチ領域に集中し，後発者の参入を難しくしている。さらに特許やブラックボックス化を組み合わせた知財戦略や，多品種少量と短納期をミックスす

図表10-1 革新的中小企業の国際標準化戦略

企業類型		革新的中小企業	中堅企業
めざす方向		・先行開発 ・オンリー1（ニッチ，特許など）	・先行開発 ・ナンバー1（国際標準化）
事例研究企業		・栄通信工業 ・共立理化学研究所，南武，冨士製作所など	・IDEC ・根本特殊化学
開発	開発特性	・顧客主導開発 ・リードユーザーの活用	・開発構想 ・持続的先導開発
	顧客関係	・特注品に強み ・標準品への展開（自社製品化）	・差別化した標準品の開発
知財戦略	ターゲット市場	・狭い・ニッチ領域 ・国内→海外市場	・（やや）広い ・グローバル市場
	専有可能性	・特許（防衛型） ・ブラックボックス（製法）	・特許（防衛または収益化） ・同左
標準化の方向		・デファクト標準化	・国際標準化 ・自社技術の国際標準化
コメント		・開発・知財戦略でオンリー1の持続	・開発・知財・標準の三位一体戦略で独占的シェア

出所：企業インタビューをもとに筆者作成。

ることにより高い参入障壁を作り，「オンリー1」の持続可能なビジネスを実現しているのである（図表10-1）。

(2)「画期的」製品技術と国際標準化の可能性

①世界市場に向けて積極的に挑戦

　中小企業から中堅企業への発展を目標とする場合には，国内だけでなく海外市場へ積極的に拡販し，売上高を伸ばすことが重要となる。革新的中小企業の場合には，先行開発や差別化した製品の開発に成功し，「デファクト標準」を握るだけでなく，ターゲット市場の狭さ，顧客や技術面で特異な「ニッチ」

領域に集中することから，収益の安定を持続する傾向がある。

海外で高いシェアを獲得している企業もあるが，大企業が参入しにくい領域に集中していることが重要なのである[5]。それらの市場は，技術や市場の特異性から後発企業が参入することにはならず，「デファクト標準」を続けることができる。またグローバルに展開する条件として，特許や商標などを取得するのが一般である。市場を狭く限定し，また特許等による防衛網を築けば，世界市場でも高いシェアを維持し，「オンリー1」ビジネスを継続することが可能である。さらにいえば，「短期納入」など差別化したビジネス・システムを構築する方法も有効である。

②自社開発品の国際標準化─根本特殊化学の「N夜光」の戦略

自社で先行開発した製品を，ニッチ市場で安定したビジネスを持続させるだけでなく，「国際標準」を獲得し，圧倒的な世界シェアを長期間持続している事例を紹介しよう。第1は，第2部第4章で紹介した根本特殊化学の「N夜光」の事例である。

N夜光は，取引先の精工舎が時計用の夜光塗料を「放射性物質ゼロの材料」に切り替えると宣言した環境脅威の中から，ラジウムを含まない夜光塗料の開発が緊急課題となってきた。それに対応して技術開発本部を立ち上げ，約3年かけて原料の調合，拡販・調整，焼成・冷却を繰り返し，従来のものより10倍明るい「N夜光」の開発に成功する。試行錯誤の末に偶然生まれてきた画期的な材料である。旧来の素材であるGSSと比較すると，N夜光はアルミン酸ストロンチウムを材料にしており放射性物質が含まれない。また残光輝度は旧素材の10倍，残光時間は2,000分と旧素材のやはり10倍以上という画期的な材料であった（図表10-2）。

その後の戦略が，N夜光の独占的なシェアを決定づけることになる。誘導標識に同社のN夜光が使われるが，新消防法の施行に際して，JISが誘導標

---

[5] 世界市場で競合する場合は，大企業と連携してブランド力や販売・メンテナンス網を活用することも有効である。外科手術用顕微鏡を開発・生産し，ライカの販売網を活用して高い世界シェアを獲得している三鷹光器の事例が参考になる（土屋ほか，2011，p.61）。

図表10-2 新・旧蓄光素材の比較

	旧素材（GSS）	新素材（N夜光）
化学組成	硫化亜鉛 (ZnS:Cu)	アルミン酸ストロンチウム ($SrAl_2O_4$:Eu,Dy)
発光色	緑色（530nm）	緑色（520nm）
残光輝度	20～30mcd/m^2	300mcd/m^2
残光時間	約200分	2,000分以上
耐光性	10～24時間	1,000時間以上
安全性	既存化学物質	化審法登録

出所：株式会社「根本特殊化学」の情報による。

識に求める基準をN夜光の輝度を前提にした「高い水準」に設定するよう働きかけた[6]。その結果，誘導標識には同社のN夜光以外の材料が参入できなくなり，独占的シェアの足掛かりとなる。また国際的にも，客船における避難誘導システムや安全標識に，ISO規格の中に「N夜光」の性能を前提とした基準が設定され，同社の材料以外の参入の余地が狭まり，独占に近いシェアを獲得することに成功している。

さらにいえば，同社の「N夜光」は1995年阪神淡路大震災，2001年の米国の同時多発テロ，2011年東日本大震災など大きな事件が起こるたびに，世界的に用途を拡大させ，国際標準としての地位を不動のものとする。

(3) 中堅企業に向けての成長戦略―「国際標準化」戦略の仕掛け

①国際標準化を戦略的に狙う―IDECのロボット用スイッチ

第3部第5章で紹介したIDECの事例は，革新的中小企業が世界市場に挑戦し，中堅企業に成長する事例として興味をひかれる。IDECのように中小企業から規模がやや大きくなった場合には，革新的中小企業がとる「オンリー1」ビジネスの持続にも限界がある。特に海外市場を取り込む場合は，問

---

[6] 内閣官房長官知的財産戦略推進事務局（2012）。

題が出てくる。中堅企業が狙うターゲット市場は，革新的中小企業に比べて総じて「広い」領域を狙う必要が出てくる。中には大企業が参入してくる潜在市場性の高い領域の製品もある。世界市場においては，大企業も含めたコンペティターが参入するリスクが急激に拡大する。

　IDECの事例研究では，先行開発した産業用制御機器のスイッチは，当初は世界的に見ても独占に近いシェアを獲得しているが，製品寿命曲線（PLC）に沿って市場が成長するにつれて，類似品が各地で誕生し，シェアが急激に減少する傾向が出る。つまり革新的中小企業の狭い市場と異なり，中堅企業が狙う市場は，世界の企業にとって魅力のある競争市場であり，一時的にデファクト標準を握ったとしても，世界各国で類似品が次々出て，過当競争に巻き込まれてしまう。革新的中小企業が「オンリー1」のビジネスを持続するのとは対照的に，国内や海外の特許や知財戦略を駆使しても，欧州，米国など地域ごとに類似製品があらわれ，シェアの維持に限界が出てくるからである。

② 「国際標準化」を機軸にした三位一体戦略──開発・知財・国際標準戦略

　中堅企業が世界市場で先行するだけでなく，高いシェアを獲得し，持続させるためには，適切な戦略が必要になる。IDECの事例では，革新的中小企業のデファクト標準と知財を組み合わせた戦略だけでは限界があり，「国際標準化」を組み合わせた巧妙な戦略が必要なことを示している。

　IDECの事例は，過去の数々の失敗例から同社が学んできた成功事例を分析しており，規模がやや大きな中堅企業のベンチマークとなる。IDECは，「イネーブルスイッチ」の事業化にあたり，開発・知財・国際標準の三位一体の戦略を，効果的に組み合わせた画期的な方法を採用した。その結果，イネーブルスイッチは，世界市場で時間とともにシェアが上昇し，現在では90％を獲得することに成功する。

　IDECは，それまでは産業用制御機器のスイッチ製品では画期的なオンリー1の製品を開発しており，デファクト標準を握ってきた。最初の投入からしばらくの期間は，100％に近いシェアを誇っているが，製品の認知度が高

まり，PLCに沿って市場が成長するプロセスで，同社のシェアが減少する傾向が起こっていた。産業用スイッチは，装置の安全機能を保持するため必要不可欠の製品であるが，日米欧の各地域で機器の安全標準が異なる場合もあり，地域ごとの安全基準を取り込んだ類似製品が市場に出てくるからである。したがって時間の経過とともに競争が激化し，シェアの低下を余儀なくされてきた。

　IDECは，過去のスイッチ製品の反省を踏まえて，イネーブルスイッチの開発では，最初から「国際標準化」での先行を意識した開発・知財・国際標準の「三位一体」型の戦略作りを始める。

　巨大市場の米国，欧州，日本のうち，欧州と連携し，日欧の異なる安全方式を統合した製品開発を目指す。開発の段階から欧州の安全基準を取り込むとともに，日欧の生産現場の安全基準に対応できる「イネーブルスイッチ」の開発を目指す。同スイッチは，日本だけでなく欧州の産業機械メーカーにも徐々に採用され，時間とともに拡大していく。従来の産業用制御機器スイッチ製品で起こった「最初は高シェア，時間とともに低下する」傾向は起こらず，むしろ時間とともに日本，欧州でのシェアの拡大に成功している。

　日本の製品は，技術，品質に優れているが，独自の日本規格にこだわり，日本では高いシェアをもつが，世界市場の浸透に失敗するケースが一般的である。「技術に勝ち，市場で負ける」製品は，きわめて多く，デファクト標準を握りながら，国際標準争いで失敗する事例が多い。IDECのイネーブルスイッチは，国際標準を握り，世界ナンバー１のシェアを獲得することに成功した事例である。開発段階から，開発・知財・国際標準を連動させた三位一体の戦略を活用した成果であろう。

第10章　グローバル経営の成功要因

2 グローバル経営の成功要因

(1) ISO経営を活用する

①グローバル化の前提としてのISOマネジメントシステム

　海外ビジネスに実績のある企業は，ISO9001やISO14001を取得している企業が多い。ISOを取得していない企業は，10社事例研究しているが，規模の比較的小さいか国内中心のビジネスを展開している企業（2社）だけである。

　機能性フィルムのコスモテックは，主力企業ソニーと取引があり，ソニーがグループ企業や取引先にISO経営の導入を奨励したことが契機となった。また欧州や米国企業との取引にあたっては，ISOの導入は必要条件であろう。欧米が取引する条件として，当該企業ではISOに即したマネジメント活動が展開されているか，品質やサービスを保証する改善活動をPDCAサイクルでまわすマネジメントシステムを構築しているか，などが問われるからである。

　今回の事例研究では，ISOは，マネジメントシステムの文書化やシステムの維持更新に時間，費用がとられ，中小企業にはISOの取得，維持，更新のためのコスト対効果が合わないとの不満も一部には聞かれる。一方で革新的中小企業は，グローバル化を推進するにあたり，ISO9001や14001の資格を武器に，欧米企業との取引に成功している。それだけでなく，多くの企業は，国内の経営システムの改善や海外展開した合弁会社の経営効率の改善や人事育成のために，むしろISOを積極的に活用していることが明らかになっている。

②ISO活用の事例紹介

　ISOを積極活用している事例としては，製麺プラントの冨士製作所の事例がある。同社は，ISO9001を1998年に取得しており，革新的中小企業の中でも決してその取得が遅れたわけではない。一方で取得後の10年間は，ISOの資格をもっているだけで，コストに見合う効果が得られたわけではない。現在では世界37か国に輸出し，世界シェア50％を占める「グローバルニッチト

ップ」の企業であるが，当時は海外への売り込みも相手にされず，トップダウンの指示待ち体質の会社であった。しかし5～6年前から「ISOを生かす経営」に転換し，徐々に実効性も出てきている。まず経営における計画性の向上があげられる。またミスの対策や顧客情報の有効活用，内部監査を生かした活動など，ISOを生かす経営が社員に浸透するとともに，人材の能力向上にも役立っている。

一方でフジキンは，革新的中小企業の中では，グローバル化が進んでおり，米欧には米国でM＆Aで獲得したCCI社を介して供給している。またアジアは韓国と中国とベトナムに工場をもち，特にアジアのベトナム工場は，ハノイとバクニンに生産拠点をもち，将来は「アジアものづくり共有体」の重要な拠点として育成していく方針である。ベトナム工場は，「日本品質」を目標にしており，日本国内と同レベルの精密加工を目指している。原材料は日本から調達し，設備はMCやNC旋盤など国内の精密加工設備を移設し，ミクロン・オーダーの品質を保証する体制を目指している。

人材の育成は同社が特に優先している課題である。日本と同様に「5S」を基本に，人材重視の教育訓練が徹底されており，資格取得も国内同様に推奨している。2009年にベトナム工場はISO9001と14001を導入し，世界の供給拠点への飛躍を目指している。日本のものづくり経営をベースにしたISO流のマネジメントシステムの構築と経営改善活動は，海外工場のレベル・アップのためにも有効な方法であろう。

(2) 新興国から日本への製品・技術のフィードバック
　――リバース・イノベーションの可能性

①生産のアジアの段階的進展

アジア向けのグローバル化は，「生産（工場）のアジア」[7]に注目するか，「販売（市場）のアジア」に注目するかによって異なる。歴史的には，1960～70年代はアジア各国の輸入代替工業化に対応した「生産のアジア」が注目される。それらの工場は，日本から部品を持ち込みノックダウン（KD）により

---

7)　土屋ほか（1999），p.34。

組立てる方式であった。1985年のプラザ合意や1990年代前半のバブル経済の崩壊，さらにはリーマン危機後の局面で円高のオーバーシュートが起こるが，円高ドル安の進行とともに，国内生産は比較優位を失い，低コストの生産拠点としてアジアの工場の活用が進んでいく。最初は，繊維製品，次には家電製品，最近では半導体や情報家電の分野で，為替環境の変化とともに日本での生産は比較優位を失い，それを補う形でアジアからの輸入へ切り替える動きが進んでいく。また当初は日本から材料，部品を持ち込み，安い労賃を使いKD生産方式が活用されるが，現地の部品調達比率が向上し，低コストのものづくり拠点としての体制が整っていく。最近では，アジア市場には経済成長とともに中間所得層が誕生し，「販売（市場）のアジア」，日本の製造業の輸出先としての市場面にも注目が集まるが，生産のアジアとしての重要性も，低下することはない。

　革新的中小企業の中で，アジアに工場を建設している企業は，IDECや根本特殊化学，フジキンや南武，コスモテックの5社である。とりわけフジキン，南武は，アジアに低コストで高効率の工場を建設し，日本発の国際分業戦略を展開することを考えており，注目される。

②低コスト・高効率なアジア工場——フジキン，南武にみるアジア大のものづくり拠点

　フジキンは，米国，欧州，アジアと地域ごとに供給体制を構築している。特にアジアは，日本以外に台湾，韓国，中国に半導体工場が集中し，半導体製造装置用バルブの市場としても重要である。同社はベトナムにハノイやバクニン工場を建設し，低コストの標準バルブや部品の加工拠点を構築しようとしている。ベトナム人のものづくり気質は日本にも相通じるものがあり，人材教育にも力を入れている。将来は日本とアジアをネットワークで結ぶ「アジアものづくり共有体」を構築する計画である。

　また南武は，2002年に大田区が推進する「オオタ・テクノ・パーク」構想に乗り，タイへの工場進出を始めている。同社の主力製品である金型用油圧シリンダは，日本の自動車メーカー，同部品メーカーの間では広く普及して

いる。海外の日系自動車メーカーの間では，同社の製品が70％のシェアを占めており，圧倒的な強みをもっている。

　タイは，自動車市場では，日本メーカーが9割近いシェアを占めている。タイ政府は，低価格，高燃費のクルマの生産を支援しており，世界の供給拠点としても注目されている。南武は，当初タイ工場を標準部品や組み立て拠点として活用していたが，最近では標準シリンダの一貫工場や標準部品のグローバル生産拠点として，育成していく方針をもつ。創立10周年を機に，タイに自社の新工場を建設し，拡張移転を決断しており，海外の売上高も5割に達している。タイ工場は，現在タイやインドネシア向けの輸出拠点であるが，将来的にはインドを含めた広域展開の核として育てる意向である。

　革新的中小企業の事例では，国内市場が成熟し海外市場が成長する中で，低コスト，高効率の「ものづくりの拠点」として，タイやベトナムなどを活用する動きであるが，アジアに世界市場向けの低コスト，高品質の「グローバル拠点」をもつ意義は大きい。

③アジア発のイノベーションの可能性

　フジキンや南武のアジア工場を見ると，当初は現地向けの販売サービス拠点や一部の標準部品の加工，組み立て拠点であった。一方で近年アジアは急成長を遂げ，現地の半導体や自動車メーカーの位置づけや取引内容が大きく変貌してきた。またアジア市場の拡大とともに，先行投資してきたアジアのものづくり拠点の戦略的重要性が高まっている。フジキンや南武のアジア工場の動きをみると，現地向け海外工場から広域アジア，さらに世界のものづくり拠点向けへと，位置づけが徐々に変質してきている。

　今後は，それらのアジア工場は，低コストで高品質なものづくり拠点として重要性を増していくであろう。自動車を例にとれば，トヨタのタイ工場はピックアップを中心とした多目的車の生産でスタートしたが，今や革新的多目的車（IMV）の世界の開発・生産拠点に発展している[8]。また日産自動車

---

8) 土屋（2010），p.119。

は，低価格の小型車の開発，生産をタイに集中している。それらの小型車は，日本の生産をあきらめ，タイで集中生産して，日本を初め，世界に輸出する計画である。自動車では，アジア市場が急成長を遂げる中で，先行して育成してきた現地のものづくり能力に注目が集まる。また低コスト・高品質化のノウハウや特定車種におけるイノベーション能力が活用される段階を迎えている。

革新的中小企業の中では，アジアのベトナムやタイにものづくり拠点を構築し，日本とアジアの間で国際分業戦略を展開しているフジキンや南武の動きには，特に注目したい。フジキンが推進する「アジアものづくり共有体」は，半導体の工場が集中するアジアに対して，開発センターの日本，サービス・センターの台湾，工場の韓国，中国，ベトナムを結ぶ「ものづくり（開発・生産・エンジニアリング）」のネットワークである。以前の「ものづくり」は，日本の中で「垂直統合型」の閉じた体系をもっていた。今後はアジア市場が拡大する中で，日本はものづくりの先導役を務めるが，広域アジアの各国と連携した「アジアものづくり連携」として広域活用することが求められている。日本を基点とする有機的な分業関係を構築することにより，アジア共同体が環境変動や脅威を乗り越えて，進化，発展することが重要であろう。

アジアものづくり連携は環境変化とともに，ものづくり能力が「進化，発展」することができれば，アジア発のイノベーションも決して夢ではない。革新的中小企業のグローバル化には，その可能性が示唆されているように思われる。

参考文献

土屋勉男・井上隆一郎・竹村正明（2012）『知財収益化のビジネス・システム：中小の革新的企業に学ぶものづくり』中央経済社。

土屋勉男・大鹿隆・井上隆一郎（2010）『世界自動車メーカーどこが生き残るのか：ポスト・ビッグ３体制の国際競争』ダイヤモンド社。

土屋勉男・原頼利・竹村正明（2011）『現代日本のものづくり戦略：革新的企業のイノベーション』白桃書房。

土屋勉男・三菱総合研究所アジア市場研究部編著（1999）『日本企業はアジアで成功できる：グローバル経営を実現する指針』東洋経済新報社。

内閣官房長官知的財産戦略推進事務局（2012）「知的財産戦略に関する論点整理」１月20日。

ポーター，M. E.（土岐大坤・中辻萬治・小野寺武夫訳）（1985）『競争優位の戦略：いかに高業績を持続させるか』ダイヤモンド社。

おわりに

　本書の終わりとして，結論にあたる第4部第8章，第9章，第10章のポイントを要約するとともに，本書の中で示唆している含意を紹介し，まとめの言葉に変えたい。

1　革新的中小企業のグローバル経営

　第4部第8章では，「革新的中小企業」の事例研究を通じて，中小企業のグローバル化は多様な形態で展開されることを明らかにした。革新的中小企業のグローバル化の出発点は，大企業の参入しにくい「特異な市場」，ニッチな領域で差別化した製品技術を先行開発するとともに，有力顧客を見つけ市場浸透をはかり「デファクト標準」を握ることであろう。多くの場合製品技術や知財戦略が優れているだけでなく，内外の企業が参入しにくいことが，高いシェアを生み出し，「オンリー1」型のビジネスを持続させる要因である。

　また革新的中小企業は，開発の先行投資を回収し，「持続可能な開発」を生み出すために国内市場を開拓するが，PLC（製品ライフサイクル）が開発期から成長期に移行するにつれて，あるいは製品によっては国内とほぼ同時に海外市場を開拓することもある。その方法は，輸出戦略が中心となっている。中小企業の輸出は，商社や代理店を組織することが多いが，海外には代理店や自社の販売拠点を構築し，直販により自ら市場を開拓するなど，相手任せから自社の努力で販売を強化する体制を整備していくのが一般的である。また革新的中小企業の場合には，輸出戦略を基本にする場合にも，海外の顧客ニーズの「開発」へのフィードバックを重視し，サービス拠点を現地化する企業も見られる。

　一方で革新的中小企業の生産機能の海外展開は，大企業のようにすべての企業が，欧米やアジアに生産工場を建設するわけではない。自社の顧客が海外の特定の地域に集中し拡大している，各国の制度・政策などの影響で海外生産が求められるなどの要因が加わり，海外進出を決断する。また海外に生

産工場をもつ場合にも，自社の内製工場を新設するだけでなく，M&Aによる外部資源を利用する事例もある。

さらに中小企業の海外進出は，市場面や供給面でアジアを重視する傾向がある。アジアは中間所得層が育ち，有望な市場に成長してきた。一方で欧米と異なり，日本を除くと市場規模や技術基盤の両面で，独立して垂直統合型の事業体制を構築できる国はない。台湾，韓国の技術レベルはアップしてきたが，市場の規模は総じて小さい。またタイ，中国は，市場面は大きくなってきたが，技術面ではものづくりイノベーション能力が不足している。つまり日本が中心となって，日本，アジア各国が連携して，「アジア大」で市場，ものづくり技術の「相互補完関係」を構築する必要がある。その際に重要なのは日本の役割であり，アジア市場への展開は，日本を基点とした「相互依存型のグローバル経営」が必要である。

海外に生産工場をもつ革新的中小企業群（図表9-2の類型 α，類型 β）は，いずれも日本を基点にする開発，製造，販売，エンジニアリング，サービス面で高度な国際分業関係を構築している。グローバル経営は，市場の開拓，売上の拡大が目標であるが，グローバル化によって開発，生産，サービス面で新たな「競争優位」が生み出されることが重要なのである。

2　中小・中堅企業のグローバル経営

革新的中小企業は，「規模の成長」より「持続可能な経営」を重視する傾向がある。その背景には，研究開発型として一定の技術者を抱え試作費等の先行投資を循環させる収益の安定，つまり「持続可能な開発」を重視する傾向があるからである。一時的な成長は，持続しないと新たな危機を誘発する危険がある。

一方で中小企業の中で比較的規模の成長を重視する企業がある。中小企業庁の「元気なモノづくり中小企業300社」（2006～09年）に選ばれた中小企業の中でジャスダック（JASDAQ）に上場した企業は比較的多く，それらの企業はその代表的な事例であろう。事業の飛躍のために生産拡大投資が必要である，グローバル市場の開拓のために新たな資金需要が起こった等，資金

調達面の必要からJASDAQに上場する企業が一般的である。筆者たちの先の研究では，革新的中小企業の中で上場すると，成功する企業とそれ以外が二極分化する傾向を見てきた。上場した革新的中小企業の中には，上場後収益の上下の循環を繰り返し，増収増益の軌道に乗れない企業も見られる[1]。

その理由は，グローバル戦略を中心に第4部第9章，第10章の中で明らかにした。革新的中小企業がデファクト標準を握り，「オンリー1」の持続可能な経営を追求する傾向があるが，その経営上の特質や強みは「成長しない経営」，「規模より持続」を大切にする経営のときに有効である。一方で革新的中小企業が，事業規模の拡大を優先してさらにグローバル成長を推進すると，国内や海外のコンペティターの参入を誘発し，競争を激化させ「オンリー1」の強みが消滅する危険が出てくる。そのときには革新的中小企業のときに蓄積してきた数々の強みと成功体験，ニッチゆえの高い参入障壁の壁が崩れる危険性が出てくる。

第10章では，革新的中小企業と中堅企業の比較を通じて，グローバル成長戦略の「違い」を明らかにした。革新的中小企業は，得意とする研究開発能力を使い，大企業が参入しにくい特異な市場，ニッチ領域を見つけ，デファクト標準を握り，「オンリー1」のビジネスで安定収益を持続させる。欧米市場には製品技術は特許や商標を登録する，一方でコア技術や製法はブラックボックス化し参入障壁を築き，知財の専有可能性を高めることで持続可能な経営を存続することができた。

他方で中堅企業としてさらにグローバル市場でシェアを拡大しようとすると，世界各地の企業の参入を誘発し「ナンバー1」を争う市場に変化する場合が起こる。つまり「革新的中小企業」のビジネス・モデルとは異なる世界が出現するのである。それを突破するには，類型 a の企業がとった「国際標準化」の方法が有効であろう。事例研究では，自社の開発した画期的な製品技術を「国際標準」として採用してもらい，事実上同社しか参入できないようにする（根本特殊化学），開発・知財戦略に国際標準化を製品企画段階で

---

[1] 土屋ほか（2012）第3章事例研究を参照のこと。

取り入れ,欧州を巻き込み「開発・知財・標準」の三位一体の戦略で高い世界シェアを持続させる(IDEC)など,中堅企業としての新たな戦略が必要である。

また革新的中小企業は,日本にものづくり能力を集中し,輸出を中心に,それを支援する海外の代理店やサービス拠点があればグローバル経営は完結する。一方で欧米市場をさらに広げるには,販売方式としてOEM戦略とる場合もあるし,欧米の有力な大企業のブランド力,販売網を活用するアライアンス戦略の方法もある[2]。さらに欧米での生産拠点が必要な場合には自社の内生的成長だけでなく,現地のコンペティターを合併買収(M&A)し,現地市場の開拓を行う(フジキン)など,革新的中小企業の時代とは異なる戦略が必要とされる。

本書は,基本的には「革新的中小企業」を中心に,グローバル経営の特性と成功要因の分析に力点を置いた。また,中小企業としては「オンリー1型」のビジネス・モデルのもとで戦うことを推奨している。一方では,中小企業の中で規模をさらに拡大して,中堅企業としてグローバル成長を追及する場合には,従来の経営,成功体験からの飛躍が必要であり,革新的中小企業とは異なる手段と方法で戦うべきことを提案している。

最後になるが残された課題をあげておきたい。第4部第10章1で中小企業のグローバル成長戦略の手段として,「国際標準化」の意義を説明した。その前提として第3部第5章で分析したが,中小企業の「国際標準化」は成長持続,拡大の戦略として重要であるが,製品特性やPLCの発展段階などによって多様な知財・標準化の戦略がとられる。それらの事例を中小企業のグローバル成長戦略と関連づけて,もう少し幅広く分析,評価する必要があろう。また第3部6章では,ISOを積極的に活用して経営改革を推進している事例を紹介した。さらに第3部第7章で,中国事業の成功要因を分析し,事業の成功には会社の理念や方針を理解する有能なトップを選定することの重要性を指摘した。また現地の会社は,極力「経営の現地化」を進め,「従業員尊

---

2) 土屋ほか(2011)の三鷹光器とライカの連携(オープン・イノベーション)を参照のこと。

重の経営」を実現することで，活力のある現地法人を育成することがグローバル経営の成功要因であるとした。

　今後革新的中小企業は，自社のもつイノベーション能力を「アジア大」で各国の現地法人と連携して進化，発展させることが必要である。そのためには日本と現地法人が連携して「ものづくり能力」の構築活動を展開するだけでなく，現地法人が現地の環境に合った独自のイノベーション活動を創造することができれば，グローバル経営の「競争優位」の進化，発展にも大いに役立つはずである。そのための成功要因の1つとしては，経営理念の共有，経営の現地化，人材重視の経営等が必要要件と思われるが，今後さらに現地法人の実態分析を通じて，研究を深める必要があろう。

参考文献

土屋勉男・井上隆一郎・竹村正明（2012）『知財収益化のビジネス・システム：中小の革新的企業に学ぶものづくり』中央経済社。

土屋勉男・原頼利・竹村正明（2011）『現代日本のものづくり戦略：革新的企業のイノベーション』白桃書房。

索　引

A〜Z

- B to B 189, 200, 205, 219
- B to C 189, 200, 219
- BCP 174
- CKD 226
- GNT 216
- IDEC 39, 214, 240
- IEC 235
- ISO 235
- ISO14001 137, 243
- ISO31000：2009 173
- ISO9001 137, 243
- ISO経営 135, 243
- ISOマネジメントシステム 135, 243
- M＆A 29, 59, 250
- N夜光（ルミノーバ） 45, 239, 240
- OEM戦略 252
- PLC 249
- PLC理論 25
- RBV（Resource Based View） 20
- SKD 226
- SWOT分析 175

あ

- アイソス 148
- アイワ 229
- アウトソーシング 33
- アジア工場 245, 246
- アジア進出 225
- アジア大 250, 253
- アジア大の国際分業 62
- アジア大の生産分業 224
- アジア大分業型β 232
- アジアで稼ぐ 186
- アジア発のイノベーション 246
- アジア分業 226
- アジアものづくり共有体 58, 60, 227
- アジアものづくり連携 226, 229, 247
- アップル 32
- アベノミクス 5
- アンゾフ（H. I. Ansoff） 212
- 意匠登録 73
- 一般財団法人日本品質保証機構 141
- イネーブルスイッチ 242
- イノベーション 11, 12, 14, 15, 193
- イノベーション構想 23
- 医療観光（ツーリズム） 163
- インフレターゲット 5
- 宇宙ロケット用 55
- 液晶産業 181
- エリオニクス 217
- エレクトロニクス産業 7
- エレクトロニクス不況 211
- 円高オーバーシュート 3, 211
- 欧州品質賞 149
- 欧米拠点 57
- オープン 107, 119
- オープン・イノベーション 12, 14, 218
- オープンを加速するオープン 109
- オンリー1 9, 23, 44, 53, 71, 195, 198
- オンリー1型 94, 231, 249, 252
- オンリー1ビジネス 228, 235, 236, 237, 239, 251

か

- 海外工場 231
- 海外生産 6, 224

索引

海外投資 …………………………………… 48
階層的統治 ………………………………… 29
開発・知財・国際標準 ………………… 241, 242
開発型DNA ………………………………… 63
開発サイクル ……………………………… 95
開発戦略 …………………………………… 228
革新的多目的車（IMV） ………………… 247
革新的中小企業 ……… 12, 15, 23, 37, 218, 231, 249
隔離対象技術インフラ …………………… 108
カスタマイズ ……………………………… 56, 235
寡占化 ……………………………………… 102, 107
課題解決型 ………………………………… 92
合併買収（M&A） ………………………… 252
金型 ………………………………………… 86, 91
金型用中子抜きシリンダ ………………… 75
下流活動 …………………………………… 30
下流の工程 ………………………………… 30
川上 ………………………………………… 188
川下 ………………………………………… 188
簡易分析製品 ……………………………… 64, 67, 68
環境脅威 …………………………………… 8
環境側面の影響評価 ……………………… 174
環境マネジメントシステム（ISO14001）
　…………………………………………… 137, 243
　管理責任者 ……………………………… 141

企業家（Entrepreneur） ………………… 19
企業成長 …………………………………… 19
技術依存企業 ……………………………… 120
技術革新 …………………………………… 183
技術指向の離合型モデル ………………… 124
技術先導制 ………………………………… 229
技術独占型 ………………………………… 124
技術の汎用化 ……………………………… 7, 26
技術の非汎用化 …………………………… 25
技術の横展開 ……………………………… 89
規模の経済性 ……………………………… 27, 31
規模の成長 ………………………………… 250
規模より持続 ……………………………… 251
キヤノン …………………………………… 222
業界対象接続インフラ …………………… 109

供給側倫理標準 …………………………… 107, 119
競争優位 …………………………………… 31, 253
共通化 ……………………………………… 102, 107
共通テキスト ……………………………… 164
共同開発 …………………………………… 73, 83, 218, 236
共有対象部品インフラ …………………… 108
共立理化学研究所 ………………………… 39, 64, 213

クライアント ……………………………… 182
グループ経営 ……………………………… 48
クローズド ………………………………… 107, 108, 119
グローバル ………………………………… 24, 188, 211, 212
グローバル化 ……………………………… 19, 24
グローバル拠点 …………………………… 246
グローバル経営 ……… 59, 62, 70, 82, 202, 243, 249
グローバル成長 …………………………… 251
グローバル成長戦略の「違い」 ………… 251
グローバル戦略 …………………………… 30
グローバル戦略類型 ……………………… 232
グローバルニッチトップ（GNT） ……… 13, 17,
　38, 74, 76, 152, 190, 193, 198-200, 206, 215,
　217, 244
グローバル分業 …………………………… 32
クロスSWOT ……………………………… 175

経営現地化 ………………………………… 202
経営者 ……………………………………… 20
経営者の視点 ……………………………… 146
経営者の役割 ……………………………… 22
経営戦略 …………………………………… 142, 169, 180
経営特性 …………………………………… 13
経営に役に立つISO ……………………… 141
経営の現地化 ……………………………… 252
経営品質向上プログラム ………………… 149
経費確定経営 ……………………………… 128
経費不定経営 ……………………………… 128
元気なモノづくり企業 …………………… 216
元気なモノづくり中小企業300社 …… 17, 37, 250
研究開発型 …………… 13, 14, 22, 73, 92, 218, 231
現場力 ……………………………………… 204
権利独占型 ………………………………… 124

255

コア・コンピタンス 188
コア技術 42, 69
公的標準（デジュール標準） 235
合弁企業（joint venture） 29
顧客「プール型」 14
国際化 46, 50
国際工程間分業 7, 16, 32, 81, 222, 227
国際電気標準会議（IEC） 235
国際標準化 101, 232, 238, 240, 241, 251, 252
国際標準化機構（ISO） 235
国際標準化戦略 235
国際標準型 a 232
国際分業関係 83
国際分業戦略 32, 63, 82, 232
国際分業体系 60
国際分業の「構想」 50
国内生産の空洞化 8
五険一金 204
コジマ技研工業 39, 214, 217
コスモテック 39, 214
コンプリートKD（CKD） 226

さ

サービス拠点を現地化 249
最先端技術 14
栄通信工業 39, 214
サブプライム・ローン 3
サプライチェーン 188
差別化市場 180
差別化戦略 46
産業クラスター 11
産業の空洞化 6, 229
3K 80
参入障壁 251
三位一体型の戦略 242
三位一体戦略 241
自家製造装置 132
事業開発 32
事業競争力 138
事業競争力強化モデル事業 147

事業継続計画（BCP） 6, 174
自社製品 14, 219
自社製品の開発 14
自社製品メーカー 44
自社ブランド 219
市場指向の接合型モデル 125
市場多様化戦略 212
市場独占型 124
市場による統治 28
持続可能性 21
持続可能な開発 22, 38, 228, 249, 250, 11, 15, 22, 38, 250
持続的な発展 185
持続的能力構築 62
下請け 13, 87
下請けからの脱却 44
下請企業 182
シナジー効果 28
市販製造装置 132
資本出資・配当 48
シャープ 8, 9
社会的責任 151
ジャスダック（JASDAQ） 250
従業員尊重の経営 252
集中配置 31
受託賃加工（下請） 219
需要側倫理標準 107, 119
シュンペーター（J. A. Schumpeter） 19
ジョイント・ワーク 84
商標 72, 229
商住工混在 74
商品指向の嵌合型モデル 125
情報のフィードバック 94
上流活動 31
昭和精工 39, 86, 213
事例研究 37
新興市場 71
人財宝 59
新事業開発 69, 96
信頼関係 14, 83

| 索引 |

垂直統合型	9, 247, 250
隙間（ニッチ）	236
頭脳製造装置	132
スマイルカーブ	33
擦り合わせ型	212

成功要因	48, 82, 243
生産（工場）のアジア	244
成長しない経営	251
成長戦略ベクトル	212
成長ベクトル	5, 24, 211
成長よりは持続	11
静的な組織	139
製鉄用ロータリシリンダ	75
製品開発型	75
製品差別化	25
製品（間）差別化分業	16, 32, 81, 222, 227
製品寿命曲線（PLC）	241
製品ライフサイクル（PLC）	249
精密プレス金型	87
世界オンリー1	41
セミKD（SKD）	226
全体最適	51, 145
選択と集中	32
先端類似市場	9, 14
先導顧客（リード・ユーザー）	218
専有可能性	236
戦略構想	7
戦略的提携（alliance）	28, 94

相互依存型のグローバル経営	250
組織は戦略に従う	22
組織プロフィール	150
ソニー	8

た

大企業の開発力	14
タイ工場	81, 92
代理店方式	71
大量生産	182
高い参入障壁	238

高い水準	240
多角化	9, 46
多角化・グローバル化	44
多角化戦略	50
多極分散型	16, 59, 221
多国籍企業	27
脱下請け	75
多能工	79
多品種少量の取引	10
多様性	33
だるま経営	54, 62
短期納入	239

地域産業・クラスター	219
地域の多様化戦略	24
小さな大企業	11
知財戦略	72
知財の収益化	12-14
知財の創造（イノベーション）	14
地産地消	16, 221
知的財産権	101
チャンドラー（A. D. Chandler, Jr）	21
中間所得層	221
中間的統治	28, 29
中堅企業	38, 218, 231,235, 238, 241, 251
中国市場	93
中小企業のグローバル化	16
ちょこ停	156

手足製造装置	132
提案型	85
定年制がない	79
テキストマイニング	141
デジュール型デファクト標準	106
デジュール知財	105, 126
デジュール標準	102, 126, 235
手離れ	71
デファクト・スタンダード	67
デファクト型デジュール標準	106
デファクト知財	105, 126
デファクト標準	76, 102, 126, 231, 235-239, 249

257

デファクト標準型γ	232
動的な組織	139
独資	94
独自の汎用品	219
特殊化	44, 46
特殊化戦略	50
特殊精密バルブ	55
独占的シェア	240
特注品	84, 219
特注品の量販化（マスカスタマイズ化）	219
特許	72, 78, 229, 237
特許出願	184
トヨタ	6, 8, 246
ドラッカー（P. F. Drucker）	22
取引関係	14

な

内部化	27
内部化の方法	28
内部資源理論（RBV）	20
内部組織化	27
ナンバー1	23, 251
南武	39, 74, 213, 217, 245
南武スタンダード	76
ニーズ主導型	68, 77
二極分化	251
西精工	39, 158, 214
日産自動車	247
ニッチ（隙間）領域	216, 229, 237
日本経営品質協議会	159
日本経営品質賞	136
日本品質	59, 62, 95, 244
根本特殊化学	39, 41, 213, 239
能力構築競争	83
ノックダウン（KD）	245

は

バーノン（R. Vernon）	25
買収	58
排他的	72
ハイテク機械	79
ハイテク企業	195
パックテスト	64
パナソニック	8
バランススコアカード	136
バリュー・チェイン	30, 212
範囲の経済性	27, 31
半導体製造装置用	56
販売（市場）のアジア	244
販売・メンテナンス拠点	214
販売面のグローバル化	17, 33, 215, 222, 223
汎用部品	61
比較優位	24
比較優位構造	3, 4
比較劣位産業化	4
東大阪	53
ビジネス・システム	15, 22
ビジネス・プロセス	45
ビジネスエクセレンスモデル	136
ビジネスモデル	14, 186
ビジネスリスク	175
ビジョン策定・展開上	142
ヒト，モノ，カネ	111
非排他的	72
100％出資	29
標準化期	26
標準と特許の両輪接合型	124
標準と特許の両輪離合型	124
標準と特許の両輪嵌合型	124
標準品	61
標準部品	84
広い領域	241
品質経営	153
品質マネジメントシステム（ISO9001）	137, 243

索引

ファインブランキング	87, 89
フォーラム標準	103, 106
福井県済生会病院	162
複数事業部制	21
フジキン	39, 52, 213, 217, 244, 245
冨士製作所	39, 153, 214, 217, 243
不確かさ	173
部分最適	173
プラザ合意	32
ブラックボックス化	73
プルトップ	86, 90
ブレークスルー	15
プロフィール	12
分散配置	30
ヘクシャー・オリーン（HO）モデル	25
ベトナム工場	59, 227, 244
ペンローズ（E. T. Penrose）	19
ペンローズ制約	21
貿易収支の赤字	6, 215
方針展開	151
ポーター（M. E. Porter）	30, 212, 236
ほど良い規模	236
本田技研工業	31

ま

町工場	186
マネジメントレビュー	160
マルコム・ボルドリッジ国家品質賞	149
マルチ・ドメスティック型	31
マルチカスタマイズ化	235
未曾有の危機	44
3つの政策	5
ミッテルシュタンド（Mittelstand）	218
ミドルマネージャー	144
身の丈を超える	22
未利用な資源	20

無形資産価値	152
メンテナンス拠点	92
モジュラー（組み合わせ）型	7
ものづくり国際分業	80, 84, 222
ものづくり組織能力	9, 77, 78, 82
ものづくり	7, 197, 246
模倣品	192
問題解決型	85, 94

や

有形資産価値	152
有効性評価	167
ユーザー主導型の開発	230
輸出	28, 223
輸出拡大戦略	221
輸出型製造業	6, 8
輸出戦略	249
輸出中心型 δ	232
用役の解放	20
4つの類型	231

ら

リード・ユーザー（型）	12, 14, 56, 230
リーマンショック	3, 186, 200
利益確定経営	128
リカードの理論	25
リスク対応	140
リスクマネジメント	172
リストラ	9
リバース・イノベーション	28, 244
領域（ドメイン）	236
零細企業	192
ローテク機械	79
ロット	189

【執筆者紹介】

土屋　勉男（Yasuo Tsuchiya）〔第1～4章，第8～10章〕
桜美林大学大学院経営学研究科教授，NPO日本シンクタンク・アカデミー副理事長，医療法人東州会理事等を兼任。
三菱総合研究所にて取締役本部長，常勤監査役，上席研究理事。その後明治大学政治経済学部客員教授，学習院大学非常勤講師等を歴任し，現職。
〈著書〉
『知財収益化のビジネス・システム―中小の革新的企業に学ぶものづくり』（共著）中央経済社，2012年。
『現代日本のものづくり戦略―革新的企業のイノベーション』（共著）中央経済社，2011年
『日本ものづくり優良企業の実力―新しいコーポレート・ガバナンスの論理』東洋経済新報社，2006年，ほか多数。

金山　権（Ken Kaneyama）〔第7章〕
桜美林大学大学院経営学研究科教授。博士（経済学）日本大学。
中国大連企業管理協会・企業家協会名誉理事，中国上海海洋大学客員教授，早稲田大学大学院商学研究科非常勤講師を兼任。
経営行動研究学会常任理事，経営哲学会理事，国際総合研究学会理事。
〈著書〉
『企業統治論―東アジアを中心に』（共編著）税務経理協会，2014年。
『企業統治と経営行動』（共編著）文眞堂，2012年。
『中国企業統治論―集中的所有との関連を中心に』学文社，2008年，ほか多数

原田　節雄（Setsuo Harada）〔第5章〕
桜美林大学大学院経営学研究科特任教授。東京工業大学や関西学院大学の大学院MOT（技術経営）系講座の非常勤講師，日本規格協会技術顧問，国際標準化協議会理事，ファインバブル産業会顧問などを兼任。ソニー㈱にて欧州勤務後，人事本部，商品戦略本部，法務・渉外部門，コーポレート・テクノロジー部門などに所属し，国際標準化担当部長，技術渉外室統括室長，スタンダード＆テクノロジーアライアンス戦略グループディレクターなどを歴任。2010年退社。
〈著書〉
『本質と現象の両輪経営戦略―ヒト・モノ・カネを活用する！』日本規格協会，2014年，
『標準と知財の両輪経営戦略―ヒト・モノ・カネを支配する！』日本規格協会，2014年，
『国際ビジネス勝利の方程式―「標準化」と「知財」が御社を救う』朝日新聞出版，2010年，ほか多数。

高橋　義郎（Yoshiro Takahashi）〔第6章〕
桜美林大学大学院経営学研究科特任教授，高橋マネジメント研究所代表，企業研究会経営戦略担当幹部交流会議研究協力委員，ISO審査機関認定マネジメントシステム審査員，ISO研修会社講師，経営品質協議会認定セルフアセッサー等。
フィリップスエレクトロニクスジャパン㈱にて国際調達，経営企画（経営品質）を担当。その後，ヴェオリアウォータージャパン㈱経営戦略室長を経て現職。日本大学大学院非常勤講師，地方経営品質賞審査員，BSCフォーラム運営委員，日本経営品質賞アセッサーフォーラム理事などを歴任。
〈著書〉
『使えるバランススコアカード』PHPビジネス新書，2007年，ほか多数。

平成27年1月25日　初版発行　　　　　　　略称：革新的中小企業

革新的中小企業のグローバル経営
―「差別化」と「標準化」の成長戦略―

著者 ©	土屋　勉男 金山　　権 原田　節雄 高橋　義郎
発行者	中島　治久

発行所　同文舘出版株式会社
　　　東京都千代田区神田神保町1-41　〒101-0051
　　　営業 (03) 3294-1801　　編集 (03) 3294-1803
　　　振替 00100-8-42935　http://www.dobunkan.co.jp

Printed in Japan 2015　　　　　　　　製版　一企画
　　　　　　　　　　　　　　　　印刷・製本　萩原印刷

ISBN978-4-495-38491-3

JCOPY 〈(社) 出版者著作権管理機構 委託出版物〉
本書の無断複写は著作権法上での例外を除き禁じられています。複写される場合は，そのつど事前に，(社) 出版者著作権管理機構 (電話 03-3513-6969，FAX 03-3513-6979, e-mail: info@jcopy.or.jp) の許諾を得てください。